페미니즘과 언어 이론

페미니즘과 언어 이론

데보라 카메론
이 기 우 옮김

한국문화사

FEMINISM AND LINGUISTIC THEORY
© Deborah Cameron 1985
St. Martin's Press, New York

머리말 : 탈 신비화

나는 페미니스트 연구자로서의 의무와 책임을 충분히 자각하고 있다. 이를테면 지금까지 많은 여자들은 고등 교육을 받을 특권을 거부당해 왔다. 여기서 고등 교육을 받을 특권이라 함은, <위인들>로부터 기성의 <지혜>를 흡수하는 기회를 가리키는 것도 아니요, 자신의 생각을 발전시키거나 논의할 기회를 가리키는 것도 아니다. 그것은 페미니스트라면 이미 하고 있는 일로서, 경제적 원조를 받을 권리, 자신의 시간을 자신이 원하는 대로 사용하는 권리, 대학의 정보·기술·사교·오락의 시설을 이용하는 권리를 가리킨다. 우리 사회에서는 이런 일들이 진정한 특권이어서, 여자는 이러한 특권들을 남자보다 조금 밖에는 나눠받지 못한다.

나는 또 많은 여자들이 고등 교육을 특권과는 정반대의 것이라 생각한다는 것도 알고 있다. 오히려 그녀들은 억압적인 남성 중심적 가치만을 지닌 학문의 조직에 마음과 머리를 팔아넘겨 버렸다는 것을 좋아하는 것이다.

여기서 내가 해야 할 일은 다음의 것들이다. 첫째로 나는 학문의 세계 밖에 놓여 있는 여자들의 필요와 관심에 대답하지 않으면 안 된다. 둘째로 여자를 밖으로 몰아낸 학문적 실천과 가치관에 도전하지 않으면 안 된다.

이러한 의무들을 다하기 위해서, 나는 이 책을 특히 페미니즘의 원리를 구체화하는 방향에서 쓰려고 노력했다. 이 행위 자체가 현상에 대한 도전이요, 나의 도전의 진수는 언어와 언어학을 탈신비화하는 데 있다.

지적 신비화는, 저자가 자신을 권위자의 위치에 놓고, 말하는 바를 독자가 이해하거나 부정하는 데 충분한 정보를 주지 않을 때에 일어난다. 이에는 많은 방식이 있을 수 있다.

이를테면 저자는 토대로 삼고 있는 개념적 틀을 설명하지 않고, 당연한 것이기나 한 것처럼 쓸 수도 있다. 혹은 자기가 말하고 있는 생각에 관해서, 정치적·학문적으로 어떠한 입장을 취하고 있는지를 분명히 하지 않고서 <객관적 비평가>라는 속임수의 권위에 숨어서 자신을 비인격화해 버릴 수도 있다.

그러므로 이 책에서는, 언급한 이론의 배후에 있는 가장 기본적인 전제까지도 명확히 설명하고, 그런 이론들에 어떠한 이의를 내세울 수 있는 여지가 있는지를 생각하기에 충분한 정보를 제공하도록 힘썼다. 그리고 내 자신의 생각을 분명히 하고, 다른 사람의 의견의 정확한 기술을 위해서 많은 인용들을 사용했다. 그렇게 하면, 어느 정도 그 사람들 자신의 말로 말을 하도록 할 수 있기 때문이다. 그리고 이런 인용들은 독자 여러분이 면밀히 검토해 주시는 것도 중요하다고 생각한다.

학술 서적에서 신비화의 중요한 또 하나의 자원은 언어를 사용하는 일인데, 실제로 언어에 의한 (BY language) 신비화와 언어의 (OF language) 신비화는 이 책이 다룰 주요 주제이다. 저자는 글을 기술할 때, 어떤 생각이 헛소리나 뻔한 이치에 지나지 않다고 독자가 생각하지 않도록 할 수도 있고, 저자의 생각이 애매해서 뚜렷한 사고 과정이 나타나지 않게 할 수도 있다. 그렇게 해 놓으면, 비판당할 때는 오해라고 주장할 수가 있기 때문이다.

이 책에서 나는 비교적 평이한 문체를 사용하려 했다. 이 텍스트의 중요한 점 하나는 언어학이나 그밖의 전문 용어의 해설을 덧붙임으로써, 독자가 익숙치 않은 말의 간결한 설명을 필요로 할 때에 참조할 수 있도록 한 것이다.

누가 쓰고 있느냐, 왜 그렇게 쓰고 있느냐를 숨기는 그런 언어의 사용법을 나는 피했다. <나>라는 말이 빈번히 나타나며, 많은 곳에서 주장하는 논의가 엄밀히 어떠한 것인지를 제시하고 있다. 그것은 독자에게 <조금 기다리십시오, 앞뒤가 맞지 않습니다>라든가, <이 것은 받아들여지질 않는다>라고 자문하는 모든 기회를 주고 싶기 때문이다. 단지 다른 사람의 생각을 수동적으로 소비하는 사람이 아니라, 이 책과 더불어 적극적으로 자기 자신의 생각을 만들어내는 것을 나는 독자에게 원하고 있다.

그리고 나는 불쾌한 성차별적 언어를 피해서 그것을 <중화적인> 용어로 바꾸어 놓았으며, 그보다 빈번히 한 것은 여자의 존재에 주의를 촉발하는 말로 바꾸어 놓았다. 이 책에서는 성에 관해서 비한정적·일반적 지시물 것의 대부분은 she나 her로 표현되어 있다. 남성의 독자가 이 책을 읽고서 그 자신 배제되어 있다든가 대상으로 다뤄져 있지 않다고 불만을 느낀다면, 여자는 대다수의 책들을 펼쳐 본 수분 후에는 의례건 똑같은 감정을 가지고 있다는 것을 상기하시고, 그 결과를 고려해 보시기 바란다.

끝으로, 이 책은 많은 분들의 뒷받침 없이는 완성할 수 없었으니, 이에 대해서 감사를 드리고 싶다. 많은 그룹이나 개인이 갖가지로 공헌해 주었다. 언어와 성에 관한 논의에 참가해준다거나, 자신의 연구를 보여준다거나, 유익한 정보나 경험을 말해준다거나, 원고를 읽어서 의견을 말해준다거나 하여 글쓰기에 질책·격려를 해주었다. 특히 나의 학생들은, 내가 언어 이론의 기초에 집중하고, 어떻게든 최선의 설명을 할 수 있도록 나를 도와주었다.

특히 다음에 기록하는 분들에게 감사의 말씀을 드린다. 제1회 WAVAW 회의의 언어와 폭력 연구부 참가자들, 벨리올 대학 여성 연구회, 펨부르크 대학 여성 연구회, 옥스포드 대학 정치학의 여성 세미나, 옥스포드 대학 강간 위급 연구회의 회원들, 케이트 카메론, 토니 크로울리, 리즈 프레이저, 이안 그리피스, 로이 해리스, 캐롤린 헤이턴, 레베카 히스코크, 라디카 호르스토룀, 보브 호일, 헬렌 로렌스, 토릴 모이, 피터 뮐흐위슬러, M.나와즈, 엘리자베스 포엘=존즈, 마니 스탠리.

데보라 카메론

차 례

머리말 : 탈신비화

제1장 서론 — 언어와 페미니즘··9

제2장 언어 이론 — 이론의 틀과 방법론······································23

제3장 다양성의 정치학 — 언어와 언어학에서의 성차··············51

제4장 잘못된 이분법 — 문법과 성적 대극화·····························93

제5장 개혁을 일으키다 — 성차별적 언어를 정의할 수 있는가?······115

제6장 침묵·소외·억압 — 페미니스트의 언어 모델 (I)··········145

제7장 페미니스트의 언어 모델 (II) — 기호학과 성별화된 주체······179

제8장 소외를 넘어서 — 여자와 언어에 대한 통합적 어프로치······209

제9장 결론 : 페미니즘과 언어 이론 — 문제와 실천··················249

    참고 문헌 ··267
    역자 후기 ··271
    용어 해설 ··273
    색   인 ··283

제1장 서 론

— 언어와 페미니즘

제1장 서 론
— 언어와 페미니즘

우리는 오염된 언어를 이어받아 왔다……
메어리 델리

다스쿠르의 개혁을 수반하지 않는 혁명투쟁 같은 것을 생각할 수 있을까?
줄리아 크리스테바

언어와 그 정치적 함의의 문제는 서양 문화의 지성사를 통해서 작가·철학자·사회 평론가를 괴롭혀 온 문제이다. 또한 이 문제가 극단적인 비관주의를 일으켜 왔다는 것도 사실이다. 고대 희랍에서 오월의 ≪1984년≫까지 음성 언어나 글자 언어에는, 우리가 자각하지 못하는 방식으로 인간의 사회 관계를 제어하고 추상적 진실을 오해케 하는 수사의 연막을 치는 해로운 힘이 있다고 믿어 왔다.

현대인들도 언어는 무기이며 권력자에 의해서 그 추종자를 억압하기 위해서 사용된다는 견해를 물려받고 있다. 그러나 언어나 언어의 작용에 관한 지식이 왜 권력자에게만 이용되지 않으면 안 되는 것일까? 어째서 언어라는 억압의 무기는 그 반대로 약자의 것이 될 수는 없는 것일까?

언어의 급진적 이론을 지적 사치가 아니라 여성 해방을 위한 투쟁에 필수적인 부분이라고 저서에서 주장해 온 여성들 가운데는 메어리 데일리 (Mary Daly) 와 줄리아 크리스테바 (Julia Kristeva)가 있다. 지난 몇 해 동안에 그녀들의 주장은 받아들여진 듯하며, 언어와 언어 분석의 문제가 페미니스트의 논쟁의 무대에서도 거론되기에 이르렀다. 여자들은 언어에 대해서 말하기 시작했고, 언어를 바꾸기 시작했다. 그러니 이 책에서 나는, 과거의 전통뿐 아니라 현재 진행하고 있는 페미니스트들의 작업에도 공헌하고자 하는 셈이다.

그러나 이미 출판되어 있는 산더미 같은 책들에 이 한 권의 책을 또 첨가할 이유는 무엇인가? 페미니스트들은 이미 많은 책이나 기사를 읽을 수가 있다. 나는 그것들에 더하여 무엇을 공헌하려는 것일까? 하나의 이슈로서 언어에 대한 페미니스트의 관심이 이처럼 높았던 적은 없으며, 이 문제에 관해서는 이미 많이 출판되어 있다는 것도 사실이다. 그리고 계속 증가하는 출판물 가운데는 문제가 되어 보이는 다양한 어프로치며 견해들이 있다. 이를테면 사회 언어학의 성차 (性差)에 관한 통계적 분석 (예 ; 필립 스미스 (Philip Smith)[1]과, 일상 언어의 성 차별을 없애기 위한 언어 개혁파의 입문서 (예 ; 캐시 밀러 (Casey Miller)며 케이트 스위프트 (Kate Swift))[2]와, 여자들 모두를 해방해줄 언어의 혁명을 구하는 급진적 요청들 사이에, 도대체 어떠한 공통 기반이 있다는 말인가? 그녀들은 같은 문제를 내걸고 있는 것일까? 도대체 어떠한 문제를 내걸어야 하는 것일까? 저마다 결론들이 다 다르다고 한다면, 모두 한결같이 정당한 결론들이란 말인가? 요컨대, 현상은 어떻게 되어가고 있는 것일까? 이것들이 우선 내가 검증하려고 생각하고 있는 바이다.

그밖에도 내가 이 책을 쓴 이유가 있다. 첫째로 앞에서 언급한 다양한 어프로치들을 모조리 추켜들어 동등한 비판적 검토를 가함으로써, 지금 있는 정보를 보충하자는 것이다. 나의 목적은 언어에 관한 생각들을 명료하게 설명하고 충분한 이론적 논의의 배경을 줌으로 해서, 독자들에게 무엇이 올바르고 무엇에 의문의 여지가 있는지

---
[1] Philip M. Smith, 'Sex Markers in Speech', in K. Scherer and H. Giles (eds.), *Social Markers in Speech* (CUP, 1979).
[2] Casey Miller and Kate Swift, *The Handbook of Non-Sexist Writing* (Women's Press, 1980).

를 결정하도록 하자는 것이다.

　둘째 동기는, 지금까지 언어에 관한 페미니스트들의 글 속에서 내 자신의 의견과 유사한 것을 본 일이 없다는 점이다. 활동적이기를 좋아하는 페미니스트인데다가 어쩌다 언어학자이기도 한 나는, 근자에 여성 해방 운동에서 일어난 언어에 대한 관심의 고조에 자극을 받았다. 그러나 유감스럽게도, 여성 해방 운동은 이 문제에 관해서 좀체로 비판을 받는 일이 없고, 내 자신 찬동하기 어려운, 한낱 전통으로 되어 있는 학설을 그냥 받아들이고 있을 따름인 것처럼 보인다.

　마지막으로 나는 이 책에서 학문으로서의 언어학에 대한 비판을 시도하고 싶다. 이것은 단지 성차별적 전제나 실천을 지적하려는 것에 그치는 것이 아니다. 그건 그것대로 중요할 것이다. 더욱 근본적으로는, 언어학의 과학적·객관적 기반 전체에 의문을 던지고, 언어학의 실천이 어떻게 남성 중심적 이데올로기나 억압을 함유하는지를 보이는 것까지를 포함한다.

　그렇지만, 이런 점들에 관해서 더욱 논의를 진전시키기에 앞서, 도대체 왜 페미니스트가 언어에 흥미를 가져야 하는지를 생각하고, 지금까지 페미니스트들이 어떠한 모습으로 그 흥미를 보여 왔던가를 말하고 싶다. 우리가 지닌 가장 인간적 특질은 언어라는 수단을 사용해서 서로 커뮤니케이션을 하는 능력이다. 언어에 의한 커뮤니케이션은 인간 사회의 조직에 근본적인 것이라고 흔히 지적된다. 때문에, 사회의 작용에 관심이 있는 사람은 그 사회에서 사용되고 있는 언어도 고려하지 않으면 안 된다 ― 그 언어가 어떠한 구조를 가지며 어떻게 쓰이고 있는가, 그리고 그 언어의 사용자는 자신의 언어와 그밖의 것들에 관해서 무엇을 생각하고 있는가 하는 점들 말이다. 이러한 것들이 포괄적으로 말해서 언어 이론이 다루어야 할 문제들인 것이다.

　페미니스트도 사회의 작용에 깊은 관심을 가지고 있다. 사회의 억압과 싸우기 위해서는 우선 그것을 이해해야만 되기 때문이다. 그 때문에 많은 페미니스트들은, 남자가 여자에 대해서 힘을 갖는 체계인 남성 중심적 사회로서 사회를 재분석하는 방향으로 노력을 기울이고 있다. 언어는 이같은 남성 중심 사회의 일부인 것이다. 언어가 사회 조직에서 중요한 구실을 한다면, 그것은 언어가 남성 권력의 유지에 쓸모가 있다는 것이며, 페미니스트는 그 작용을 신중히 연구하지 않으면 안 된다.

따라서 지난 수년 동안 언어에 대한 관심이 현저히 높아지고, 연구자뿐 아니라 여성 해방 운동에 관여하는 여성들에게도 영향을 끼쳐 왔음은 그리 놀랍지 않다. 언어에 대한 이런 관심의 고조는, 이를테면 폭력에서 노동조합에 이르는 폭넓은 주제에 관한 여자들의 수많은 회의들이 지금 언어에 대한 워크샵이나 논문을 다루고 있는 사실에서도 볼 수 있다. 수년전만 하더라도, 언어는 풀뿌리 페미니스트에게는 무척 난해한 주제인 것처럼 보였다. 그러나 1981년의 제1회 WAVAW 회의에서, 나는 언어가 열심히 논의되고 있는 데 충격을 받았다. 참가한 여성들은 분명히 언어에 관해서 상당히 진지하게 생각하고, 정치적 분석에 언어도 포함시킬 필요가 있다고 강하게 주장하고 있었다. 그녀들은 자기 자신의 언어의 사용 방식도 강하게 의식하고 있었으며, 많은 사람들이 그것을 변경하려고 의식적으로 노력하고 있었다.

지난 2년 동안만 하더라도, 여성과 언어에 관한 그룹이 결성되어 출판물을 낸다고 들었고, 여성학 관계의 출판물에서 언어 분야가 급증함에 따라 옥스포드 대학의 강좌에 언어와 성에 관한 주제가 출현, 그 주제는 옥스포드 대학의 시험 문제나 연구 테마이기도 했음을 보았다. 나 자신도 페미니스트 독자를 위해서 페미니스트가 직접 쓴 수많은 신간 서적들을 흥미깊게 읽어 왔다. 그 중에서도 데일 스펜더의 ≪남자가 만든 언어≫ (*Man Made Language*)는 가장 널리 알려진 것이며, 매스컴의 크나큰 주목을 받아 여성 해방 운동에 관여하지 않는 사람들에게도 여성과 언어라고 하는 테마에 관한 지표를 제시해준 책이다.

이런 모든 것들이 보여주고 있는 바는 페미니스트가 그 주요한 이론적·실천적 논점을 언어에 초점을 맞췄다고 하는 점이다. 그러나 그것은 어떻게, 어째서 합작되었던 것일까? 비록 근자에 새로운 형태를 취하고 새로운 중요성을 띠었다 하더라도, 페미니스트들 사이에서 그 관심 자체는 전적으로 새로운 현상은 아니다. 언어는 페미니스트 활동의 <제2의 물결> 초기에 <표상> (representation)이라는 일반적 표제 하에 논의되었던 것이다.

이 <표상>이라는 말에는 여자에 관해서 쓰이는 언어뿐만 아니라, 매스컴에 의한 일반적인 여자의 묘사 방식도 포함된다. 특히 교과서·아동서·광고와 같이 성차별을 고취시키고 주입할 성싶은 분야에 주의했다. 페미니스트는, 사람들이 사물을 보는 방식은 되풀이 보는 바에 의해서 영향을 받는다는 단순한 전제에 서서, 부정적이고 스테레오타입적인 여자의 묘사 방식을 적발하고 없애려 했던 것이다.

언어에 관해서 말하면, 이 표상파 사람들은 <비성차별적 글쓰기> (non-sexist writting)를 주장했다. 언어의 사용 방식이 주제넘게 무례하거나 (<브론드양, 치명적 자동차 사고를 당하다 Brond in fatal car-crash : 암여우가 모피를 입다 Bitches wear furs>), 인간의 기준은 남자에 있음이라고나 말하려는 듯 남성 중심적인 경우는 (<Man>, <Mankind>, <Man in the street>) [남자를 나타내는 말로 인간 전체를 가르키는 경우 등처럼] 바로 개선되지 않으면 안 된다. 개선하기 위해서는 이러한 단어의 나쁜 부분을 완화하는 표현으로 환치한다. (<mankind> 는 <humanity> 로 <man in the street> 는 <average person>으로 바꾸게 된다.) 당시는 이렇게 함으로 해서, 우리의 심리적 사전 안에 여자를 마법처럼 집어넣을 수 있다고 여겼던 것이다. 일찍이 1973년에, 대형 출판사 맥그로우 힐사는 비여성차별적 글쓰기의 지침이라는 것을 저자들에게 배포했다.

그렇지만, 근년에 언어에 관한 새로운 관심이 페미니스트들 사이에 더욱 보편화되고, 이 새로운 이론을 제창하는 사람들은 비성차별적 언어 같은 것은 환상에 지나지 않다고 경고하고 있다. 언어가 성차별주의에 의해서 오염되어 있으며, 언어가 남자에 의해서 지배되어 있기 때문에 여자들은 언어로부터 소외되어 있다는 점을 강조하고 있다.

언어학자 중에는 이 진전을 단순한 학문적 유행으로 처리해 버리는 사람도 있을지 모른다. 확실히 현대는 많은 진보적 지식인들이 언어에 다대한 관심을 기울이고 있는 시대이다. 이처럼 문학·영화비평·정신분석·문화론 분야에 종사하는 이런 사상가들은, 언어학자 소쉬르에 그 이론적 기반을 두고 있기 때문에 <구조주의자>라느니 <기호학자>라고 일컬어진다. 그들은 언어를 중심으로 분석을 하고 있으며, 인간의 문화라는 것은 우리의 세계관을 형성하고 있는 언어 (<그녀들의 용어로 말하면> 디스쿠르)의 창조에 의해서 특징지워져 있다고 생각하고 있다.

이와 같은 생각에 있어, 페미니즘도 중요한 위치를 차지하고 있으나, 학문의 세계 이외의 영국의 페미니스트들이 이러한 관심을 보이기 시작한 것은 아주 최근의 일이다. 이를테면 데일 스펜더도 뤼스 이리가라이나 코라 캐플랑과 같은 기호학자의 책을 참고로 하고는 있으나, 스펜더 자신도 독자도 앵글로 아메리카계의 언어학이나 인류학 쪽에 훨씬 친숙해 있는 터이다. 이와 같은 언어에 대한 관심의 부활에 의해서 지금까지 이상으로 많은 독자들이 기호학에 주목할는지도 모른다. 그러나 그것은 현재의 구조주의가 유행하는 결과는 아니다.

혹은 언어에의 관심의 고조를, 단순히 데일 스펜더나 그녀와 같은 분야의 연구자들 (많은 여성들이 스펜더 이전에, 비교적 애매하기는 하지만 언어의 문제를 다루고 있었다)의 저서들에 돌릴 수는 없다. ≪남자가 만든 언어≫가 출판계에 화려하게 받아들여진 것은 이 책을 시대가 요청했기 때문이다. 마치 느닷없이 페미니스트들이 언어에 관해서 생각하거나 읽고 싶어지거나 한 것처럼 말이다. 왜 그럴까? 그것은 페미니스트 내부로부터의 요청이 여자들을 언어와 그 문제에 눈뜨게 했기 때문이라고 할 수 있다. 왜냐하면, 언어의 사용 방식의 문제는 페미니스트의 정치적 실천의 핵심을 이루고 있기 때문이다.

언어가 페미니스트의 정치적 실천의 중심 과제가 되어 왔다는 것을 가장 단적으로 보여주는 것은 의식 고양의 회 (consciousness-raising ; (CR)의 장이다. 의식 고양의 회에서는, 여자들은 서로 그 경험을 말로 주고 받음으로 해서 자기를 억압하고 있는 것의 원인과 억압의 정확한 특질을 발견해 간다. 많은 경우, 의식 고양의 회에 참가한 여자들은, 지금까지 막연해서 사람에게 이야기하기에는 너무나 사적이고도 개인적인 경험이라고 생각하고 있던 것을 말로 하고, 그런 경험들이 다른 여자들로부터도 이해되고 공감을 얻는다고 안 다는 것은, 대단히 해방적인 일이었다고 강하게 말한다.

많은 페미니스트 작가들은 이와 같이 여자가 공유하고 있는 경험들을 서로 주고 받는 것을 <이름 붙이기> (naming)라 부르고 있다. 그러나 실제로는, 이름 곧 그것을 나타내는 단어가 언제나 필요한 것은 아니다. 새롭게 말이 만들어지는 수도 있으며 — 이를테면 여자에 특유한 경험 전체를 나타낼 수 있는 성차별 (sexism)이라는 단어 — 또 단지 경험을 말해서 다른 사람에게 인정을 받는 것만으로 충분한 경우도 있다. 베티 드리던 (Betty Friedan)이 말한 <이름없는 문제> (problem without a name)에는 아직 이름은 붙지 않았으나, 여자라면 누구나 그 문제가 어떠한 문제인지를 알고 있다.[3] 언어에 의해서 표현할 수 없는 문제에는 이름을 붙이기보다도 오히려 서로 말로 주고 받는 그런 해결이 주어지는 것이다.

서로 말을 주고 받는 일 곧 여자끼리의 갭을 메꾸는 일의 필요성은 항시 페미니스트의 책에서 다룬 테마이며, 많은 경우, 책이나 시의 제목에 나타나 있다 (≪침묵≫,≪거짓말·비밀·침묵≫,≪공통 언어에의 꿈≫,≪목소리를 찾아서≫,≪말하지 말라는 가르침을 받더라도≫). 침묵은 억압의 상징이요, 반면에 해방은 자기의 생각을 충분히 말하고 사람들과 접촉하는 일이다. 이 접촉이 중요하다. 거짓

---
(3) Betty Friedan, *The Feminine Mystique* (Gollancz, 1963).

말을 하거나 침묵을 지키는 여자는 언어를 결여하고 있는 것은 아닐는지 모르나, 커뮤니케이션은 하고 있지 않은 것이다.

 자기의 경험을 재해석해서 표현하려고 애쓰는 여자들은, 언어 자체가 커뮤니케이션을 보증해주는 것은 아니라는 것을 거듭 깨달아 왔다. 실제로, 많은 여자들이, 언어가 부적당하기에 표현하는 노력을 억압당한 것처럼 느끼고 있는 것이다. 한 여성은 이렇게 쓰고 있다.

> 다른 사람들과 이야기를 하고 있으면 정말로 언어를 잃어버린 것처럼 느끼는 때가 있어요. 머리 속에 생각이 있거나 표현하고 싶은 감정이 있는데도 말로 할 수가 없는 것이지요. 나는 이런 느낌을 아주 오랫동안 간직하고 있는데, 왜 이런 일이 일어나는지 도무지 이해할 수가 없었습니다..... 내가 자신의 경험을 전하기 위해서 언제나 사용하고 있는 엄청나게 많은 수의 말들도 정말로는 나의 경험 같은 것은 조금도 전하지 않고 있습니다.[4]

 이 여성이 말하는 바는 언어로부터의 여성의 <소외> (alienation)라 일컬어 오는 것이다. 그것은, 자기의 언어가 전적으로 자기의 것이 되어 있지 않다는 불안한 감각으로 — 언어가 어쩐지 권력자에 의해서 이미 선택되어 있거나, 언어를 빼앗기고 있거나, 언어가 자기를 적대시하고 있는 것처럼 느끼는 상태를 가리킨다. 언어에 대한 이와 같은 페미니스트의 견해는, 같은 페미니스트가 품고 있는 여자의 성에 대한 견해를 상기시킨다. 그것은, 억압자가 자기에게 유리하도록 해놓고 여자에게는 남성 중심 사회에서 살아가기에 필요한 환영만을 주도록 만들어진, 억압자를 위한 강력한 수단인 것이다. 이렇게 생각하면, 여자의 언어를 개척하는 것은 여성 해방에는 미상불 없을 수 없는 중요성을 지니는 것이다.

 페미니스트의 필자 중에는 말장난으로 언어의 부당한 부분을 분명히 하고, 언어를 개선하려는 사람도 있다. 많은 기호학자들이 이 방법을 선호하며, 메어리 데일리도 그 고전적인 저서 ≪Gyn

---

(4) Camilla Gugenheim, 'Man Made Language', *Amazon*, 4, 1981.

/Ecology≫ (잇대면 부인과의 의미이나, 나누면 여자의 생태학의 의미가 됨)에서 이 방법을 사용하고 있다. 데일리는 일상 당당한 것으로 받아들이고 있던 말의 의미의 이면에 눈을 돌리게끔 하려고 언어를 재구축했던 것이다. 이를테면 remember (생각해내다)와 remember (다시 member가 되다), cronological (역사적)과 crone-logical (노파의 논리), therapist (정신 치료)와 the-rapist (강간자), amaze (놀람)와 a-maze (미궁) 등.[5] 그러나 이 전략은 독자가 통상적으로 의심하지 않고 당연하게 생각하고 있던 것을 알아차리게 함으로써 말의 기만성을 폭로하고는 있으나, 왜 언어가 이같은 문제를 드러내고 있느냐 하는 점에 관해서는 아무런 설명도 해결도 제안하고 있지 않다. 이것이, 언어에 관한 포괄적인 페미니스트 이론을 여자가 바라는 또 하나의 이유라 할 수 있다.

이처럼 페미니스트는 밖으로부터의 영향뿐 아니라 더욱 중요하게도 페미니스트의 실천 자체에 고취되어서, 언어 이론을 발전시키기 시작했다. 그녀들은 우선 유효하다고 여겨지는 분야, 특히 사회 언어학 (언어와 사회의 연구, 사회적 차이와 언어적 차이의 상호 관계나 문화에서 하는 언어의 구실을 연구함)과 기호학에서 탐구를 시작했다. 기호학에서는 그밖에도 여러가지 문제들을 다루고 있으나, 성별과 관련된 언어라는 개념을 사용해서, 어린이가 <성별화된 주관 ; gendered subjectivity> (즉 그 사회에서 자신은 남자 아니면 여자라는 인식)을 어떻게 발달시키는지를 설명하려고 한다.

지금까지 페미니스트의 언어 이론은 세 가지 연구 분야로 구별할 수 있다. 첫째는 성차의 연구로, 여자와 남자의 언어의 사용 방식은 다른 것인가, 다르다면 그것은 무엇을 의미하는가 하는 문제를 다룬다. 둘째로 언어 속의 성차별의 문제로, 그 영향이나 성차별을 없애는 방법을 연구한다. 셋째는 소외의 문제로, 언어란 여자가 경험을 표현할 수 없는 <억압자의 언어>인지의 문제를 다룬다.

이런 모든 분야에서 이미 연구를 행해 왔으나, 아직도 연구해야 할 것들이 많이 남아 있다. 가장 심각하고도 현저하게 드러난 것은

---

(5) Mary Daly, *Gyn/Ecology : the Metaethics of Radical Feminism* (Women's Press, 1978).

언어와 세계관의 관계의 기저가 되는 이론을 분명히 하는 문제이다. 조롱이나 감탄조로 여자에게 휘파람을 부는 것과 마찬가지로, 성차별적 발언에는 그것이 주는 직접적인 불쾌감 이상으로 더욱 중요한 의미가 있다. 그것은 곧 인정 받을 수 없는, 여자에 대한 혐오감을 밖으로 표출시킨 것이다. 그러나 성차별적 발언이, 많은 페미니스트들이 믿고 있는 바와 같이, 여자에 대한 혐오를 구축하고 전달하는 메카니즘 바로 그것인가? 우리는 여자에 대해서 증오하는 언어를 사용하지 않고서는 생각할 수는 없는 것일까?

페미니스트가 언어 이론에 귀를 기울임으로 해서 많은 것을 얻을 수 있는 것은 바로 이 문제에 있어서이며, 이 문제와 관련된 일반적 이론에서 거론되고 있는 비슷비슷한 문제들에서인 것이다. 그러자면, 페미니스트는 서로 모순되는 몇 가지 이론적 견해들을 이해하고 검토할 수 있지 않으면 안 된다. 또 하나 페미니스트가 주의하지 않으면 안 되는 것은, 언어학도 다른 학문 영역과 마찬가지로 성차별주의의 영향을 받고 있다는 사실이다. 여기서도 언어학에서 말하고 있는 것의 도대체 어디까지가 어김없는 헛소리인지를 알기 위해서는, 언어학 논의의 본질이나 방법론 등이 지닌 특징을 이해하지 않으면 안 된다.

많은 여자들은 이와 같은 판단은 할 수 없다고 느낀다. 나는 지금까지, 언어 연구의 기본 이론에는 어쩐지 연기에 싸여 있으므로 책에 써 있는 것을 받아들여야 할 것인지의 여부를 알지 못하고 있다고 페미니스트가 한탄하는 것을 빈번히 들은 바 있다. 그녀들의 관심은 대개 페미니스트의 언어 연구에서 생기는 일반적 문제이며, 그것들을 이해하기 위한 정보를 더욱 필요로 하고 있는데, 그런 정보를 어디서 찾아야 하는지를 모르고 있는 것이다.

이 책은 이런 여자들을 위해서 써진 것이다. 1·2장은 그녀들의 흥미와 관련이 있는 가장 영향력이 강한 언어 이론의 소개, 3장은 성차별 연구의 비평, 4·5장은 문법과 언어에 있어 성차별주의와 가능한 개선안에 관해서, 6·7장은 언어와 세계관의 문제를 상세히 검토하고, 급진적 언어 이론을 몇 가지 소개한다. 8장에서는 커뮤니케이션적 방법론에 바탕을 둔 대안 이론을 제안하고, 결론인 9장에서는 페미니스트의 언어적 실천뿐만 아니라, 타당한 페미니스트 언어 이론에 대한 전망도 하고 있다.

 언어에 관한 페미니스트의 논쟁 — 페미니스트로서 언어를 생각한다는 것은 무엇을 의미하는가, 그리고 그것에 어떻게 대처하는가 — 은 갈수록 더욱 어렵고 복잡하게 되고, 전문가 아닌 사람들이 판단을 내리기가 어려운 것은 피치 못할 것이다. 거기서 꼭 하지 않으면 안 되는 것은 어려운 이론적 문제를 피해서 가지 말고, 그 논의를 전문 밖의 사람에게도 이해 가능하게 해 놓는 일이다. 내가 이 책에서 시도한 것도 이 책무에 대한 하나의 도전이라 할 수 있다.

제2장　언어 이론

— 이론의 틀과 방법론

제2장 언어 이론
— 이론의 틀과 방법론

······ 언어 연구는 인류·사회사·사회 기능
의 법칙을 이해하기 위한 길을 열어주었다.
— 로절린 카워드와 존 엘리스

 나는 이미 페미니스트의 언어 이론이 다뤄야 할 세 가지 분야, 즉 성차 (sex differences)·성차별 (sexism)·소외 (alienation)가 있다는 것을 분명히 했다. 이것은 무슨 새로운 것을 말하고 있는 것은 아니다. 내가 알고 있는 한, 페미니스트의 언어 연구의 주제를 도괄적으로 정의하려고 겨냥한 사람은 아무도 없었다. 역사와 세론이 이 세 주제에 초점을 맞춰 노력해야 마땅하다고 우리에게 명하고 있는 것이다.
 엄밀하진 않지만, 페미니스트들은 이처럼 연구해야 할 분야를 분류하고 나아가 그 탐구를 시작해 왔다. 그녀들의 연구는, 주로 두 가지 학문 영역 — 근대 언어학과 현대 기호학 — 을 참고로 해 왔다. 가장 널리 보급되고, 언어 과학에서도 읽히고 있는 텍스트는 언어 과학의 (주로 앵글로 아메리카계의) 연구 분야의 하나로 사회 언어학 (sociolinguistics)이라 알려진 어프로치이다. 그러나 기호학을 신봉하는 페미니스트들이 쓴 상당히 많은 문헌들도 있다. (영국에서는 <m/f>나 <Screen>, 미국에서는 <Signs>나 <Diacritics> 같은 잡지들에 게재된 것, 프랑스에서는 더욱 수가 많아서 E.마르크스와 쿠르티브롱 (E. Marks and I. de Courtivron)의 입문 논문집에 잘 간추려져 있다.)[1]

이 책에서는, 근대 언어학과 현대 기호학 양쪽을 소개할 뿐더러, 그 자체의 문제점과 페미니즘과의 관계에서 생기는 문제점도 비판하려고 한다. 그러기 위해서는 독자가 우선 언어학과 기호학의 기본을 이해하는 것이 중요하다. 그래서 이 장에서는, 언어 이론과 기호학의 법칙을 설명하는 데 할애한다.

언어학이란 무엇인가?

통상적으로, 언어학은 <언어의 과학적 연구>라고 정의된다. 여기서는 과학적 (Scientific)이라는 것이 중요한 말이다. 왜냐하면, 언어는 지금까지 자그만치 2천 5백년 동안 문법 (언어의 올바른 사용방법)·수사학 (언어의 설득력 있는 사용법)·시학 (문학비평)·문헌학 (다른 언어와의 역사적 분석과 비교)이라는 모습으로 연구되어 왔는데, 언어의 과학적 연구라는 것은 특히 근대에 이르러서 발달한 것이기 때문이다. 거의 대부분의 입문서는 언어의 과학적 연구의 발단을 페르디난 드 소쉬르의 ≪일반 언어학 강의≫ (*Cours de Linguistique Générale*)가 출판된 1916년으로 잡고 있다.

소쉬르에 관해서 말하거나 언어 연구가 과학적이라고 말하는 것은 일반적으로 무엇을 의미하는지를 생각하기에 앞서, 어떠한 연구이든지 간에 그것이 <과학적>이라 함은 무릇 무엇을 의미하는지를 검토하지 않으면 안 된다.

사전에 의하면, 과학이라는 말은 <물체·힘·자연계의 현상을 다루는 학문이요, 체계적인 사실의 관찰을 바탕으로, 일반적·설명적 법칙을 정식화하려고 하는 것>이라고 정의되어 있다. 그러나 이 정의는 모조리 물리학이나 화학과 같은 <자연>과학에만 해당되는 것이다. 보통은 과학적이라고 여겨지는 수학이나 심리학과 같은 분야도, <물체·힘·자연계의 현상>은 다루지 않는다. (언어학도 그렇

---
[1] E. Marks and I. de Courtivron (eds.), *New French Feminisms* (Harvester Press, 1981).

다.) 그렇지만, 이건 직접적으로는 구체적이 아닌 연구 분야들에, 과학이라는 말의 가장 중요한 함의를 확대 해석해서 해당시킴으로 해서, 그것들을 특권적 자연과학에 한없이 접근시킬 수는 있는 것이다.

  과학이라는 말이 함의하고 있는 의미는 사실에 입각한 (*factual*)이라는 것이다. 과학은 사실을 다루는 것으로, 무모한 추론이나 의견은 고려하지 않는다. 과학자는, **객관적** (*objective*)이고 질서 있는 **방법론을 따라야** (*methodical*) 하며, 편견·변덕·엉터리 등 사실을 방해하는 것을 가지고 있어서는 안 된다. 마지막으로 과학자는 사물의 조직적 법칙을 발견함으로써 사실에 **설명** (*explanation*)을 주지 않으면 안 된다. 이것은 과학자가 연구하고 있는 대상은 모두 무질서하게 움직이고 있는 것이 아니라, 발견되어야 할 법칙을 따르고 있다는 것을 시사한다.

  과학이라는 말이 지니는 또 하나의 중요한 함의는 높은 가치와 명예이다. 과학이란 과학자의 상상 속에서만이 아니라, 과학자가 아닌 경우에도 좋은 것이다. 실제로는, 과학적이라고 여겨지는 특질 같은 것은 완전한 신화인지도 모른다. (이를테면 객관성이라는 특질인데, 실제로는 어떠한 연구 조사에서도 직관이나 추론과 같은 비과학적 특질이 중요한 구실을 하는 법이다.) 그럼에도 불구하고, 과학의 신화는 우리 문화의 숭배물이다. 과학이란, 예술로부터는 그 객관성에 의해서 구별되고, 학문 (이를테면, 역사)으로부터는 사물을 설명하는 힘에 의해서 구별되며 우리를 진실로 이끌어준다고 믿는다.

  그러므로, 과학적 언어학의 발전을 검토할 때에는, 과학적이라는 딱지가 붙는 것만으로도 신빙성이나 존경을 얻는 일이 많다는 것을 염두에 두지 않으면 안 된다. 다른 분야와 마찬가지로 언어학에서도 객관적이고 엄밀하게 보이게 하려는 시도들이 있었다. 그것은, 그 결과 이끌어낸 실천이 반드시 다른 이론을 사용한 경우보다 적절하기 때문이 아니라, 학계에서의 입장을 높이기 위해서 행해지는 것이다. 때문에, 언어학자는 방법론에 주의를 기울이고, 모든 관찰을 규칙으로서 정식화하고, (적어도 이론상으로는) 가치 판단을 피하지 않으면 안 된다. 그와 같은 언어학에서의 과학성은, 세 가지 법칙 속에 나타나 있다. 아래에서는 논의의 시작으로 이런 법칙들을 살펴볼 필요가 있다.

1 기술적 (descriptive) 대 규범적 (prescriptive) : 주관을 제거한다

언어학은 <문법 (*grammars*)의 구축>이라고 곧잘 일컬어지거니와, 이 경우의 문법은 앞에서 언급한 문법의 의미 (언어의 올바른 사용법의 규칙)와는 다르다. 문법이라고 들으면, 대개는 학교의 영어 시간에 배운 문법 규칙 — 이를테면 <부정사 to와 동사를 떼어서 사용하지 말라>든가 <문장 끝에 전치사를 두지말라> — 이 생각나는데, 언어학자의 문법 규칙에는 이같은 것은 전혀 포함되지 않는다. 이것들은 **규범적** 규칙이요, 사람들이 자연스럽게 말하고 있을 때의 발화가 아닌 것이다. 언어학자가 관심을 가지고 있는 것은 기술적 규칙이요, 사람들이 실제로 말하고 있는 것의 규칙성을 붙잡는 정식 (定式)인 것이다. 엄밀하게 말한다면, 간단히 도달될 수 있는 손쉬운 것을 궤변을 늘어놓는 이론적 술책과, 무의식적으로 언어에 관해서 알고 있는 것을 규칙성으로 붙잡는 정식이다. 즉 언어학적 규칙이란 게임의 규칙이라기보다 자연의 법칙이요, 발명되는 것이라기보다 오히려 발견되는 것이다. 그것은 물론 스스로를 과학자라고 자처하기를 원하는 언어학자에게는 대단히 좋은 것이다.

규범보다 기술이라는 생각의 근저에 있는 것은, 객관적 연구에 대한 과학적인 요청이다. 문법에서의 정확성은, 사회적 약속이요 자의적이고도 가치 판단에 입각한 것이므로, 객관적 과학자의 영역은 될 수 없는 것이다. 언어학자가 객관적이기 위해서는 이렇게 말해야 한다는 말하는 방식 (이를테면 it is I)이 아니라 실제로 사용하고

제2장 언어 이론 29

있는 말하는 방식 (it's me)을 문법에 포함시키지 않으면 안 되며, 그리고 또 대상으로 삼고 있는 언어에는 결코 사용되는 일이 없는 말하는 방식 (it I is)만을 배제하는 문법을 생각하지 않으면 안 된다. 이와 같은 기술과 규범의 구별은 언어 연구의 실천에 있어 반드시 엄밀하게 적용되지는 않고 있다는 것이 지금까지 잘 지적되어 왔는데, 일단 이것이 기본적 법칙이 되어 있다. 분석자는 규범이야말로 근본적 죄라고 되풀이 주장하는 데 안주하면, 자기 자신들도 규법 문법에 빠지고 있다는 죄를 범하고 있음을 보지 않고서도 될 수 있으며, 항차 도대체 분석가로서 아무런 죄도 범하지 않을 수 있는 것인지 하는 점 같은 것을 깊이 생각할 필요도 없게 되는 것이다.

2 공시적 (synchronic) 대 통시적 (diachronic) : 역사를 제거한다

소쉬르 이전의 언어 연구의 경향은, 여러 언어들의 관계와 계통을 다루는 비교 언어학이었다. 소쉬르는 이와 같은 역사적 연구 방법으로는 언어학이 언어를 체계적으로 분석하려고 할 때 방해가 된다고 생각했다. 역사적 연구 방법은 시간에 따른 변화만을 다루기 때문에, 비체계적 현상에 지나지 않다고 생각했다. 소쉬르는 언어라는 유기체의 발달을 바라다보는 것보다는 오히려 그 생활 과정을 중단시키고서 현미경 밑에 놓고 언어의 내부 구조를 관찰하려고 했던 것이다. 그와 같은 소쉬르는 시간축을 어느 시점에서 절단하고, 그 멈춘 시점에서 있는 그대로의 언어를 모두 연구하자고 제안했던 것이다. 소쉬르는 이 연구 방법을 지금까지의 <통시적> (역사적) 연구에 대해서 <공시적> 언어학이라 명명했다.

소쉬르는 시간축의 한 시점을 절단하는 것을 상상하고 있는데, 이것은 분명히 언어의 사실들을 이상화하고 있음을 나타내고 있다. 언어란 항시 변화하고 있는 것이기 때문이다. 나아가서, 어떠한 언어 집단에서도 연령이 다른 화자들은 다른 언어 형태들을 사용하기 때문에 시간축의 모든 시점에는 몇 가지 다른 언어 형태들이 존재하고 있다. 그러나 언어를 비역사적으로 연구할 수 있다는 생각은 중요하며, 오늘 공시 언어학은 통시 언어학과 비단 구별되어 있을 뿐만 아니라, 통시 언어학보다도 보통 우위에 있다고 할 수 있다.

3 언어 지식 (knowledge) 대 언어 사용 (use) : 혼돈을 정리한다

언어 과학에서의 세번째 중요한 법칙은, 언어 사용자가 알고 있는 바 언어 체계와 언어 사용자의 실제의 언어 행동에 나타나는 그 체계의 사용이라는 이분법이다. 발화의 데이터는 대단히 복잡해서 혼돈이라 부를만큼 잡다하다. 그래서 언어학자들은, 그보다도 기품있고 통일된 것, 즉 직접적으로는 관찰되지 않지만 숙련된 과학자라면 추론할 수 있는 규칙 또는 관계를 연구 대상으로 삼으려고 했던 것이다.

소쉬르는 이 이분법을 랑그 *(langue)*와 파롤 *(parole)*이라 불러서 구별했다. 랑그란 개개의 언어 행동을 가능케 하는 관계의 추상 체계이다. 랑그는 개개의 화자가 가지고 있는 것이 아니라, 혹종의 <사회적 계약>이며, 언어학자가 첫째로 관심을 가지는 대상인 것이다. 이 랑그에 의해서 조절된 개개의 언어 행동, 즉 특정 음성 언어 하나하나는 파롤이라 일컬어진다. 촘스키 (Chomsky)도 언어 지식과 언어 사용의 구별을 했다. 촘스키의 경우에는 어떤 언어의 화자가 그 언어에 관해서 알고 있는 규칙의 집합인 언어 능력 (competence)과 그런 규칙들에 입각해서 화자가 만들어내는 실제의 불완전한 언어인 언어 운용 (performance)을 구별했다.

촘스키도 소쉬르도 랑그를 연구하는 편이 얻는 바가 많다고 생각하고, 그렇게 하는 것을 현재 언어학에서는 <과학적> 실천이라고 여기고 있다.

이 기술성·공시성·언어 지식 중심이라는 세 가지 과학적 법칙을 최초로 모조리 채용한 것이 소쉬르의 이론이요, 그 이래 이 법칙들은 강한 영향력을 행사해 왔다. 그렇지만 이것은 소쉬르파의 이론이 언어학을 지배해 왔다는 말은 아니다. 어느 과학 분야라도 그 시대의 요청이나 그 때 지식인이 알고 있는 과학의 이상에 응해서 전제가 변하는 법이며, 그 점에서는 언어학도 예외는 아니다.

지금까지 언어학 안에서 제안되어 온 방법론 중에서 우리의 흥미와 관련이 있는 것으로 세 가지 어프로치를 들었다. 이 어프로치들은 모두 그 생각뿐만 아니라 서로 사이의 모순도 페미니스트 이론에 깊이 관여하고 있는 것이다. 소쉬르나 그 이후의 기호학자에 의해서 제창되어 있는 구조주의적 어프로치, 언어를 무엇보다도 마음의 문제라고 생각하는 심리학적 어프로치, 언어를 우선 인류 문화가 산출한 것이요, 동시에 문화를 형성하는 것이라고 생각하는 사회 문화적 어프로치이다.

구조주의적 어프로치

소쉬르

소쉬르를 언어학자라기보다 <사상가>라고 생각하는 사람들이 많다. 그는 구조주의의 유명한 제창자이며, 기호학의 원리를 확립했다. 그렇지만, 그의 사상의 주요 부분은, 언어, 더욱 엄밀하게 말한다면, 그가 추상적으로 창조한 랑그를 다루기 위해서 전개한 것이다.

구조주의적 어프로치를 특징지우고 있는 것은, 언어를, 이를테면 역사적 현상으로서, 철학적 문제로서, 사회적 혹은 교육적 수단으로서 연구하는 것보다는 오히려 그 자체 자립한 체계로서 연구해야 한다고 하는 주장이다. 소쉬르는 <언어는 그 자체 독립해서 연구되어야 한다. 지금까지 언어는 거의 다른 무엇인가와의 관계에서, 다른 시점에서만 연구되어 왔다>[2]고 말했다. 그러나 언어가 마음·사회·교육·철학이니 하는 것을 표현하는 수단이 아니라면 도대체 언어란 무엇이란 말인가? 소쉬르가 이 물음에 준 해답은, 언어를

---
(2) F. de Saussure, *Course in General Linguistics,* trans. W. Baskin (Fontana, 1974) p. 16.

기호 체계 (sign system)라 본다는 생각이며, 이 생각에서 그의 이론적 견식이 모두 생겨나고 있는 것이다. 그는 언어학을, 새로운 과학 곧 기호의 과학의 중심에다 놓았다. <사회에서의 기호의 생태를 연구하는 과학이라는 것이 생각된다. 이 분야는 사회 심리학의 한 분야가 될 것이다...... 나는 이를 기호학이라 부를 것이다. 기호학이란 기호를 형성하는 것은 무엇인가, 기호를 지배하는 법칙은 무엇인가 하는 문제를 밝힌다>[(3)]. 즉 소쉬르는 사회 심리학의 하위 부분으로서 별개로 연구할 가치가 있는 분야가 존재한다고 생각하고, 그것은 언어와 같은 기호 체계를 구축한다고 하는 인간 사회의 특유한 경향을 붙잡는 분야라고 주장했던 것이다. 그리고 사실 그가 제안한 이 새로운 <과학>은, 현대의 기호학자들, 신소쉬르파에 의해서 결실을 맺었고, 현재는 기호학으로서 존재한다.

기호학이란 무엇인가

기호를 적격하게 정의한다는 것은 어렵다. 기호란, 두 가지 이론적 실체인 기호 표현 (signifier)과 기호 내용 (signified)이 결부함으로써 만들어진 것이다. 언어의 경우로 말한다면, 소쉬르는 단어의 레벨에서 기호를 예로 든다. 이를테면 <고양이>라는 기호는 /고 양 이/ 라는 음의 청각 영상인 기호 표현과, 네 개의 발을 가진 고양이과의 동물 고양이의 개념인 기호 내용으로 이루어져 있다. 이 말은 곧 기호 내용이란 하나의 관념이요, 기호 표현이란 그것을 형식적으로 표현하는 것이라 할 수 있다.

  기호에 관해서 중요한 점 하나는, 기호는 언어를 사물로부터 분리하고 현실로부터 분리한다는 점이다. 기호 내용이란 사물 그 자체가 아니라 그 사물의 개념이며, 기호는 두 가지 점에서 자의적 (arbitrary)이다. 첫째로 기호 표현이 자의적이다. 왜냐하면, 자연속에는 고양이를 고양이라고 부르지 않으면 안 되는 필연성 같은 것은 아무 것도 없으며, 예컨데, <브라그>라는 말의 음 연쇄에 적절한

---
(3) Ibid.

고양이의 기호 내용이 결부되어 있다면, 고양이를 <브라그>라고 불러도 상관 없기 때문이다. 그렇지만, 둘째로 마찬가지로 기호 내용도 자의적이다. 왜냐하면, 언어 이전의 현실 (아마 어린이나 언어를 배울 수 없는 사람에게도 존재하고 있는 그런 현실)은 미분화의 혼돈이며, 그 속에서 <고양이>라는 집합을 선별하는 것은 아무것도 없기 때문이다. 우리는 기호라는 수단을 사용해서 비로소 필연적으로 정연한 개념 집합으로 나눌 수 없는 세계를 분류하고 이해하게 되는 것이다. 소쉬르에 따르면, 언어에 의한 세계의 분류 과정의 많은 것들은 자의적이라고 할 수 있는 셈이다.

기호 사이의 관계

기호가 자의적인 것이라면, 그 실질은 별로 문제가 되지 않는다. 중요한 것은 기호가 서로 구별될 수 있다는 점이다. 즉 기호를 정의하는 것은 그 실질 내용이 아니라 기호 사이의 차이인 것이다.

　이것은 졸병·하사·중사·상사 등 군대의 계급을 생각하면 알기 쉽다. 이런 계급들은 다른 계급이 없으면 아무런 의미도 없다. 누군가가 졸병이란 무엇이냐고 묻는다면, 틀림없이 <그것은 군대에서 가장 낮은 계급이다> 라고 대답할 것이다. 이것은 다른 계급과의 관계에서 졸병이라는 것을 정의하고 있는 셈이다. 마찬가지로, 계급의 기호 표현인 제복에 붙어 있는 견장도, 다른 견장과 비교되지 않는다면 무의미한 것이다.

　소쉬르는 기호 상호 사이에 두 가지 관계를 구별한다. 하나는 영어로 <고양이>를 나타내는 /kat/라는 말서 /k/와 /a/와 /t/와 같이 서로 결부하는 관계 (통사 관계) (syntagmatic relations)이요, 또 하나는 /kat/의 /k/와 그 음에 환치해서 다른 말을 만들 수 있는 /p,r,f,v,b/ 등의 음 (각각 pat, rat, fat, vat, bat가 된다) 사이와 같이 서로 환치할 수 있는 관계 (연합 관계) (associative relations) 또는 범열 관계 (paradigmatic relations)이다.

미국의 구조주의

1950년대 후반까지 소쉬르의 어프로치와 유사한 생각이 미국의 언어학에서도 우세를 차지하고 있었다. 미국의 구조주의 언어학자들은 소멸 직전의 토착어의 기술에 관심을 가졌고, 언어 분석의 실질적 기술을 강조했다.

미국 구조주의자들이 발전시킨 방법은, 코퍼스 (corpus) 곧 토착어 화자의 발화의 실례를 기술하는 것이었다. 그 문법은 어느 언어의 요소 (그 음·단어·문법 형식)를 열거한 것과, 각 요소의 분포 (즉 그 요소가 어디서 생길 수 있는지)를 나타낸 규칙에서 안출된 것이었다. 이런 언어학자들은 진정한 소쉬르파라고는 할 수 없으나, 그 어프로치나 분석 방법이라는 점에서는 구조주의자인 것이었다.

기호학

미국의 구조주의와는 달리, 기호학 (이것은 뒤에서 밝혀지는 바와 마찬가지로, 몇 가지 다른 분야들을 총괄해서 부르는 용어이다)은 소쉬르파라 할 수 있다. 기호학은 소쉬르가 제안한 <기호의 과학>이며, 소쉬르의 ≪일반 언어학 강의≫에 그 이론적 기반을 둔 단일한 운동이라고 할 수 있다. 그렇지만, 기호학은 언어학자에게도 기호학자에게도 언어학적 전통을 이어받고 있다고는 여겨지지 않는다. 그리고 기호학이 어째서 이같이 언어학과 다른지를 묻는 것 자체가, 이 책에서 논의되어 있는 문제를 생각하게 하는 것이다.

오늘의 이론 언어학은, 그 대부분이 앵글로 아메리카계의 과학적·사회과학적 전통에 속하고 있다. 이 전통은 부르조아적이고 경험주의이며 실증주의이다. 바꿔 말하면, 소쉬르 이래 연구 대상이나 방법에는 수정이 가해져 왔음에도 불구하고, 언어 이론은 여전히 앞의 장에서 개설한 <과학>관에 얽매어 있는 것이다.

한편 기호학은 다른 전통을 이어받고 있다. 그것은 앵글로 아메리카계도 과학적도 아니다. 프랑스계이며 문학적인 전통이다. 기호학은 반부르조아적이요 반경험주의적이며, 과학이라는 신화에 관해서는 회의적이다. 기호학이 의거하는 신화는 마르크스주의이며 프로이트주의이다. 그 목적이나 방법론에서도 전체적 가락에서도, 기호학은 언어학과는 다른 것이다.

 비슷한 한계는 프랑스의 페미니즘과 미국이나 영국의 페미니즘 사이에도 보인다. (물론 이것은 지나친 단순화이기는 하다. 특히 프랑스계 전통의 영향을 받은 영국 지식층에서는 영국의 전통과는 다른 의견도 들을 수 있다.) 마르크스주의는 양쪽 페미니즘에 깊은 영향을 끼쳐주고 있다. 그렇지만, 영국인이 프로이트를 반진보주의자로 보고 있음에 반해서, 프랑스의 페미니즘은 정신분석 이론에 깊이 영향을 받고 있다. 프랑스인은 영국인의 부르즈아적 경험주의를 싫어하며, 영국인은 프랑스인의 생각은 지나치게 이론적이며 종종 생물학에 지나치게 치우쳐 있다고 생각한다. (프랑스인은 남녀차에 중요성을 두고, 그것이 생물학적인 결과라고 보는 경우가 많다.)

 이와 같이 생각하면, 앵글로 아메리카계의 페미니즘이나 언어학적 전통 속에서 발전해 온 이론과 프랑스의 기호학적 상황 속에서 발전해 온 이론을 한결같이 검토한다는 것은 곤란할 뿐 아니라 불합리하기도 하다. 이런 이른들은 언어에서나 페미니즘에서나 같은 것을 시도하려는 것은 아니다. 그러면 왜 이 두 이론을 함께 논의하지 않으면 안 되는가?. 완전히 부르조아적 경험주의파에 속하는 내가, 어떻게 해서 이 이론들을 평가할 수 있단 말인가?

 실제로, 기호학을 충분히 논한다는 것은 이 책의 범위를 상당히 넘어서는 일이 되며, 특히 나는 라캉파 이론의 정신분석적 기반의 연구에 종사하고 있는 것도 아니요, 또 그것과는 무관하다. 내가 관심을 가지고 있는 것은 기호학자의 언어에 대한 견해이며, 특히 그녀들이 언어와 여자의 억압의 관계를 어떻게 분석하고 있느냐 하는 점이다.

여기서 특히 흥미로운 것은, 기호학자도 아닌 많은 앵글로 아메리카계의 연구자들이, 기호학과 마찬가지 견해를 가지고 있다는 점이다. 그 중 몇 사람인가는 기호학 자체의 영향을 받았지만, 그밖의 사람들은 전혀 다른 출처에서 같은 생각들을 발전시키고 있다. 이것은 다음 두가지 것을 나타낸다. 첫째로 언어에 관한 여자의 경험들에 관한 무엇인가가 호소적인 어떤 생각을 만들며, 둘째로 언어학자와 기호학자의 언어에 대한 생각은 무엇인지 공통점을 가지고 있다는 점이다.

이와 같이 생각하면 내가 기호학을 논할 때 문제로 삼고 싶은 바는, 기호학과 언어 이론의 차이가 아니라 유사성이 된다. 그래서 나의 논의는 부분적인 것이 될 것이다. 아래에서는 성차·성차별·소외라는 세 가지 문제에 논의의 방향을 잡고, 기호학 그 자체만을 오로지 생각하는 것이 아니라, 도대체 기호학이 페미니스트 이론에 유효한지의 여부를 묻는 모습으로 논의를 진행하고 싶다.

기호학과 구조주의

기호학과 **구조주의**라는 말은 마치 동의어인 것처럼 사용되는 수도 있으나, 이 책에서는 다른 의미를 가진 말로 구별해서 사용한다.

기호학이란 소쉬르가 ≪일반 언어학 강의≫ 속에서 기호의 과학이라고 묘사하고 정의한 것 — 즉 언어라는 기호 체계의 연구이다. 레비=스트로스 (Levi-Strauss), 바르트 (Barthes), 라캉 (Lacan) (각각 인류학자·문예비평가·정신분석가) 같은 사상가들은 기호학자라 할 수 있다. 왜냐하면, 그들은 그 연구 대상 (친족 관계·신화·문학 작품·무의식)을 기호 체계로 보고, 그것들은, 소쉬르가 언어가 구성되어 있다고 주장했던 바와 같은 방식으로 구성되어 있다고 생각하고 있기 때문이다.

한편, 구조주의는 특히 기호 체계와 같은 현상을 분석하는 하나의 방법이다. 구조주의는 차이와 관계가 중요하다는 생각에 바탕을 두고 있다. 기호학자가 이 방법을 이용한다 하더라도, 기호학의 이론적 틀과는 전혀 관계 없이 이 방법만이 이용되는 수도 있었다.

간단히 말하면, 기호학이란 하나의 학문 분야이며, 구조주의는 방법론이다. 나는 라캉, 데리다 (Derrida), 크리스테바 (Kristeva) 등에 관련된 현대의 움직임을 의미할 때에는 기호학이라는 말을 사용한다.

기호 체계로서의 문화

소쉬르가 기호 체계를 어떻게 정의했는지에 관해서는 이미 말했거니와, 물론 그가 관심을 가지고 있던 것은 언어라는 체계이다. 그러나 확실히 기호를 구성하는 것은 비단 언어만은 아니다. 오늘의 기호학자들은 소쉬르의 언어학적 통찰을 다른 현상에 해당시켜서, 다양한 문화적 대상이나 실천을 기호 체계로서 다루고, 소쉬르가 언어를 연구한 것과 마찬가지 방법으로 그것들을 연구하고 있다.

이와 같은 연구가 구체적으로 어떠한 것인지를 보여주는 예로서 롤랑 바르트의 잡지 표지의 분석을 들 수 있다.[4] 표지의 사진 (소쉬르의 용어로 말하면, 기호 표현)에는, 프랑스 국기에 경례하고 있는 흑인 병사 (그 직접적인 의미 또는 기호 내용)를 보여주었다. 그렇지만, 바르트의 분석에 의하면, 이 기호 (사진의 이미지와 개념의 짝짓기)는 그 자체가 더욱 높은 차원의 기호 곧 신화 차원의 기호 내용이 되는 것이다. 이 기호 내용이 가리키고 있는 것은, 프랑스 제국주의 이념을 좋다고 하는 기호 내용이다.

이런 종류의 문화 분석에 의해서, 어째서 어떤 이미지가 특별한 중요성을 갖는지 설명되면, 스테레오타입이나 표시의 일반적 개념이 약간 분명해진다. 어떤 이미지가 일단 기호가 되고, 기호 체계의 관계의 네트워크 속에 자리하게 되면, 그 기호가 구현하는 기호 표현과 기호 내용의 결합은 (그밖의 많은 결합의 가능성보다도) 자연

---

(4) Roland Barthes, *Mythologies* (du Seuil, 1957).

스럽고도 분리할 수 없는 것으로 보이는 것이다.

 이 기호가 기호인 까닭에 자연스럽다는 생각은, 페미니스트의 사상에도 응용됨이 분명하다. 이를테면 나체 여자의 이미지를, 그것을 본 사람에게 성교의 가능성이나 타락의 의미를 상기시키지 아니하고, 단지 기호 표현으로서 사용할 수는 없다는 이유를 설명할 수 있다. 나체 여자 자체는 본래 성교나 타락을 표시하고 있는 것은 아니다. 원칙적으로 말하면, 나체 여자의 이미지도 그밖의 여러가지 것들을 의미할 수 있는 것이다. 그렇지만 그것이 기호가 되어 버렸기 때문에, 즉 나체 여자의 이미지라는 기호 표현과 성교의 가능성 또는 타락이라는 기호 내용이 결합해 버렸기 때문에, 특정 의미, 여성 차별적인 의미가 다른 가능한 의미보다도 강하게 작용하는 것이다. 그리고 그 불쾌한 함의는 간단히 버릴 수 없다.

 그렇지만, 우리는 이런 종류의 의미가 전적으로 자의적인 방법으로 획득되는 것이라고 생각하지 않도록 유념해야 한다. 이런 의미는 확실히 관습적인 것이지만, 동시에 여성 차별적 사회의 정치 구조에 의해서도 매개되어 있는 것이다. 바르트의 예에 있어서도, 기호가 신화화되는 것은, 군대의 인종이라는 기호의 일부에 특별한 주의를 기울였을 때만 그렇게 되는 것이다. 그리고 우리가 군대의 인종에 주목하는 것은 우연이 아니라 우리의 문화에 존재하는 인종 차별의 반영이다. 바꾸어 말하면, 기호란 역사적 영향을 모면할 수 없는 것이며, 기호가 의미를 지니는 과정도 진공 상태에서 생기는 것은 아니다.

 이 점을 인정하는 기호학자들도 있으나, 어느 쪽인가로 결정을 하지 못하는 대응을 하고 있는 사람도 있다. 언어는 다른 것을 반영하거나 다른 것과 관계가 있다기보다 언어 자체가 사회 속에서 모든 의미를 만들어낸다고 하는 언어적 결정론 (linguistic determinism)의 입장을 어정쩡한 기호학자가 취하고 있기 때문이다. 라캉파 정신분석의 영향을 가장 많이 받은 기호학자인 페미니스트의 부류는 언어적 결정론의 입장을 강하게 취한다. 그러나 어떤 이미지가 어떻

제2장 언어 이론 39

게 해서 정치적 중요성을 얻는지, 그리고 그 중요성의 본질은 무엇인지 하는 문제에도 주의를 돌릴 필요가 있음이 확실하다.

기호학과 정신 분석

프랑스의 페미니즘은 정신 분석의 영향에 의해서 두드러진다. 특히 정신 분석자인 쟈크 라캉(Jacques Lacan)에 대응해서, 많은 연구자들이 사상을 전개해 왔다. 여기서 중요한 것은, 라캉의 이론이 무의식과 주체의 발달에 관한 언어적 이론이라는 점이다. 그래서 페미니스트들이 낳은 라캉 이론의 비판이나 개정 역시 언어를 중심으로 한 것이며, 언어에 관해서 흥미로운 것을 말하고 있다.

라캉 (Lacan)

이 서론 부분에서의 목적은, 라캉의 정신 분석이 어떻게 <언어적>인지를 설명하는 일이며, 라캉 이론의 본령을 상세히 검토하지는 않는다.

   라캉은 정신 분석가의 연구 대상인 무의식을 기호 체계로 보고 있기 때문에, 이 점에서 기호학자라 할 수 있다. 그는 그 중심 개념의 많은 것들을 소쉬르에 깊이 힘입고 있다. 그 중에서도 가장 중요한 것은, 라캉의 무의식의 이론이 언어에 대단히 큰 구실을 부여하고 있으며, 따라서 프로이트 이론의 새로운 해석, 래디컬한 고쳐 읽기를 하고 있다는 점이다.

   우선 프로이트가 꿈이나 농담의 해석에서 언어나 언어적 증거의 중요성을 강조한 점을 라캉은 지적한다. 진단을 하면서도, 언어가 어김없이 가장 중요한 구실을 한다. 왜냐하면, 분석가가 환자의 무의식을 찾을 즈음에 의지할 수 있는 다른 것이 없기 때문이다. 무의식을 관찰할 수는 없는 노릇이다. 무의식은 언제나 언어에 의해서 매개되어 있는 법이다.

라캉은 소쉬르를 따라서, 언어 없이는 어떤 것도 관찰 불가능할뿐더러, 분화되지 않아서 구조를 갖지 않은 채로 있는 것이라고 믿는다. 거기서, (프로이트가 보여준 바와 같이) 무의식이 고도로 구조화된 것이라면 무의식도 언어 이전에는 존재할 수 없는 셈이다. 이와 같이 해서 라캉은, 사실 무의식이라는 것은 어린이가 언어를 습득함에 따라서 언어를 통해서 형성되어 가는 것이라고 조리를 세운다. 이 과정이 언어 이전에는 모든 방향에 퍼져 있던 직관적 욕망의 덩어리 <인간 오믈렛 hommelette (작은 인간+오믈렛)>을 지배하고 다른 것과 구별하는 것이다. 이와 같이 라캉에 있어서는, 인간이 인간인 까닭은 언어를 배우기 때문이다. 그리고 성이나 젠더, 아이덴티티가 인간을 형성하고 있는 중요한 부분인 이상, 라캉의 이론은, 남성 중심 사회에서의 여성성이 어떻게 구축되는지를 이해하고자 하는 페미니스트들에게도 중요한 의미를 띠게 되는 것이다.

심리학적 어프로치

소쉬르도 기호학을 사회 심리학의 일부라고 생각하고 있었거니와, 실제로 언어가 어떠한 모습으로 <마음 속에 있다>는 것을 부정하는 언어학자는 없었다. 그렇지만, 미국의 구조주의는 행동주의 심리학에 바탕을 두고 있었으며, 행동주의 심리학은 인간 내부의 심적 과정을 연구 대상으로 하고 있지 않다. 그렇기 때문에, 미국 구조주의 언어학자들이 쓴 주요 텍스트에는 언어의 <심적> 측면을 강조한 것은 거의 없었다.

이와 같은 언어에 대한 행동주의적인 입장은 촘스키에 의한 스키너 (B.F Skinner)의 《언어 행동》 (Verbal Behavior)의 서평에서 공격을 받았다.[5] 촘스키는, 언어의 구조는 매우 복잡하며, 적극적인 강화에 의해서 동기부여된 자극과 반응의 메카니즘으로 배운다는 것은 불가능하다고 주장했던 것이다.

촘스키는 또 미국 구조주의 방법론도 비판했다. 언어학이란 다른

---

(5) Noam Chomsky, review of *Verbal Behavior, Language*, 35, 1959.

언어들을 분석하거나 분류하기 위한 일련의 과정이 아니라, 인간 언어의 일반적 특성에 관심을 갖는 인지심리학의 한 분야라고 그는 믿기 때문이다. 이러한 특성들은, 촘스키의 의견에 의하면, 다른 곳이 아닌 인간의 마음 자체의 구조 속에서 찾아야 한다는 것이다. 전통적인 언어 자료는 언어학의 법칙을 따르지도 않을 뿐더러, (랑그가 아니라 파롤이기 때문에) 불합리하다고 비판했다. 언어 자료의 기술이 어떻게 언어의 포괄적 설명을 마련해준다는 말인가? 어떠한 언어에서도 우리가 만들어 내거나 이해할 수 있는 문장의 수는 원칙적으로 무한한 것이다.

그러나 이 무한한 수의 문장들을 누가 어떻게 기술할 수 있다는 말인가? 촘스키는 이에 다음과 같은 물음을 던짐으로써 해답을 대신한다. 어린이가 무한한 수의 문장들을 습득한다고 하는데, 그런 일을 할 수 있는 사람이 있을까? (없을 것이다). 그러나 정상적인 어린이라면 누구나 언어를 마스터한다.

촘스키는 이런 인상적인 성취가 단지 자극과 반응의 문제일 수는 없다고 믿고, 다음 세 가지 결론을 도출해낸다. 첫째로 그는 결론을 내리기를, 어린이는 낱낱의 문장을 배우는 것이 아니라 문장을 만들어내는 규칙을 배운다는 것이다. 문장의 수는 무한하지만 규칙의 수는 유한하다는 것이다. 둘째로 이런 규칙들은 어린이에게 생득적으로 갖춰져 있어야 한다는 것이다. 언어의 구조는 대단히 복잡하며, 어떤 소지 없이 어린이가 그 모든 것들을 배운다는 것은 불가능하다고 여겨지기 때문이다. 셋째로 언어가 어느 정도 인간에게 생득적인 것이라 한다면, 모든 언어는 어느 레벨에서는 서로 대단히 비슷한 것이어야 한다는 것이다. 어린이는 어떤 언어라도 주위에서 들어오는 언어를 배운다. 그러므로, 생득적 구조가 어떠한 것이든 간에, 그것은 어떠한 인간 언어에도 적용되는 것이어야 한다는 것이다.

언어 능력이 적어도 어느 정도는 생득적 소지 위에서 성립된다고 믿는데는 몇 가지 이유가 있다. 심리학 계통의 언어학자들은 인간의 언어와 동물의 언어를 구별하는 특질 몇 가지를 들고 있다. 인간 언어가 구조적이라는 점 (이를테면 인간 언어는 계층적이다), 다음에 전달성이 있다는 점 (인간 언어에서만 새로운 메시지를 만들어 내거나 거짓말을 하거나 시간적·공간적으로 떨어진 사건에 관해서 말할 수 있다)의 두 가지이다.

또한 인간의 어린이는 발달의 특정 단계에서 특정 방식으로 언어를 배우도록 <프로그램화되는> 징조를 보인다고 지적되어 있다. 사회에서 격리되어 성장한 그 특정 단계 (임계기)에 언어에 접하지 않게 된 (야성의 어린이들은) 일반적인 지능을 가졌음에도 나중에 말하기를 배운다는 것은 대단히 어렵다.

언어학에서의 심리학적 어프로치가 주장하는 것은, 언어학자의 일이 단지 어떤 언어를 정확히 기술하기 위한 규칙의 탐구가 아니라, 어린이가 머리 속에 지닌 규칙을 탐구하는 것이라는 점이다. 촘스키가 올바르다면, 모든 언어가 공유하는 특징, 즉 언어의 보편성 (linguistic universal)을 꺼내는 데 언어학자는 힘쓰지 않으면 안 된다.

사회 문화적 어프로치

언어의 사회 문화적 어프로치는, 음성 언어를, 사회 관계를 매개하는 것이며, 사회적 구실을 나타내는 방법이며, 문화를 반영하고, 문화에 영향을 끼치는 것이라고 생각한다.

인류학적 어프로치

미국 구조주의는, 언제나 인류학과 강하게 결부되어 왔다. 왜냐하면, 미지의 언어의 분석과 미지의 문화의 관찰을 결합할 필요가 있었기 때문이다. 게다가 많은 인류학자들은 사회를 제어하는 데 언어가 떠맡는 구실의 중요성에 언제나 주목해 왔다. 사회 조직의 특성을 파악하기 위해서 연구 대상이 되어 있는 사람들이 무엇을 중요하다고 생각하고 있는지를 아는 단서로서, 그들의 언어 데이터를 이용했던 것이다 이와 같이, 언어의 사회적 측면에 관해서는 오랜 동안 많은 비교 문화적 문헌들이 마련되어 왔다.

여기서 인류학의 전통에서 생겨난 하나의 문제가 논쟁의 표적이 된다. 그것은 상대론 (relativity)과 언어적 결정론 (linguistic determinism)의 문제이다. (상대론이란, <객관적 현실>은 실은 다른 문화나 다른 환경에 의해서 다른 방식으로 지각되는 것이라는 생각이며, 결정론이란, 이 변이가 하나의 특정 요인에 의해서 좌우된다는 것을 의미한다.)

몇몇 인류학적인 언어학자들은 갖가지 사람들이 현실을 지각하는 방법이 극단적으로 다르다는 것을 관찰하고, 그것은 직접 언어에 기인한다고 생각했다. 이를테면 호피 어처럼 시제가 없는 언어의 화자는, 영어처럼 시제를 갖는 화자가 시간을 개념화하는 것과 같은 방법으로는 시간을 개념화할 수는 없다고 생각했던 것이다.

이 이론은, 이것에 가장 강하게 결부된 두 언어학자, 에드워드 서피어 (Edward Sapir)와 벤자민 리 워프 (Benjamin Lee Whorf)의 이름을 따서, 서피어=워프의 가설이라 일컬어진다. 이 이론은 상대론적이며 (현실은 다르게 지각된다고 하는 주장), 결정론이기도 하다 (언어가 다름을 결정한다는 주장). 근년의 페미니즘 이론가들도 이 이론의 영향을 받은 것을 인정하고 있는 사람들이 많다 (스펜더와[6] 크라마레[6]). 언어의 결정론적 이론에 관해서는 제6장에서 상세히 논하겠다.

사회 언어학

언어학에서 또 하나의 주요한 사회 문화적 흐름은 사회 언어학이며, 1960년대에 독자적인 분야로서 나타났다. 발생에는 여러 요인들이 작용했으나, 그 많은 것들은 그 시대를 전형적으로 바로 반영

---

(6) Dale Spender, *Man Made Language* (Routledge & Kegan Paul, 1980) and Chcris Kramarae, *Women and Men Speaking* (Newbury House, 1981).

한다.
 첫째로 개개의 언어 내부의 다양성을 현대적 방법으로 연구하고 싶다는 욕구가 있었다. 방언학은 역사적이며 주로 지방을 대상으로 한 분야이었으므로, 언어학자가 살고 있던, 도시화된, 지리적으로도 유동적인 사회의 언어의 다양성을 연구하기에는 부적당했다. 거기서 계급이며 인종적 차이를 분석할 수 있는 새로운 사회학적 분야가 필요하게 되었다.
 둘째로 많은 연구자들이 사회적으로 불리한 입장에 놓여 있는 사람들의 문제를 다룰 수 있는, 더욱 사회에 관련된 언어학으로 향하는 충동을 느꼈다. (말할 것도 없이, 그들은 불리한 입장에 놓여 있는 사람들 중에서 최다수를 차지하는 집단 곧 여자는 무시했다.) 사회 언어학에서의 공통 모티프는 비표준적 발화의 기술과 그 지위를 옹호하는 일이며, 흑인이나 학업이 부진한 노동자 계급을 방관한 교육 이론에 정면으로 반론을 제기하는 일이다.
 셋째로 많은 사회 언어학자들이 이같은 어프로치는 그 시대의 정통적인 모델 (즉 촘스키과 변형 문법)의 약점을 수정할 수 있을지도 모른다고 믿었다. 그들은 역사나 파롤을 배제한 이론은 인공적이며 불만족스럽다는 점을 보여주고 싶었다.
 사회 언어학의 연구 방법은 발화의 언어적 특성 (예를 들면, 다른 발음이나 문법 형태)을 화자의 인종·성·연령·계급·상황의 성격 (상황이 어느 정도 정상적이냐, 어떤 종류의 회화냐 등)과 관련시키는 것이다. 이런 의미에서는, 사회 언어학은 언어 지식이나 개인의 언어 능력을 다루는 언어학이라기보다는 언어 사용과 집단을 대상으로 하는 언어학처럼 보일지 모른다. 그러나 사회 언어학이 주장하는 것은, 역설적으로 말하자면, 다양한 종류의 언어가 함부로 일어나고 있는 것은 아니며, 구조화되어 있고 체계적이며, 따라서 언어의 사회적 측면 역시 문법적 문장을 만들어내는 능력과 마찬가지로 우리의 언어 능력에 속한다는 것을 보여주는 일인 것이다. 다른 상황에 따라서 자신의 발화를 다양하게 구사할 수 없다든지 나

이 든 사람의 화자와 젊은 화자를 구별할 수 없는 사람은, 자신의 언어에 대해서 언어 사용 능력을 충분히 갖춘 화자라고는 말할 수 없는 것이다.

이와 같이 사회 언어학은, 언어 지식과 언어 사용의 구별을 뒤집었을 뿐만 아니라, 공시적 연구와 통시적 연구의 분리에도 도전한다. 많은 사회 언어학자들은 공시적 연구와 통시적 연구가 서로 관련되어 있다고 믿는다. 그도 그럴 것이, 어느 언어가 장차 어떻게 변화할 것이냐를 결정하는 것은 현재 그 언어의 다양성에 부여된 사회적 중요성이기 때문이다.

요 약

여기서 거론된 세 가지 어프로치는, 이를테면 구조주의자는 언어가 사회 현상은 아니라고 한다든지, 사회 언어학자는 언어의 인지적 심리적 요소는 설명하지 않아도 좋다고 생각한다든지 하는 식으로 서로 배제하고 있다는 뜻은 아니다. 이들 세 가지 어프로치는 모두 정당하며 유용하다고 생각하는 것도 충분히 가능하다. 그렇지만, 이에는 중요한 차이가 있다. 그 차이가 페미니즘에 끼치는 의미는 크나큰 문제가 된다. 이를테면, 심리학적 언어학자는 언어의 보편성이나 심리주의 (인간에는 생득적으로 주어진 능력이 있다는 생각)에 바탕을 두고 있으나, 사회 언어학자에게는 언어와 문화가 다양하다는 쪽이 더욱 중요한 것이다. 인간 마음은 그 발달 과정에서 배우는 언어에 의해서 깊이 영향을 받는다고 하는 워프의 언어적 결정론은, 모든 언어는 궁극적으로는 하나의 구조를 공유하고, 인간의 마음의 특성에 의해서 지배된다고 하는 촘스키류의 견해와는 드러맞지 않는다.

또한 구조적 어프로치와 사회 문화적 어프로치 사이에도 긴장이 존재한다. 사회 문화적 어프로치를 취하는 연구자들은, 전통적 구조주의는 대단히 높은 수준의 이상화를 요구하고 있으나, 단일 언어

단일 집단을 가진다는 가정을 해 본들, 차이와 불평등이 가득한 현실 세계에서 이상적 세계 같은 것은 찾아낼 수 없다고 생각하고 있는 것이다.

라캉이 흥미로운 것은, 그의 이론이 모든 어프로치를 통합하고 있기 때문이다. 그의 이론은 구조주의적 방법론을 채택하면서도, 심리학적 발달에도, 개개 주체의 문화 수용에도 관여한다. 그러나 이 통합에도 문제가 없는 것은 아니며, 라캉은 촘스키의 이론만으로 또는 워프의 이론만으로도 만족하지는 않는다. 라캉은 인간 마음의 보편적 특징을 발견하려 하고 있다는 점에서 심리 언어학자와 일치한 견해를 가지고 있으나, 생득적 사고에는 동의하지 않는다. 그의 입장은 결정론적이기는 하지만 상대론의 입장은 취하고 있지 않는 듯하다. (이것은 영어와 호피 어 같이 대단히 다른 언어의 화자가 어떻게 해서 동일한 무의식의 구조를 만들어내느냐 하는 문제를 낳고 있다.)

페미니스트의 언어 연구는, 지금까지 사회 언어학과 기호학에 힘입은 바 가장 크므로, 이 두 가지 생각의 차이는 페미니스트의 언어 연구에도 직접 관련이 있게 된다. 그것은 대단히 결정론적이나, 이 입장에도 문제가 많을 뿐더러 이내 받아들여지는 것도 아니다. 한편, 사회 언어학은 언어의 다양성이나 이종성을 강조하고 있음에 반해서, 기호학은 전혀 반대의 방향에 있는 일정하게 이상화된 체계성, 우리가 관찰할 수 있는 것으로부터 거리가 먼 것에 향하고 있다. 유념해 두어야 할 문제로서 이런 점들이 있으나, 후에 각 문제들을 제기할 때에 다시 다루게 될 것이다.

결 론

여기서는 위에서 말한 어프로치가 페미니스트의 언어 연구에 공헌할 수 있는 점 그리고 지금까지 공헌해 온 점을 지적해서, 이 장의 결론으로 삼고 싶다.

페미니즘과 기호학

기호학이 페미니스트의 언어 연구에 공헌한 것으로 두 가지 점이 있다. 첫째로 페미니스트의 문학 비평인데, 이것은 문학에서 여자의 언어 사용이나 여자의 창조성 등에 관해서 많은 제언들을 해 왔다. 기호학의 이 측면에는 응분의 지면을 할애할 수 없다. 내가 문학 비평가나 문체론자가 아닌 탓도 있지만, 문학 작품은 이 책에서 내가 강조하고 싶은 점에서 벗어나기 때문이다.

그렇지만, 기호학의 두번째 공헌은 언어학자의 한층 일반적인 관심에 따른 것이다. 그것은 라캉파 정신 분석에서 생겨난 <성별화된 주체> (gendered subjectivity)의 이론이다. 이 이론은 여자는 남성 언어를 배우지 않으면 안 되므로 사회에서 소외되어 있다는 주장으로 요약되거니와, 이에 관해서는 제7장에서 논의될 것이다.

페미니즘과 사회 언어학

사회 언어학은 사회 상황에서의 언어 사용을 다루고 있으므로, 성차에 관한 가장 결실이 많은 데이터나 연구를 페미니스트에게 제공한다. 페미니스트 이전의 조사에 불비한 점이 있다 하더라도 (제3장 참조) 많은 여자들의 발화 데이터가 포함되어 있었다. 근년에 성차에 관한 많은 연구들이 페미니스트들에 의해서 실제로 이루어져 오고 있는데, 그것은 페미니스트가 사회 언어학의 틀 속에서라면 여자와 언어에 관련된 문제를 연구할 수 있어 사회 언어학에 쏠렸기 때문이다.

사회 언어학의 또 하나의 공헌은, 언어와 화자가 놓인 불리한 입장의 관계에 관해서, 페미니스트로서의 우리의 이해를 깊게 해준 점이다. 지난 10년, 발화·사회적 평가·빈곤이나 학업 부진에 관한 상당한 문헌들이 나왔다. 그 대부분이 모두 인종적 소수파나 노동자 계급을 대상으로 하고 있다. (유능한 조사자가 고른 것이기는 하지만, 이런 집단들은 놀라울 만큼 한결같이 모두 남자만의 집단이다.) 그러나 이러한 연구들에서 발견되는 사안은 시사적이기도 하며, 여자의 억압을 연구하는 사람들에게도 자못 유익한 것이다.

페미니즘과 인류학적 언어학

인류학이 언어에 관한 페미니스트의 사상에 준 가장 중요한 공헌은 이론적인 것이었다. 인류학이 (어느 쪽이나 페미니스트에 의해서 폭넓게 이용되고 있는) 서피어=워프의 가설과, 에드윈 아드너와 설리 아드나 (Adwin and Shirley Adener)의 <지배자와 무언자> (dominant/muteted)의 이론 등을 제공했기 때문이다. 인류학이 사고나 문화에서 하는 언어의 구실에 대해서 보여주고 있는 관심은, 페미니스트에 의해서도 대단히 유익한 결과를 가져오고 있다. 우리는 인류학의 연구 속에서, 다른 문화에서 사회 질서를 유지하기 위해서 언어적 수단이 어디까지 이용되고 있는지를 배울 수 있으며, 이것은 우리 자신의 문화를 아는 데도 흥미로운 길 안내가 되고 있다. (예 ; 언어적 폭력으로서의 성차별적 언어, 사회 지배의 한 형태로서 공공 장소에서 여자가 말하는 것을 제압하는 일, 성차별적 인격 이론을 보강하는 것으로서 발화 방식에 부정적 판단을 내리는 일.)

게다가, 인류학은 비단 언어학적으로 흥미로울 뿐만 아니라, 다른 사회에서의 성의 정치학에 통찰을 주는, 성차에 관한 비교 문화적 데이터도 제공하고 있다.

페미니스트의 언어학 ?

마지막으로, 이런 어프로치들이 페미니스트 이론에 공헌하고 있다는 것과, 페미니즘이 언어학에 줄 수 있는 성과를 구별하는 것은 대단히 어렵다는 점을 지적해 두지 않으면 안 될 것이다. 언어학자가 여자가 말하는 언어와 여자를 나타내는 데 쓰이는 언어를 다루는 한, 페미니스트도 그 연구를 상세히 음미하고 주의깊은 판단을 계속하지 않으면 안 된다. 성차를 다루는 다음 장에서부터 이 작업에 착수하고 싶다.

제3장 다양성의 정치학

― 언어와 언어학에서의 성차

제3장 다양성의 정치학
— 언어와 언어학에서의 성차

> 여자가 경시되는 사회에서는 당연히
> 여자의 언어도 경시되어 있다 ······
> **데일 스펜더**

  이 장은 언어에서의 성차를 논하고는 있으나, 지금까지의 조사에서 발견된 바를 나열하려는 의도는 없다. 그보다는 오히려 두 가지 주요 문제에 논의를 좁히고 있다. 첫째는 제4장과 관련되는 언어 과학 그것에서의 성차별이다. 그것은 현실의 성차를 반영, 언어학 속의 많은 전제나 실천에 나타나 있다. 둘째는 성차 자체의 정치적 중요성이다. 그것 때문에 이 장의 표제는 다양한 종류의 언어의 정치적 의미와 그것을 연구하는 언어학의 정치성 양쪽을 의미하도록 고의로 애매하게 했다.
  페미니스트들이 지금까지 자주 지적해 온 것은, 어떠한 분야의 성차의 연구도 정치적 차원을 가지고 있다는 점이며, 성차 연구의 많은 것들은 단지 여자의 종속을 교묘하게 정당화하는 것이었거나 (여자 아이가 기술자가 되지 않는 것은 공간적 능력에 관한 테스트에서 남자 아이에 뒤지고 있기 때문이라는 논의), 당당하게 반페미니스트의 선전을 표명하는 것 (최근 대두된 사회 생물학이 증명하려 하고 있는 바와 같이, 여자가 가정에 머무는 것은 생물학적 요청이며 유권자에 의해서 결정되어 있다는 식의 논의)이라는 점이다. 성차 연구는 필연적으로 성차별적 이데올로기에서 생겨난 것으로, 연구에 의해서 발견되는 것도 당연히 그 이데올로기를 보강하는 방식으로 풀이된다. 거기에는 보통 숨겨진 전제가 있는데 (그 중에는 숨기려고도 하지 않고, 그같은 전제를 당당히 제시하고 있는 연구가 수없이 보인다), 대개 남자가 기준이며, 여자는 남자로부터의 일탈이거나, 남성 규범은 일탈한 여성 규범보다 훌륭하다거나 해서, 궁극적으로 성차는 생물학적 요인으로 환원된다. 즉 <자연스럽다> 는 것이다.

거기서 성차 자체보다도 오히려 성차의 학문적 설명 방식 쪽으로 페미니스트의 지적 관심을 향하게 하는 전통이 생겨나게 되었다. 그녀들의 목적은, 성차 연구가 여자의 억압을 학문적으로 정당화하고 있는 것을 적발하고, 그것을 파괴하려는 것이다. 왜냐하면, 과학의 사실성이나 객관성은 많은 사람에게 인정되어 있어, 학문적 정당화에는 강력한 영향력이 있기 때문이다.

그렇지만, 이런 것이 언어학에서는 페미니스트의 주요한 관심사는 되지 않았다. 세상을 뜬지 오랜 세월이 지난 예스페르센이나 서피어 같은 연구자의 작업을 냉철하게 비판하는 수는 있어도, 근대의 사회 언어학에 대해서 간추려진 페미니스트 비판이 가해지게 되기에는 시간이 걸렸던 것이다. (이 점에 관해서는 젠킨즈 (Jenkins)와 크라마레 (kramarae)의 유익한 코멘트가 있으나, 여기서는 조금밖에는 다루지 않는다.)[1] 일반적으로 말해서, 언어학에 종사하는 페미니스트들은, 성차 연구를 비판하는 일보다도 더욱 발전시키는 쪽에 관심이 있었다고 할 수 있다. 왜 그렇게 되었느냐하는 것도 흥미로운 문제이다. 언어 속의 성차를 연구함으로써, 페미니스트는 무엇을 얻었던 것일까?

페미니스트 언어학자들에 의해서 행해진 연구를 개관하면, 거기에 두 가지 동기가 있다는 것을 알게 된다. (이 두 가지는 서로 양립할 수 없는 것이 아니며, 때로는 함께 일어날 수도 있다.) 첫째는

---

(1) Mcrcilee Jenkins and Cheris Kramarae, 'A Thief in the House : the Case of Women and Language', *Men's Studie's Modified*, ed. Dale Spender (Pergamon, 1981).

<진정한 의미에서의> 여자의 말이나 글을 탐구하고 싶다는 것이다. 이것은, 인간의 마음에 깊이 뿌리내리고 있는 인지적 또는 무의식적 성차를 반영하고 있는 언어라 여겨지는 경우도 있으며, 특정 사회에서 여자에 의해서 만들어지고 있는 여성적 하위 문화의 존재를 반영하는 언어라 여겨지는 경우도 있다. 이 어프로치가 정치적으로 겨냥하는 점은, 언어 사용의 여성적인 양식을 분리하고 정당화해서, 그와 같은 변이를 (그것이 존재한다고 치고) 여성 문화라는 일반적 개념과 관계를 맺는 일이다.

두번째 동기는, 그보다도 성적 권력의 다이나미즘이 어떻게 언어 사용에 나타나고 있는지를 확인하는 것과 관련된다. 여기서는, 언어에서 생기는 성차는 남자의 권력과 여자의 무력함에 관계붙여진다. 이 정치적 입장은 우리 언어 행동조차 남성 중심적인 규범을 반영하고 영속화하고 있다는 것이다.

그러므로, 언어학에 종사하는 페미니스트 성차 연구자들은 수많은 문제와 맞붙어 왔다. 여자와 남자는 얼마만큼 언어적으로 다른가? 그 다름은, 이를테면 양성이 다른 언어 또는 방언 (<성받언 ; genderlects>)을 말한다고 할 수 있을 정도로 큰 것인가? 그 다름은 해부학적 또는 인지적 요인을 반영한 생득적인 것인가? 그렇지 않으면 학습된 것인가? 그것은 발달의 어느 단계에서 나타나는가? 마지막으로 그 다름의 실질로부터 무엇을 배울 수 있는가? 그것은 특정 사회 속에서 여자가 선택하는 특별한 사회적·직업적 역할의 기능으로서의 여자의 아이덴티티를 표현한다고 이해해야 최선인가? 혹은 단순히 여자에 대한 억압과 여자의 무력함을 표시하고 있다고 이해해야 할 것인가? 도대체 그 다름 전체가 지니는 의미는 무엇인가?

이것들은, 페미니스트이건 아니건 간에, 언어의 다양성을 설명하려는 사람이라면 누구나 다루어야 하는 아주 같은 문제들이다. 페미니스트와 반페미니스트는 다른 설명적 전략을 취하고 있을지라도, 다같이 언어 사용 안에서 양성의 특질과 상대적 위치를 아는 열쇠가 있다는 신념은 공유하고 있다.

　그래서, 이 장에서는 언어에서의 성차가 어떻게 남녀의 특질 (또는 구실)과 지위를 반영하는지, 또는 반영한다고 연구자들에게 여겨지는지를 보고 싶다. 여기서는, 현재 제안되어 있는 모델의 분명한 편견과 맹점을 지적할 뿐만 아니라, 언어 사용은 사회적 아이덴티티를 그대로 반영한다는 생각에서 일어나는 문제점도 제시하고 싶다. 언어 행위나 언어의 다양성의 설명에는 페미니스트가 짐작하거나 언어학자가 인정하는 이상으로 함정이 많다.

성차 연구 : 비판

성차에 관한 언어학적 설명은 다음 세 가지 점에서 비판될 수 있다. 첫째로 여자의 발화는 (남자의) 기준에서 일탈한 것이라고 밖에는 보지 않는, 이 분야의 성립 자체에 우리는 비판적일 수 있다. 둘째로 언어학적 연구가 성차에 관해서 실제로 발견한 바 (만약 단편적인 일화나 스테레오타입이나 방법론적 편견에 의해서 비뚤어진 조사 결과를 이렇게 부르는 것이 올바르다면)의 거의 대부분도, 대단히 의심스러운 것이다. 셋째로 조사 결과의 해석이나 설명도 좀 상세하게 검토해 볼 필요가 있다. 왜냐하면, 여기서도 연구자가 자신의 해석이나 설명을 붙이지 않고서, 단지 남녀의 속성을 기술한 성차 연구 같은 것은 존재하지 않기 때문이다. 그 문화에서의 여자에 대한 편견을 공유한 사람이 분석하면, 그 편견을 합리화하고 영속화하고 마는 것이다.

이 분야의 경계를 정한다 : 성차란 무엇인가?

일견 언어와 성에 관한 문제는 모두 성차의 문제처럼 보일는지 모르지만, 언어학자에게 성차라고 하는 개념은 더욱 한정된 것이다. 그것을 설명하는 데는, 언어학에서 하는 중요한 구별, 체계와 사용,

랑그와 파롤까지 올라가지 않으면 안 된다. 이를테면 성차나 언어의 다양성 일반을 다루는 언어학의 하위 분야 사회 언어학에서는, he를 인간 전체의 의미로 사용하는 것이나 모욕어 등 <언어 속>에 있다고 여겨지는 성차가 아니라 사람들의 언어 행동에 보이는 다양성에만 관심을 좁히고 있다.

언어학자에 있어 성차란, 혹종의 언어적 특징 (이를테면 끝을 올리는 인터네이션이나 사랑을 속삭이는 말)이 한쪽 성의 화자에 의해서 현저하게 사용되고 있는 경우, 혹은 남녀에 대한 사람들의 언어적 규범이나 기준이 다른 경우 (이를테면 여자가 모양 사나운 짓을 하는 것을 남자만큼 받아들이지 않는 일)에 존재하는 것이다.

이와 같이 성차를 통계적 개념으로서 포착하는 경향은, 페미니스트 이전의 (그리고 페미니스트 가운데 몇 사람의) 여자의 말에 관한 연구의 특징이라 할 수 있다. 어떠한 집단의 발화를 연구하는 경우라도, 그 집단의 멤버를 관찰하고 기록하고 모든 것을 기술해야 한다고 생각할지도 모른다. 그러나 사회 언어학이 실제로 곧잘 사용하는 것은 비교라는 방법으로, 연구자에게 대부분의 변이가 다른 변이와 어떻게 다른가 하는 관점에 의거해서만 기술하고 있는 것이다. (실제로는 다른 변이란 표준적 중류 백인 남성을 기준으로 한다.) 1922년의 예스페르센으로부터 1972년의 라보프 (Labov)의 연구에 이르기까지, 여자의 발화는 남자의 발화에서 벗어난다는 관점에서만 논의되어 왔다.

이 규범과 일탈의 연구 틀은, — 앞으로 간단히 논하는 바와 마찬가지로 — 여자에 관한 스테레오타입이 되어 있는 것 밖에는 발견하지 못하는 연구, 스테레오타입적 설명 밖에는 하지 않는 연구를 낳는 중요한 요인이다. 그러나 이런 틀이 생겨나고 큰 세력을 행사하고 있다는 것은, 그다지 놀라운 것은 아니다. 그와 같은 틀을 잠재적으로 가지고 있는 사회 언어학자도 언어의 다양성의 연구 (그리고 아마추어의 논의)의 긴 전통에서 생겨난 기성 개념을 자연히 이어받고 있기 때문이다. 이 <일화적인> 또는 <민간 언어학>이라 불러야 할 전통에서는, 종속 집단의 발화는 우선 표준과는 다르며, 다음에 표준으로부터 일탈해 있다는 모습으로 제시된다. 이 전통은 고대에까지 거슬러 올라간다. 성차가 문제가 된 곳에서는, 이러한 생각의 전통이 현대 사회 언어학의 내부에도 측면에도 영향을 끈질기게 끼쳐주고 있는 터이다.

일화적인 전통 : 여자와 민간 언어학

<민간 언어학> (folklinguistics)이라는 말은 사회 안에서 상식으로 받아들이고 있는 언어에 관한 신념의 집합에 붙인 이름이다. 이런 신념들은, 언어 행동을 통제하고 일상적인 언어 사용자에게 그것을 납득시키는 구실을 한다. 어떤 것은 상당히 올바르지만, 영 잘못된 것도 있다. 민간 언어학 안에서도, 어떤 특정 집단의 발화의 대중적 심상들 곧 <스테레오타입>을 떼어서 생각할 수 있다. 여기서도 이런 심상들이 언어학적 의미에서 올바른 경우도 있으나, (이를테면 버밍엄 인들의 비음에 대한 익히 알려진 관찰) 잘못인 경우도 있다 (런던 토박이들의 성문 폐쇄음은 <적당히 얼버무린다>는 생각). 많은 스테레오타입들에 주어져 있는 가치 판단은, 그 집단의 상대적 힘이나 사회적 특권에 대응하고 있는 수가 많은 듯하다.

성차 연구를 혼란시키는 원인의 하나는, 잘못된 스테레오타입적 성차가, 뚜렷한 증거 있는 성차와 구별되어 있지 않다는 점이다. 많은 언어학자들은, <가치관으로부터는 자유>롭다고 생각하는 관점이 사실은 여성 차별적 민간 언어학의 긴 역사의 영향을 벗어나 있지 않다는 것을 깨닫지 못한다. 여자의 발화에 관한 스테레오타입이 대단히 잘못된 것이기 때문에, 이런 언어학자의 무지는 불행한 일이다. 심지어는 가장 우스꽝스런 신념조차도 <경험적>이라고 일컬어지는 사회 언어학에 되풀이 악영향을 끼쳐주고 있는 터이다.

여기서 논하고 있는 우스꽝스런 스테레오타입의 초기 예는, 조너턴 스위프트 (Jonathan Swift)가 1712년에 쓴 <영어 교정을 위한

제3장 다양성의 정치학 59

제안> (Proposal for Correcting the English Tongue)에 나온 것이다. 스위프트는 남자가 전형적으로 사용하는 음과 여자가 전형적으로 사용하는 음이 있다고 주장한다.

… 만약 내가, 우리 언어를 세련시키기 위해서 누구의 판단을 따를 것인지를 정하란 말을 들었다면, 나는 두지한 귀족이나 얼빠진 시인이나 대학의 얼간이 아니라, 여성의 판단을 믿을 것이다. 그 이유는 뻔하다. 즉 순수성을 잃은 그들의 언어 방식에서 여자는 자연스럽게 자음을 빠뜨리지만, 우리 남성들은 모음을 빠뜨리기 때문이다. 나는 남녀가 동석하고 있을 때, 두세 사람에게 펜으로 머리에 떠오른 알파벳을 잇대어 써달라고 몇 번인가 부탁한 일이 있었다. 이 의미 없는 앨퍼벳에서 발견했던 것은, 남성이 쓴 것에는 거친 자음이 많아 독일어처럼 들리고, 여성이 쓴 것에는 모음이나 유음이 많아 이태리어처럼 들린다는 사실이었다. 그런데, 나는 부인들에게 언어의 개혁에 관해서 충고를 청해서 대를 먹일 생각은 추호도 없다. 그렇지만, 부인들은 노는 파티나 더욱 질이 나쁜 목적의 모임 말고는, 모든 도임에서 배제되어 있기 때문에, 우리의 언어가 매우 타락해 버렸다고 생각하지 않을 수 없는 터이다.[2]

이것을 읽고서 누구나 웃을 것이며, 지금 이를 진지하게 받아들이는 사람은 한 사람도 없을 것이다. 그러나 금세기의 언어학적 연구의 진지한 작업에서도 마찬가지로 어리석은 제안을 발견할 수 있다.
 그 전형적인 예는, 페미니스트 비평가에게 으레껏 욕을 먹는 오토 예스페르센의 1922년의 책 ≪언어 — 그 본질. 발달과 기원≫ (*Language : Its Nature, Development and Origin*) 속의 <여자>라는 특이한 장이다.[3] 예스페르센은 여자를 싫어한다고 가끔 비난당하나, 이 장을 읽는 한, 그는 남성 절대주의자라기보다 단지 용감하

---

(2) Jonathan Swift, 'A Proposal for Correcting the English Tongue', *Prose Works of Jonathan Swift*, vol. iv, ed. H. Davis (Blackwell, 1957).
(3) O. Jespersen, *Language : Its Nature, Development and Origin* (Allen & Unwin, 1922).

기만 한 사나이인 듯하다. 즉 그는 여자의 발화 방식에 관한 자신의 주장에 대해서 전혀 근거를 들고 있지 않음에도 불구하고, 자신의 생각을 뚜렷이 확신하고 있다. 이러한 점이 그의 주장이 반페미니스트적이라는 것보다도 놀라운 일이다. 예스페르센이 말하고자 하는 바는, 여자는 정말로 남자보다도 상냥하게 말하고, teeny-weeny 등의 지소사를 사용하며, 그 문장은 <산만하고>, 딱딱 끊어지지 않으며, 화제에서 화제로만 뛰어다닌다는 그의 주장을 독자들은 누구나 간단히 인정할 것이라는 것이다.

여자에게 특이한 것으로 되어 있는 이런 특징들이, 아무렇게나 선택된 것이 아님은 분명하다. 예스페르센은 자신의 환상 (상냥한 말투나 내성적이고 어린이 같은 여성)과 (말은 많이 하지만 비논리적인) 편견에 사로잡혀서 성차별적인 스테레오타입을 낳았는데, 그것은 60년 후인 지금도 조금도 변하고 있지 않은 것이다. 만화는 여전히 여자의 수다를 다룬다. (앤디 캡은 <주부가 두 사람 모이면, 누가 마지막 말을 할 것인가> 하고 묻는다.) 그러나 최근의 조사는 남녀 양성이 동석하고 있을 경우, 실은 남자가 여자보다도 훨씬 말을 많이 하고 있다는 사실을 보여준다. 이야기가 매양 빗나가는 비논리적인 여자라는 것도, 통속적인 지혜를 표현하고 있는 매스컴에 나타나 있다. (<클로네이션 거리>의 등장 인물은 <여자가 말하고 있는 것의 조백을 세운다는 것은 구름을 쥐는 것과 같다>라고 말하고 있다.) tweeny- weeny 등 어린이 언어에 관해서는, 그것이 여자의 어휘라고 확실히 분류하는 것을 내가 가장 최근 들은 것은 1982년 7월이다.[4]

스테레오타입이라 하는 것은, 그것이 아무리 잘못되었더라도, 그 사회의 중요한 불평등을 보강하고 있는 한, 존속하는 것이다. 여자가 남자에게 종속되어 있는 한, 여자의 언어도 여자가 자연히 가지고 있는 것으로 여겨지는 굴종·무지·미숙을 드러내 보이도록 특징지워질 수 밖에 없는 것이다. 실제로는 남녀의 집단에서는 남자가 여자가 말하는 기회를 제한함으로써 여자를 지배하고 있음에도

---

(4) Lecture on 'Varieties of English' given in Oxford by the Warden of Keble, 1982.

불구하고, 우리 민간 언어학에는 여자는 끊임없이 말하고 있다고 하는 잘못된 신념이 포함되어 있는 것이다.

불행하게도 페미니스트조차도 모든 잘못된 스테레오타입을 했던 것은 아니다. 성차의 정치적 함의를 최초로 언어학에 경고한 책, 로빈 레이코프 (Robin Lakoff)의 《언어와 여자의 지위》 (Language and Woman's place) 에서조차 새로운 스테레오타입을 만들어내고 말았다.[5] 레이코프에 의하면, 여자는 남자보다도 부가의문 (<이것으로 좋지요, 안 그래요? That'll be all right, won't it?>와 같이 <찬동을 구하는> 형의 구조)과, 끝을 올리는 인터내이션을 많이 사용하는데, 이것은 화자의 확신이 없음을 나타낸다는 것이다. 여자는 really (정말)나 very (대단히)와 같은 강조의 부사나 bit (조금)나 not exactly (대충)등의 든사어를 남자보다도 많이 사용한다. 《언어와 여자의 지위》 속에 묘사되어 있는 여자의 말하는 방식은, 무엇이나 분명히 말하지 아니하고, 모두가 제한되어 있는, 비굴한 말투인 것이다.

레이코프는 페미니스트이므로, 정치적인 용어로 논의하는 성차를 설명한다. 여자가 찬동을 구하는 구조를 사용하는 것은, 동의를 구할 필요가 있기 때문이며, 남자들이 위협적·공격적이라고 받아들이지 않을까 두려워하기 때문이라는 설명이다. 그럼에도 불구하고, 레이코프가 묘사하는 여자의 발화는 스테레오타입에 지나지 않고, 이에 관해서 레이코프는 아무런 진정한 증거도 들고 있지 않으며, 그녀의 가설을 검증하려는 다른 여자들은, 레이코프의 가설을 발화의 데이터의 양적 분석에 의해서 검증한 바. 그 가설이 많은 점에서 불비하다는 것을 발견했다.

이를테면 뒤브와와 크라우치 (Dubois and Crouch)는 여자는 남자보다도 많은 부가의문문을 사용한다는 가설을 검증했다. 그녀들의 데이터에서는 그 반대로 남자 쪽이 여자보다 많은 부가의문문을 사용한다는 것이었다.[6] (부가의문은 성차 연구에 있어, 유의해

---

(5) Robin Lakoff, *Language and Women's Place* (Harper & Row, 1975).
(6) B. L. Dubois and I. Crouch. 'The Questions of Tag-Questions in Women's Speech: They Don't Really Use More of Them, Do They?', *Language in Society*, 4, 1976.

야 될 문제점을 보이는 좋은 예가 되므로, 후에 또 한번 거론하고 싶다.)

어째서 이와 같은 스테레오타입이 현대의 <과학적>이라는 언어학 속에 존속하는 것일까? 일부 연구에 사용되고 있는 방법론에 문제가 있다. 레이코프는 촘스키류의 전통을 이어받고 있는데, 이 유파는, 제1장에서 지적한 바와 같이, 언어 자료를 수집한다는 생각을 버리고서, 그 대신 분석자가 언어에 관한 자신의 직관을 음미한 분석을 한다. 분명히 이 방법으로는, 분석이 집단의 광범위에 걸쳐 언어 행동을 일반화하는 데는 불충분하다. 그리고 다른 사람의 언어에 관한 직관을 물어보는 데도 문제가 있다. 인간에게 자신의 행동을 기술하도록 하면, 언제나 실제와는 다른 보고를 해 버린다는 것은 잘 알려져 있는 바이다. 시실보다도 스테레오타입에 가까운 용법을 하고 마는 것이다.

페미니스트들도 역시, 여자의 발화에 관해서는 민간 언어학적 신념을 강하게 가지고 있다. 이 자체는 그다지 놀라운 것은 아니나, 여기서 충격적인 일은, 이같은 페미니스트의 신념이 페미니스트와는 반대의 정치적 견해를 가진 언어학자한테서 지지를 받고 있는 신념과 대단히 비슷하다는 사실이다. 때때로 그것은 마치 페미니스트가 예스페르센의 책에 써 있던 스테레오타입을 그대로 받아들이고 만 것처럼 보인다. 그리고 이것이 일번적으로, 민간 언어학적 신념의 기원이나 중요성에 관해서 흥미로운 문제를 제기하고 있는 것이다.

페미니스트 민간 언어학 탐사

내가 참석한 페미니스트에 의한 언어 연구회·세미나·그룹 논의에서도 몇 가지 민간 언어학적 주장들이 되풀이되어 있었다. 이런 주장들 속에 그려져 있는 여자의 발화에는 다음과 같은 여섯 가지 특징이 보인다.

1. 유창하지 않다 (남성 언어를 사용해서 커뮤니케이션을 하는 것은 여자에게는 어렵기 때문이다).
2. 끝맺음이 희미한 문장.
3. 논리적 기준에 따라서 질서를 세우지 않은 발화.
4. 진술이 의문문 (찬동을 구하는)으로 기울어진다.
5. 남녀가 섞인 집단에서는 남자보다도 말을 적게 한다.
6. 회화에서는 남자가 경쟁적 전략을 사용함에 반해서, 여자는 협조적 전략을 사용한다.

 이런 특징들은, 페미니스트가 전형적인 여자의 말씨라고 믿는 것들이며, 이런 말씨가 진정한 <여자의 말씨>로서 좋은 평가를 얻는 경향이 있다. 여자는 언어에 관해서나 다른 많은 경우에 관해서나 <우리는 그것을 다르게 하지만, 우리의 방식은 당신네들의 방식처럼 좋은 것이 있어요>라고 말하는 것이다.
 여자에게 특유한 것으로 되어 있는 사안을 재평가하는 것은, 그것 나름대로 중요하고 필요한 정치적 행위이다. 그렇지만, 민간 언어학적 상상 속에서만 존재하는 말씨를 재평가하더라도 얻는 바는 적은 듯하다. 그러므로 그보다 중요한 것은, 여자가 정말로 끝맺음이 희미한 문장을 사용하는지, 진술을 의문문의 모습으로 표현하는지, 회화에서 협조적 전략을 사용하는지 등을 실제로 조사해서, 이런 특징들이 어떠한 의미를 가지는지를 좀 더 상세히 보는 일인 것 같다.
 다음의 논의에서는, 화자에게 은밀히 테입에 녹음한 실제의 회화 데이터를 사용해서, 조사하는 일과 그 결과를 해석하는 일의 어려움을 제시하고 싶다. 데이터는 두 남자 친구가 하는 성교육에 관한 논의,[7] 두 여자 친구가 하는 핵무장 해제에 관한 논의, 남녀의 말씨에 관한 여섯명의 여자들이 하는 의견에서 모았다.
 (위에서 든) 여섯 가지 민간 언어학적 특징을 보면, 페미니스트가 관심을 가지고 있는 것은, 사회 언어학자가 문제로 삼고 있는 바와

---

(7) D. Crystal and D. Davy, *Advanced Conversational English* (Longman, 1975).

같은 미크로적인 시점의 변수 (이를테면 특정 모음이나 문법 구조의 발생)를 규칙 바르게 도표화하는 것이 아니라, 넓은 범위의 추상화 (여자는 어떻게 서로 커뮤니케이션을 하며, 스스로를 표현하는가)의 문제이다. 그녀들은 다음과 같은 막연한 코멘트를 한다.

여자들은 열심히 재미 있게 말하려 하죠, 왜 있잖아요, 다른 사람이 듣고 싶다고 생각하도록 말하려 하는데, 남자들은 상관없이 지껄이기만 할 뿐이예요. 들어줄 것이라고 생각하나봐요.

남자가 말할 때에는 아주 공격적이예요. 무슨 회화라고 부를 만한 것이 아니라, 영낙없이 —— 글쎄요, 경쟁이예요.

정치에 관해서 정말 잘 알고 있는 여자분이 몇 사람 있는데, 그 중 한 여성은 정말 말을 잘 합니다. —— 그래도 싫지 않아요. 잘 지껄이는 것이 여자라고, 친구들에게, 무척 잘 지껄이지 않느냐고 말하지만, 남자야 노상 그러잖아요. 남자가 연속 지껄여 대고 있다고 한마디도 언급할 수 없거든요.

<논리를 세워서 말하려고 정말 마음을 쓰곤 했지요. 남자들이 저는 논리적 순서에 따라 말하지 않는다고 하지 않을까 싶어서요......>

이것들은, 언어 연구자에게 두 가지 커다란 문제를 일으킨다. 첫째로 <논리적 순서>라든지, <경쟁성>이라든지, <말을 재미있게 한다> 등등 막연한 인상의 증거를 어디에 구할 것이냐 하는 문제이다. 둘째로 여자의 말씨에 관해서 더 직접 동정 (同定)할 수 있는 특징을 발견했다 하더라도 (이를테면 끝맺음이 희미한 문장), 그 특징에 대해서 페미니스트가 주는 설명을 어떻게 체크하느냐 하는 문제이다. 이런 문제들은 여자의 말씨 여섯 가지 특징을 차례로

제3장 다양성의 정치학

검토함으로써 분명히 할 수 있다.

유창하지 않다는 것은, 사이를 떼고, 주저하고, 말의 서두를 잘못 시작하고, 되풀이가 많고 등등을 의미하며, 언어학적 데이터에서 수량화하는 것이 비교적 간단한 특징이다. 그렇지만 유창하지 않다는 것이 실제로는 무엇을 의미하는지에 관해서는 언어학자들도 의견이 일치하지 않는다. 사이를 뗀다는 것은 화자가 다음에 말할 것을 생각하기 위해서 사용하는 전략으로, 사이를 떼지 않는 사람은 심사숙고하지 않거나 지적이 아니라고 말하는 언어학자도 있다. (이 논의는 번슈타인(Bernstein)이 노동자 계급의 화자에 관해서, 예스페르센이 여자에 관해서 사용한 논법이다.) 유창하지 않다는 것은 일종 말을 잘못 하는 것인데, 사람들은 어떤 방법으로 이 잘못을 고칠 수 있다고 생각하는 언어학자도 있다. 그런가 하면, 이야기가 토막토막 끊어지는 것은, 화자가 특별한 메시지를 전달하는 효과를 올리기 위한 문체적 수법이라고 생각하는 사람도 있다. 따라서 혹 유창함이라는 점에 성차가 있다 하더라도, 그 차를 어떻게 해석하느냐 하는 문제는 남는 셈이다.

끝이 똑똑하지 않은 문장도, 성차를 운운하기 이전에 마찬가지로 많은 난점을 드러낸다. 왜냐하면, 사실상 보통 회화에서 가장 많이 사용되는 단위가 완결문은 아니기 때문이다. 우리는 완결문을 사용한다고 하는 글쓰기의 관습에 의해서, 실제로는 규범도 아닌 것을 훌륭하다고 잘못 믿고 있는 것이다. 회화에 전형적으로 나타나는 발화에는, <완전한> 문장보다도 의미를 분명히 하기 위한 휴지나 인터네이션이 도함되어 있는 것이다.

> 그리고 또, — 또 그녀들이 아마 뒤에서 선거를 움직이게 하는 유일한 방법은, 그것이 문제가 된다고 생각합니다만,....

> 자, 성교육에 관해서 어떻게 생각합니까? 당신은 에, 그, 에, 즉 최근 이 문제에 관해서는 어, 상당히, 에, 시끄럽지요.....

이런 발화들에는 조금도 알기 어려운 대목은 없는데, 역시 학교에서 쓰도록 배운 문장과는 상당히 다르다. 그리고, <꽁지가 떨어진> 발화가 높은 빈도로 사용되고 있다는 것이, 인지나 사회적 자신(自信)이라는 점에서 어떠한 의미를 지니고 있는지 밝혀져 있지 않다.

발화의 논리라는 것도 대단히 애매한 개념이다. 그 뿐만 아니다. 말하고 있는 내용의 논리성을 가리키는 경우도 있는가 하면, 말하고 있는 바의 연계성 (논리적 질서 logical ORDER)를 가리키는 경우도 있다. 내가 생각하기에는, 예스페르센 같은 언어학자가 여자는 비논리적이라고 비난하는 경우는 앞의 의미로 쓰인 것이요, 페미니스트가 남자의 발화 구조를 거절하는 경우는 뒤의 의미로 사용하고 있는 것 같다. 그러나 어떻든 간에 논리란 도대체 무엇을 의미하는것일까?

데이터에서 두 가지 예를 꺼내서 생각해 보자.

(1) B : 나는 자칫......, 나는 .....말이죠. 나는 학생들에게 꽤 개방적으로 말합니다. 이것은 나로서는 조금 용기가 필요한 일입니다. 기프러스는 여기와는 상당히 다르니까요.... , 인간이 그 점에서 좀 속이 좁다는 말씀이에요. 알겠죠. 사람들은 너무나 그런 것을 개방적으로 말하는 건 싫어합니다. 그래도 나는 그렇게 합니다. 중요한 것이니까요. 그래도 문제는 — 에 — 문제는 내가 하는 방식이 에 — 체계적으로 딱 들어맞지 않다는 것인데, 그러나 그 이전에 도대체 얼마나 많은 사람들이 — 응, 얼마나 많은 딴 사람들이 하고 있느냐고 나는 말하고 싶거든요.

A : 네, 그것은, 에, 그것이 바로 큰 문젭니다. 바로 그것을 특히 추켜들기가 무섭게, 응, 곧바로 좋지 않은 분위기가 되고 말기 때문이지요, 특히 성에 관해서는.

제3장 다양성의 정치학 67

(2) C : 영국에서 핵무기를 없애기 위해서라면, 나는 내 영혼을 팔더라도 좋다.
    D : 에, 나는 국민이 반대하지 않는다면, 나는 그렇게는 절대로 되지않는다고 생각합니다. 왜냐하면 그것이 정부가 정부인 까닭입니다. 나라를 지키지 않으면 안 되기 때문이지요. 노동당을 지지해서 한쪽만을 무장 해제하더라도 조금도 달라지지 않는다고 생각합니다. ....실행에 옮길 수 없거든요. 그렇게 할 수가 없어요..... 정부가 해 온 것을 보십시오. 구장을 해제할 리 없어요.
    E : 나는 이제 노동당에 조금 희망을 가질 수 있다고 생각합니다. 지금까지 정치적으로, 에, 타협해서, 무장은 하지 않는다고요.

두번째 예가 첫번째 예보다 여러가지 점에서 분명히 논리적이라고 판단될 것이다. 두번째의 예는 다음과 같은 구조를 가지고 있다.

— 핵무기는 추방되어야 한다. (의견)
— 그것을 할 수 있는 유일한 방법은 국민의 반대이다. (제안)
— 정부는 나라를 지키지 않으면 안 되기 때문에, 당의 무장 해제의 공약 같은 것은 조금도 바꿀 수는 없다. (제안의 정당화)
— 정부가 해온 바를 보자. (정당화의 증거)
— 그러나 노동당을 감쌈으로써 희망을 가질 수 있다. (반론)
— 왜냐하면, 공약을 깨뜨리는 것은 정치적으로 불리하기 때문에. (정당화)

논의는 끊을 목이 없이 진행되며, 논리에 필요한 모든 요소들을 갖추고 있다. (이를테면 주의 깊은 정당화 · 증거의 제시 · 의견이나 반론의 분명한 진술.)

첫번째의 예의 구조는 이것보다 조금 복잡하다.

― 나는 학생과 성에 관해서 개방적으로 말을 주고 받는다. (진술)
― 이것은 용기가 필요한 일이다. (평가)
― 왜냐하면, 키프로스에서는 사람들은 그다지 개방적이기를 원치 않기 때문이다. (정당화)
― 그렇지만, 나는 개방적으로 이야기하는 것은 중요하다고 생각한다. (최초의 점의 정당화)
― 문제는 내가 체계적으로 잘 하지 않고 있다는 것. (최초의 점의 평가)
― 그러나 따로 하고 있는 사람은 없다. (다른 사람과 비교해서 평가함으로써 자신을 정당화하고 있음.)
― 성교육은 큰 문제이다. (의견)
― 왜냐하면, 성을 거론하는 것이 성에 관해서 논의를 하기에 걸맞지 않는 분위기를 만들어 내고 말기 때문에. (의견의 정당화)

화자 B의 논리는 끊을 목이 없는 고리처럼 진행하는 것이 아니라, 여러 가지 다른 방법으로 같은 논점 (최초의 의견)을 되풀이 말하고 있다. A도 <네>로 말하기 시작해서, B의 논점을 예거하고 있는 것처럼 보이지만, 실제로는 전혀 다른 것을 말하기 시작하고 있으며, 그가 말하고 있는 바는 앞에서 말한 바와는, 성교육이라는 일반적 테마에 관해서 이야기하고 있다는 점에서, 아주 조금만 관련되어 있을 따름이다.
이와 같이 최초의 예에도 논리는 있으나 (그리고 화자가 이야기의 줄거리를 바꿔서는 안 된다는 이유는 없다. 회화의 활기가 붙기 때문에), 두번째의 예만큼 분명한 논리성은 없다.
위의 예들이 보여주는 바와 같이, 회화를 논리적으로 하기 위해서는, 뒤의 발화가 앞의 발화에 엄밀히 이어지지 않으면 안 된다는

제3장 다양성의 정치학 69

것은 아니다. 복잡한 겹침이나 되풀이 해서 원래의 것으로 되돌아 가는 것이 상황에 따라서는 이해를 돕는 것이다.

철학자 그라이스 (H. P. Grice)는 회화의 논리에 관한 틀을 생각해낸 바 있다.[8] 화자와 청자는 <협력의 원리> (co-operative principle)라 일컬어지는 일련의 규범에 따라서 회화를 한다고 그는 주장했다. <협력의 원리>란, 첫째로 필요한 만큼의 정보는 주지만 필요 이상은 주지 않는다. 둘째로 진실된 정보 또는 증거 있는 정보를 준다. 셋째로 관계 있는 것만을 말한다. 넷째로 의심스러운, 애매한 말씨는 하지 않는다. 화자가 이런 원리의 하나라도 깨뜨리고 있는 것이 분명한 때에는, 청자는 그 발화를 더욱 상세하게 음미하든지, 화자가 말하고 있는 것의 이면의 의미를 찾으려고 한다. 바꾸어 말하면, 원리에서 벗어난 발화를 하더라도, 청자는 거기에서 어떠한 이해 가능한 논리적인 의미를 취하려고 한다. 원리에서 벗어난 행동을 하는 데는 나름대로의 이유가 있을 것이니까, 그 이유가 무엇이었는지 알아 보려고 하는 것이다. 화자는 회화에 관련된 바를 말하고, 거짓말을 하지 않고, 어떠한 정보를 주려고 하고 있다고 믿는 청자가 있는 한, 회화는 논리적으로 흘러간다. 만약 청자가, 화자는 관련된 바를 말하려고도, 진실을 전하려고도, 유익한 정보를 주려고도 하지 않는다고 의심하기 시작하면, 회화는 곤혹을 불러일으킬 따름이다. 이를테면 위의 예에서

얼마나 많은 사람들이 하고 있느냐고 말하고 싶거든요.
네, 그것이 바로 큰 문젭니다.

라는 두 문장의 연계는, 문맥에서 떠나면 불명료하지만, 참여자들에게는 완벽히 논리적인 것이다. 한편 예 (2)에서 뽑은 회화의 다른 부분에 다음과 같은 것이 있다.

C : 그녀는 스타이알에 있었읍니까?

---
[8] H. P. Grice, 'Logic in Conversation', in *Syntax and Semantics*, Ⅲ, ed. P. Cole and J. L. Morgan (Academic Press, 1975).

D : 그녀는 어제 나갔습니다.
C : 그녀는 스타이알에 있었을 걸요.
D : 아니요, 그녀는 처음 드레이크 홀에 있었습니다.

<그녀는 스타이알에 있었습니까?>라는 질문에 대해서 <그녀는 어제 나갔습니다>는 충분한 정보를 주고 있지 않으므로, C는 논리적인 대답이 되어 있지 않다고 생각했다. 거기서 의문문으로 말했던 것을 평서문으로 고쳐 말해서 D가 확인하도록 하고, D는 그것을 부정한다. 관찰자의 입장에서 본다면, <그녀는 어제 나갔습니다>에서 논리적으로 추론해서 <네>의 대답이 전제가 되어 있다고 여겨지건만, 어떠한 이유로 C는 이 <논리적> 추론은 하지 않고, 도리어 그것이 올바른 결과가 되어 있는 것이다.

여기서 지적해 두어야만 할 것은 논리와 같은 융통성이 없는 개념을, 회화처럼 변환무쌍한 것에 해당시키켜 보아야 별로 유익하지 않다는 점이다. 어떠한 회화라도 문맥 속에 놓고 보면 (즉 화자들이 공유한 지식이나 실제로 말하고 있는 상황을 고려하면), 논리적으로 강하게 결부되어 있으며, 어느 화자도 청자도, 특히 성조(聲調)에서 나타나는 감정적인 의미 같은 본질적으로는 논리외적인 장치를 사용하는 것이다.

이렇게 보면, 발화 텍스트의 구조에서 그 체계적인 차이를 탐구함으로써 성차를 아는 데 가장 유익한 통찰을 얻는다고는 생각하기 어렵다. 그러면 남성 중심주의도 페미니스트도 공통으로 믿는, 여자의 발화가 남자의 발화보다 비논리적이라는 주장은 어디서 온 것일까? 이 지점에서는 뒤의 장들에서 재론할 두 가지 제안을 생각할 수 있다. 첫째는 어떤 양식의 디스쿠르에서는 — 이를테면 공적인 발화 — 일상의 무심코 하는 회화에 비해서 논리적 연계가 확실한 것이 중요하다는 점이다. 확실히 이러한 발화 양식은, 남자보다는 여자가 덜 사용한다는 것이다. 그것은 여자가 공적 스피치에 참가하는 일이 제한되어 있기 때문이다.

제3장 다양성의 정치학 71

　두번째 점은 더욱 흥미로운 문제이다. 그것은 일상 회화의 논리가 참가자에 의해서 결정되어 있고, 밖에서 객관적으로 아는 것보다도 그들이 공유하는 지식 속에서 암암리에 떠오르는 것이라고 한다면, 공유하는 지식이 적은 집단은 서로의 회화를 이해하기가 힘들다는 논의이다. 남자와 여자에 있어 그 구실이나 경험이 다르므로, 지식을 완벽하게는 공유하고 있지 않다. 한쪽 성이 관여하는 방식은 다른 쪽의 성에게는 미지의 것이다. 그렇지만 여기서도, 힘이 센 집단 (남자)이 권위적인 가치 판단을 부여하는 권한을 가진다. 그리고 여자는 모든 영역에서 생득적으로 불합리하다는 옛부터 내려오는 스테레오타입을 방패삼아, 여자의 회화는 <비논리적이다> 라고 딱지를 붙여 버리는 것이다.
　세리스 크라마레는, 여자는 남자의 회화의 역동성에 가락을 맞춰 가도록 해야 하지만, 남자는 여자에 대해서 그런 의무를 지지 않는다는 가능성에 관해서 논한다.[9] 그렇다고 한다면, 공유하는 지식이 결여되어 있기 때문에 회화가 실패하는 것은 남자에 특유한 현상이 되는 셈이다.
　여기서 흥미로운 것은, 종속 집단이라는 것은 자주 <비논리적>으로 말한다고 비난당한다는 점이다. 그리하여 1960년대의 교육 심리학자들은, 미국 흑인 겟토의 어린이 말이 <기본적으로 표현 행동의 비논리적인 형태>라고 주장했다. 문제의 발화는 딴 구조 규칙을 가졌으며, 단지 백인의 교육자가 그것을 이해하지 못했다는 것을 언어 분석은 보여주었다. 그러나 남들을 평가하는 것이 힘있는 집단의 특권이기 때문에, <비논리적>이라는 딱지를 미국 흑인의 화자에게 붙여서 낮추어 보기 위해서 이용할 수도 있는 것이다.
　언어 속의 논리를 찾는다고 하는 행위 자체는 그다지 흥미로운 것은 아니다. 언어라는 것은 어느 의미에서 대단히 논리적인 체계이다. 따라서 전적으로 비논리적인 언어는 충분한 커뮤니케이션의 소용에는 닿지 못한다. 한편, 자연언어가 명제논리의 모습으로 논리성을 가지고 있다고 생각하기도 어렵다. 그러나 그 사용에 있어

---
(9) Cheris Kramarae, *Women and Men Speaking* (Newbury House, 1981) p. 9.

언어의 논리성이 문제가 되는 경우는, 그 개념이 정치적으로 이용되는 수가 많다. 그렇기 때문에 페미니스트들은 그 개념이 실체가 없다는 것을 뚜렷이 해야 하는 것이다.

아마도 여자의 발화에 관해서 가장 널리 지지를 받아 온 페미니스트의 생각이라면, 남자는 회화에서 경쟁하지만 여자는 협조적인 전략을 사용한다는 것이리라. 이것을 연구하는 것은 그리 쉬운 일은 아니다. 그렇지만, 사람들은 말을 통해서 어떻게 계층성을 수립하고 결단을 내리는지를 알기 위해서, 몇몇 연구자들이 틀을 고안해 보려고 했다.

이를테면 베일즈 (R. F. Bales)는 회의에서 일어나는 사람들의 상호 작용을 분석하기 위한 그같은 틀을 고안했다.[10] 베일즈는 관찰자를 훈련시켜서, 말해진 모든 것들에 다음과 같은 딱지를 붙여서 기록할 수 있도록 했다. 즉 의견을 구한다, 정보를 구한다, 의견을 말한다, 정보를 준다, 찬동을 표명한다, 연대를 나타낸다, 반대를 표명한다, 적의를 나타낸다. 이런 종류의 틀에는 적어도 두 가지 큰 난점이 있다. 첫째는 기록의 어려움이다. 관찰자가 어떤 발화에 어느 딱지를 붙이면 좋은지 확신할 수 없는 상황이라는 것도 충분히 일어날 수 있다. 베일즈는, 복수의 분석자를 사용해서, (아마도) 그 사이에서 일치되는 기록을 찾으려고 했지만, 그러면 회의 참가자의 언어 행동뿐 아니라, 적어도 관찰자가 발화를 분류하는 메타언어적 능력도 문제로 삼게 될 것이다.

둘째로 그 틀이 각 상황에 어느 정도 민감하게 대응할 수 있느냐 하는 문제가 있다. 회화를 협조적으로 하는 사람은 의견을 구하는 수가 많고 (다른 사람들을 논의에 끌어들인다), 빈번히 연대나 찬동을 표현한다고 가정해 보자. 그러면, 의견을 반항적으로 구하거나 (이를테면, 말할 뜻이 없는 사람을 지적한다든지) 많은 회화에서 찬동이나 연대가 비판하거나 모순을 지적하기 위한 더욱 넓은 전략의 일부로서 표현되는 가능성을 연구가는 어떻게 설명할 수 있을 것인가?

---

(10) R. F. Bales, 'How People Interact in Conferences', *Communication in Face to Face Interaction*, ed. J. Laver and S. Hutcheson (Penguin, 1972).

제3장 다양성의 정치학 73

이런 특수한 예에서는, 여자의 화자들은 두드러지게 협조적이 아닌 것 같다. (단 협조적이란 말이 규정될 수 있다고 치고 하는 말이다. 방금 지적한 바와 같이, 어떠한 일반적인 틀을 응용하는 경우라도, 많은 제한이나 그 장에 국한된 판단을 면할 순 없다.) 양성 다 같이 거의 같은 양의 정보나 의견을 구하고, 많은 찬동을 표명하고, 적의는 표현하지 않는다. 그러나, 여자쪽이 많이 말을 가로막고, 반대하고, 이야기가 맞물리지 않는다.

이런 의외의 결과가 나온 이유는 상당히 뚜렷하다. 즉 내가 선정한 데이터에서는, 어쩌다 남자는 서로 일치하는 의견을 지닌 주제에 관해서 논의하고 있었던 것이다. 반대로, 여자는 그 주제에 관해서 일치하는 의견을 가지고 있지 않았다. 회화의 참가자가 <협조적>이냐 <경쟁적>이냐 하는 것은 그 상황의 갖가지 요인들, 즉 진부한 말로 한다면, 참가자가 일치된 의견들을 가지고 있느냐, 서로 호의들을 가지고 있느냐, 그 회화를 함으로써 무엇을 달성하려 하느냐 등등이 결정하는 것이다. 회화라는 것은 그것이 말해지고 있는 상황에 크게 의존하는 현상이므로, 그것을 단지 화자의 성과 같은 대단히 거친 변수로 일반화해 버린다는 것은 현명하지 못하다.

그러면, 어째서 경쟁적 남자와 협조적 여자라는 스테레오타입이 페미니스트의 민간 언어학에 침투했단 말인가? (이 스테레오타입은 여자의 회화에서의 전략이 연구의 대상이 되는 경우에는 실제로 언어학에도 침투해 있다.) 페미니스트들은, 여자는 덜 공격적이라고 잘못 생각하는 것일까? 여자는 <좋은 청자>라는 남자용 스테레오타입을 가지고 와서 재평가해 버리고 있는 것이 아닌가? 아마도 이 양쪽이 작용해서, 이 특정 스테레오타입이 만들어졌을 것이다. 그렇지만, 나는 그와는 별도로 또 하나의 요인이 있다고 생각한다. 그것은, 페미니스트의 집회에서 제도화되어 있는, 극단적으로 협조적인 스타일이다. 이같은 집회에서는 참가자들은 이야기를 가로막거나 목소리를 높여서 다른 사람을 침묵케 하면 안 된다든가, 연대감은 빈번하게 표현하지 않으면 안 된다든가, 자기만 지껄이려고 하느니보다 다른 사람에게 양보하지 않으면 안 된다든가 하는 것이 공통된다. 그래서 긴 침묵이 계속되는 수도 있다.

　이런 스타일은, 비교적 <말을 잘하는> (즉 중류의 교육을 받은) 여자만이 우월하다는 것을 피하려고 고심한 표현이다. 나의 여성 피험자의 다음 말에서는, 그와 같은 말씨를 요구하는 것은 여자의 규범이 아니라, 페미니스트의 규범처럼 느껴진다.

<이야기를 가로막지 않도록 애를 썼습니다. 모두가 나는 입을 가만 놔두지 못한다고 생각하고 있는 것 같아서요.>

<시작하자마자 모두 긴 침묵과 사람들이 말을 끝내는 것을 기다린다는 것을 알아차렸습니다.>

　여기서 말하는 <페미니스트적 스타일>은 정치적 정당화가 분명함에도 불구하고, 많은 페미니스트들은, 흥미깊게도, 그것과는 다른 관점에서 이 스타일을 정당화한다. 이 스타일이 <여자에게 적합하다>라든지, <남자가 말하는 방식>과는 다르기 때문에 좋다는 것이다. 즉 제2기 초기의 페미니스트의 역사나 일화를 보면, 여자에 알맞는 스타일을 찾아내는 것은 어렵고 힘든 과정임을 이내 알 수 있었을 텐데, 공식 장소에서 말하는 훈련을 받지 않은 여자로부터의 압력을 받아서, 이 과정을 굳이 겪지 않고, 간단히 페미니스트가 정한 말씨를 자연스런 것으로 받아들였던 것이다. 여기서도, 언어를 사용하는 방식을 설명하고 통제하는 민간 언어학의 힘을 간과할 수는 없다.

　언어학자 역시, 여자는 협조적인 회화자라고까지는 말하지 않더라도 적어도 남자가 경쟁적 회화자라고 주장해서, 이 생각을 조장했던 것이다. 남자끼리만의 상호 작용을 연구하는 경우에는 (이를 테면 윌리엄 라보프 (William Labov)의 고전적 저서, 하렘의 연구) 갖가지 계층 집단들에서의 광범위한 의식적 언어 수행을 관찰하는

제3장 다양성의 정치학 75

경향이 있는데, 여자를 연구하는 경우에는 자그마한 집단에서 하는 친밀한 회화만에 초점을 맞추는 경향이 있다. 이런 일이 정말 간단히 벌어지고 있다. 패거리를 만든다거나 도당을 만드는 것은 여자보다도 남자 쪽이 많은데도, 남자가 친밀한 회화를 하지 않는다는 것은 정말일까? 그렇지 않으면, 사회 언어학자도 데이터를 선택할 때에, 남녀의 전형적인 활동이나 사회 조직에 관한 자신의 생각이며 민간 언어학적 신념에 무의식적으로 영향을 받고 있는 것일까?

물론, 일화적 전통이 관심 밖의 것은 아니다. 그러기는 커녕, 페미니스트가 언어를 설명하는 경우에는, 남녀의 발화에 관해서 사람들이 어떻게 생각하고 있는지를 고려하는 것은 중요한 일이다. 편견은 흔히 사실보다 영향력이 강한 것이기 때문이다. 그렇지만 많은 언어학자들도 지적하는 것처럼, 성차의 연구는 일화나 스테레오타입에 의지할 수는 없다. 성차의 연구는 여자의 언어 사용에 관한 주장을 경험적 증거를 들어서 실증해야 하며 (각기 다른 연령·지역·계급·인종·배경의 여자들을 하나로 뒤섞어서 논의할 일이 아니라는 것을 잊지 말고). 그 증거도 남자가 여자는 이런 식으로 말을 한다고 생각하고 있다거나, 여자가 자기네들은 이런 식으로 말을 한다고 생각하고 있다는 것에 바탕을 두는 것이 아니라, 여자가 실제로 말하고 있는 바를 기반으로 삼은 것이어야 한다.

이같은 경험적 정신을 가지고 성차에 접근하자고 주장하는 언어학의 한 분야가 현대 사회 언어학이다. 이제 사회 언어학적 연구가 여자의 발화에 관한 일화적 영향을 받은 설명을 개선했는지의 여부를 묻지 않으면 안 된다.

여자와 사회 언어학

발화의 사회적 성차에 대해서 주로 이루어지는 어프로치는 광범위한 사회 언어학적 조사이다. 이같은 조사는 대상이 되는 집단에서 추출된 피험자들 (성층화 추출 표본과 임의적 표준을 사회학적 기술로서 결정한다)을 인터뷰하고 그 기록을 분석한다. 이어서 다양한 종류의 언어적 특성을 연령·성·인종·계급과 같은 사회적 특성과 관련시킨다.

이런 조사가, 뉴욕 시·노릿지·디네사이드·벨패스트를 포함한 수많은 도시 지역에서 이루어졌다. 보통 관심의 초점은 <사회적 성층화>, 즉 문법이나 발음의 요소의 빈도와 사회 경제적 계급의 상관 관계를 탐구하는 데 있다. 예를 들어, 뉴욕에서는 that과 dat 어느 쪽을 사용하느냐에 따라 계층적 패턴이 엿보인다. 사회 경제적 계급이 낮으면 낮을수록, 표준적인 that가 아니라 비표준적인 발음인 dat를 사용하는 경향이 있다. 성층화는 변화하는 의례적인 상황에서도 관찰된다. 더욱 의례적인 경우일수록 그 사회 경제적 집단의 성원들은 더욱 표준적인 것을 쓴다.

이같은 성층화를 좋아하는 연구자는 단지 기성의 스테레오타입을 강조하고 있을 따름이라는 논의도 있었다. (예, 펠로우 등 Pellowe et al.)[11] 이 연구자들은, 마술적인 성층화의 도표를 그리는 데만 열중한 나머지, 성층을 만들어내는 한줌의 언어적 특징 이외에는 눈을 돌리지 않는다는 것이다. 물론 이런 특징은 누구나 이미 아는 분명한 것이다. 언어학자가 너무나도 분명한 특징들에만 현혹되어 집중하기 때문에, 마찬가지로 중요하고 복잡한 다양성을 간과해 버린다고 펠로우는 생각한다.

페미니스트 언어학자들 역시 성층적 어프로치를 비판한다.

> 이론도 방법론도 백인 중류 남성의 커뮤니케이션 경험이 표준적이라는 은연중의 전제에 바탕을 두고 있다. …. 여자의 경험이나 그밖의 인종, 다른 계급의 회화는 일탈로서 다룬다.[12]
>
> 사회 언어학적 언어 조사 결과에서 생겨난 사회적 지표 이론 (social marker theory) (세러와 자일즈 (Scherer and Giles))[13]만

---

(11) J. Pellowe, G. Nixon, B. Strang and V. McNeany, `A, Dynamic Modelling of Linguistic Variation : the Urban (Tyneside) Linguistic Survey`, *Lingua*, 30, 1972.

(12) Jenkins and Kramarae, op. cit., p. 16.

(13) K. Scherer and H. Giles (eds.), *Social Markers in Speech* (CUP, 1979).

큼 이 단순한 표준 — 일탈 모델에 의지하는 경향을 뚜렷이 드러내보이는 것은 없다. 그 결과 이 이론에서는, 사람들의 발화는 특정 사회 집단에 속한다는 것을 표시하기 위한 특성들을 포함한다고 말한다. 이 특성 중에는 청자에게 대단히 뚜렷하게 의식되어서 대중적 스테레오타입이 되는 것도 있으나, 언어학자가 추출하지 않으면 안 되는 것이 있다고 주장한다.

이 이론에는 원칙적으로는 혹종의 잇점이 있다. 언어에는 스테레오타입 이외의 다양한 변이가 있으며, 언어 사용자의 언어적 특징과 사회적 특징 사이의 상관 관계는 대단히 복잡하다고 인식되어 있기 때문이다. 그러나 실제로는, 사회적 지표 이론도, 지금까지 보아 온 바와 마찬가지로, 조사에서 보이는 결점을 안고 있다. 즉 조사자는 언어 사용자에게 뚜렷한 중요성을 지니는 언어의 다양한 변이에만 집중하고, 표지를, 사용자의 발화를 암묵의 기준으로부터 구별하는 특징으로 간주해 버리는 경향이 있다. 이를테면 어떤 피험자가 백인 중류 남성이라는 것은, 특히 아무런 표지도 없다는 데서 추정된다는 식이다.

이와 같은 사회 언어학의 기준과 일탈의 틀에 대해서는 세 가지 반론이 있다. 첫째로 조사자라는 것은, 일반적으로 알려지기를, 자신이 발견하고자 하는 것 밖에는 발견하지 못한다는 것이다. 따라서 만약 누구의 눈에도 분명해서 대충의 차이만을 발견하려 한다면, 실제의 조사에서 발견될 수 있는 것도 그것 뿐일 것이다. 둘째로, 암묵의 기준을 전제로 하고 있는 경우에는, 비표준적인 다양한 변이는 통합된 체계로서가 아니라 일탈의 모임으로서 기술되는 경향이 있다. 그리하여 이같은 분석에서는, 비표준적인 다양한 변이가 그 자체 얼마만큼 체계로서 통합되어 있느냐 하는 문제 같은 것은 언급될 수조차 없다. 셋째로 이 틀로 연구하는 조사자는, 여자나 흑인이 남자나 백인으로부터 일탈해 있는 이유를 설명할 필요는 느끼겠지만, 그 반대는 문제로 삼지 않는다는 점이다. 즉 비표준적인 다양성은 설명을 요하는 특별한 특징을 갖추고 있으나, 백인 남성의 발화에는 전혀 언급이 필요하지 않다고 생각하는 것이다.

내가 여기서 강조하고 싶은 바는 설명이라는 문제이다. 왜냐하면, 비단 어느 다양성이 설명을 필요로 하느냐에 관해서도 지적 혼란이 있을 뿐 아니라, 설명 그 자체도 자주 문제를 포함하고 있기 때문이다. 젠킨즈와 크라마레도 지적하는 것처럼, <성·인종·계급은 《인구통계적 변황》으로 보며, 문화적 스테레오타입에 바탕을 둔 닥치는 대로의 설명을 흔히 사용해서 제어하거나 설명할 수 있다고 생각한다.>[14]

사회 언어학이 성차에 대해서 준 설명

언어에서 생기는 성차는, 많은 이유 때문에, 특히 설명을 요하는 일탈로서 다루기 쉽다. (그 이유는 모두, 궁극적으로는 여자의 인구가 아무리 많다 하더라도 — 그리고 우리의 문화에서는 여자의 인구는 50% 이상이건만 — 기준이 되는 것은 남자이지 여자는 아니라는 생각에 바탕을 둔다.)

대부분의 서양 문화에서는 여자는 흑인이나 노동자와는 달라서 별개의 공동체를 형성하고 있지는 않다. 이 사실이 처음부터, 여자의 존재를 주변적인 것으로 하는 것이다. 여자가 적어도 인구의 절반을 차지하고 있는데도, 남성 중심 사회에서는 쉽게 의식 밖으로 내몰려 있기 때문이다. 특히 여자의 공적인 공동체는, 아무리 크더라도, 자기네들의 존재를 하나의 집단으로는 의식하고 있지 않다. 이와 관련해서, 보통 남녀의 언어차는 다른 역사나 문화의 산물로서는 분석되지 않는다는 사실이 있다. 여자의 역사와 문화는 남자의 역사와 문화에 포함된다고 생각하고 있기 대문이다. 이 요인이 여자의 언어를 소수 민족의 언어나 많은 영어의 방언과 구별하고 있는 요인이다. 소수민족의 언어나 방언은 그 자체의 전통이나 혼

---
(14) Jenkins and Kramarae, op. cit., p. 16.

제3장 다양성의 정치학 79

히는 풍부한 문화를 가지고 있다는 것이 인식되어 있다.
 그러나 여하튼, <여자의 언어>나 <성 방언>을 <요크셔 방언>이나 <흑인 영어>와 얼마나 같게 다룰 수 있는 것일까? 영어의 사례를 보기에 앞서서, 언어학자들이 오랜 동안을 두고 남녀 별개의 언어로서 다루는 예를 보는 것이 도움이 된다. 이같은 예에서, 지금도 아직 성차의 설명에 사용되고 있는 개념을 배울 수 있는 것이다.

칼리브의 언어
이 문제를 언어학에 제시한 공동체는 칼리브의 인디언이다. 여기서는 남녀가 다른 음운 (음의 체계)과 어휘를 사용한다는 것이 1665년에 보고되었다. 이 현상을 최초로 관찰한 선교사는 역사적인 정당화를 한다. 그들에 의하면, 이 섬은 이웃의 알라와크 족에 침략당해서, 카리보 족의 남자들은 모조리 살해당하고, 여자는 출산의 목적을 위해서만 살려 놓았다. 양성 다같이 자기네들이 처음부터 사용해온 언어를 유지했다. 어머니는 카리브 어를 딸에게 전했고, 아버지는 아라와크 어를 아들에게 가르쳤다는 것이다.
 그렇지만, 그 뒤의 언어학자들은, 생물학적 성보다도 성 구실에 입각해서 하는 설명을 좋아했다. 이같은 분석자들은, 성에 바탕을 둔 노동의 분담이 있다는 것을 지적하고, 남녀가 다른 일을 했기 때문에 다른 어휘를 발달시킨 것이라고 주장했다. 예스페르센도 <미개 사회>란 무엇인가를 기술, 이 생각을 더욱 추상하게 말했다. 그에 의하면, 미개 사회에서는 남자가 사냥을 나가 활동을 성립시키기 위해서 필요한 간결한 구문을 발달시킨 데 반해서, 여자는 집에서 쓸데없는 지껄임에 빠져 있었다는 것이다. 예스페르센이 여기서 무의식적으로 행하고 있는 것은 성차별적 발언일 뿐, 그것에 대해서 아무런 설명도 하고 있지 않다. 그런데 이같은 구실을 강조하는 생각은, 그 뒤의 사회 언어학적 설명의 기준이 되고 말았다.
 사회적 지표 이론에서는, 두 가지 타입의 성 지표를 구별한다. 하나는 성 한정적 지표 (sex-exclusive markers) (카리브의 사례처럼,

어떤 언어 특징이 한쪽의 성에서만 사용되는 경우)이며, 또 하나는 성 경향적 지표 (sex prefereutial markers) (언어 특징은 양성에서 사용되지만, 한쪽의 성이 다른 성보다 많이 사용되는 경우)이다. 성 경향적 표지의 경우는, 남자냐 여자냐 하는 것보다도, 특히 직업과의 관련이 강하다고 생각되고 있다.

우리의 문화에 엿보이는 성 경향적 지표의 예는 <어머니 말>이다. 이것은 여자가 어린 아이들에게 사용하는 언어로, 독자적인 어휘나 높은 음·큰 소리·느릿느릿하는 어조·과장된 인터네이션 등의 언어 특징을 가지고 있다. 이것은 남자보다 여자가 많이 사용하는 성 경향적인 언어의 종류이다. 그러나 그것은 무엇보다도 어린이를 키우는 것이 남자가 아니라 여자이기 때문에 생긴 결과이며, 남자도 육아에 관여하게 되면 어머니 말을 사용하는 것이 관찰될 것이다.

성 한정적 지표는, 대단히 엄밀한 노동 분담이나 발화 (보통은 여자의 언어 사용)에 대한 타부를 반영하는 수가 있다. 예컨데 타부로 되어 있는 남자 친족의 이름에 비슷한 음을 가진 말을 여자가 사용하고 싶을 때에는, 완곡하고 돌려서 하는 말씨로 바꾸지 않으면 안 되는 사회들이 있다.

영어의 남녀 언어

영어에서는 성 한정적 표지보다도 성 경향적 표지가 발견되는 경향이 있다. 영미 양국의 사회 언어학적 조사에서 인식되는 주요 성차는, 모든 사회 경제적 계급에 있어 여자의 발화는 남자보다 좋은 말씨로 되어 있는 표준으로부터의 일탈이 적다는 점이다. 이것은 문법 형태에 관해서도 발음에 관해서도 해당된다.

분명히, 이와 같은 성차에는, 역사나 직업의 관점에서 하는 설명은 쓸모가 없다. 따라서 여자의 특징이라고 여겨지는 사안을 바탕으로 해서 그밖의 여러 이유들이 제안되어 왔다. 그 중 네 가지가 특히 많이 눈에 뜨인다. 보수주의 남자는 혁신해 가는데, 여자는 전통적 표준 형태에 매달리고 있다, 사회적 상승 지향 (여자는 남자보다 발화의 사회적 의미에 민감해서, 자기네들의 사회적 지위를 상승시키기 위해서 좋다는 사용을 모방한다), 여자다움의 지각 (<숙녀처럼 말하는 것>, 즉 중류의 화자처럼 말하는 것이 여자다움이기 때문에), 감추어진 위신 (실제로는 비표준적인 발화는 남자다움의 표시라고 여겨지고, 남자도 그러려고 애쓴다. 그러므로, 여자의 표준적 말씨에는 진정한 의미에서의 위신은 주어져 있지 않다고 할 수 있다.)

이 네가지 설명은, 여자의 음성 언어에서는 어째서 여자의 발화가 위신 있는 표준으로부터의 일탈이 적은가 하는 이유에 대한 설명이지만, 네 가지가 다같이 많은 의문점과 문제를 안고 있다. 이를테면 이런 설명들은 관찰된 사실에 적절한 것인지, 여자를 격하하는 암묵의 가치 판단을 구체화하고 있지나 않은지, 다른 설명도 가능한 것이 아닌지, 생각해 볼 필요가 있을 것이다.

이 네 가지 제안이 서로 모순되어 있다는 것도 일견 분명하다. 이를테면 여자가 혁신을 좋아하지 않는 보수 주의자이며, 동시에 위신 있는 언어의 사용 방식을 모방해서 자신의 지위를 높이려고 하는 사회적 상승 지향자이기도 하다는 것은 모순되어 있다. 더구나 이런 어느 가능성도 — 보수주의도 사회적 상승 지향도 — 더욱 상세한 설명을 필요로 한다. 어째서 여자가 남자보다 더 보수적인가?, 혹은 또 왜 여자는 남자보다 사회적 규범을 더 의식하는가? 그리고 왜 남자보다 더욱 야심적인가, 또는 순종하는 태도를 취하는가 하는 문제가 남아 있는 것이다.

여자의 보수주의에 관해서는 그밖의 문제들도 생겨난다. 여자가 보수적이라고 주장하는 언어학자들은, 여자가 보수적임은 종속의 결과가 아니라 여자다움 자체에서 나오는 것이라고 생각하고 있다. 왜냐하면, 언어 변화의 방향에 가장 밀접히 관련되어 있는 집단은 (즉 가장 혁신적 집단은) 젊은이나 중류 하층 계급과 같은 특히 종속 집단이며, 언어적 <불안정>에 애를 먹는 집단이라고 여겨져 있기 때문이다. 뉴욕 시를 조사한 라보프는, 중류 하층의 여자를, 특히 언어 변화의 흐름을 결정하는 층이라고 지적한 바 있다. 그녀들의 언어 양식 이행의 패턴 (자기네들의 말씨의 흐름을 의식하고 있는 더욱 형식에 걸맞는 상황에서 말하는 방식을 바꾸는 일)이 보여주는 바는, 그녀들이 말씨에 있어 위신 있는 것으로 되어 있는 말씨의 표지에 민감하다는 사실이다. 이와 같은 여자들은 그 변화를 어린이들에게 전할 수 있으므로, 변화를 넓히는 데는 유난히 유리한 입장에 있다고 라보프는 추측한다. 이 사실은 여자가 보수적이라는 이론보다도 <사회적 상승 지향>의 이론 쪽을 지지한다. 더구나, 비교 문화적 증거가 시사하고 있는 바는, 보수성이라는 것이 여자의 보편적인 특징은 아니라는 점이다. 왜냐하면, 마다가스갈과 같은 가부장제 농경 사회에서는, 전통적인 규칙을 깨뜨리는 언어의 사용은 여자가 하기 때문이다.

　위신 있는 좋은 말씨와 사회 속에서 인정되어 있는 여자다움을 결부시키는 생각 쪽이 더욱 그럴듯해 보인다. 혹종의 발화 방식은 남자 어린이들이 말하면 좋으나, 자기의 딸이나 누이나 여자 친구에게는 그런 말씨를 바라지 않는다고 하는 일치된 의견이 많은 공동체에서 일화로서 증명되어 있다. 이 경우, <그런 말씨>라는 것은 욕하거나 품위가 떨어진 것을 말함을 의미하고 있으나, 동시에 특히 발음을 문제로 삼고 있는 경우가 많다. 방언의 강한 사투리는 영국에서는 노동자 계급의 성원으로서의 자각 또는 공감을 의미하고 있는데, 여자보다 남자가 사용하는 것이 받아들여지고 있다. 이것은 노릿지의 연구자 피터 트러드길 (Peter Trudgill)이 제창한 <숨겨진 위신> (covert prestige)라는 생각과 딱 들어맞고 있다. 트러드길은, 노동자 계급의 화자가 비표준적인 말씨를 실제로는 남자다움의 심볼로서 높이 평가하고 있다는 것을 알아차리고, 이와 같은 화자를 대상으로 했을 때에는, 계급에 바탕을 둔 위신의 개념을 역전시켜, 남자가 하는 것은 무엇이나 자동적으로 여자가 하는 것보다 위신이 있다고 하는 생각을 분석에 반영시킬 필요가 있다고 주장했다. 트루드길의 의견으로는, 대부분의 노동자 계급 화자들은 자신을 진정한 남자로서 인식할 필요가 강해서, 표준적인 영어를 말한다는 위신을 무시한다는 것이다. (15)

만약 비표준적 말씨가 남자다움을 의미하는 것이 사실이라 한다면, 여자다움은, 다른 많은 경우가 그러하듯이, 남자다움의 반대가 되도록 만들어져 있다고 여겨질 것이다. 그렇게 생각하면, 여자가 숙녀처럼 말하도록 강한 압력을 받고 있다는 사실에 대해서, 강한 사투리를 사용해서 남자다움의 영역에 침입해 오는 여자에 대한 경멸감에 대해서도 설명이 된다.

가치 판단

여자가 남자보다 표준적인 말씨를 한다는 관찰에 주어진 설명, 즉 여자의 보수주의와 사회적 상승 지향이라는 설명 자체도 분명히 성차별적이며, 남자와 비교해서 여자를 격하하는 특징을 모든 여자에게 밀어다부치고 있는 것이다 (성차별적 전략 그 자체이다).

이를테면 남자는 혁신적이요 여자는 보수적이라는 주장을 놓고 생각해 보자. 우리의 문화에서는 혁신에 높은 가치가 주어져 있으므로, 이 주장은 암암리에 남자의 행동을 찬양하고 있는 것이다. 같은 사실을, 여자는 전통을 존중하고, 남자는 전통에 무관심하며 전통을 무시한다고 표현할 수도 있는 셈이다. 남녀가 이와는 정반대 행동을 취해서, 보수적인 것이 남자 쪽인 마다가스칼에서는 실제로 그와 같은 설명이 있는 것이다. 남자는 숭배할 만한 전통의 파수꾼이며, 전통에 무관심한 여자는 공공 장소에서 올바로 말할 수가 없다는 것이다. <여자의 말씨와 같은 직접적인 말씨는 전통의 상실에 이어진다.> (16) 여기서도 예상 그대로, <남자만이 유능한 연설자라고 여겨지고 있다>. (17) 숨겨진 위신이라는 개념 역시 성차별

---

(15) P. Trudgill, 'Sex, Covert Prestige and Linguistic Change in the Uran British English of Norwich', *Language in Society*, 1, 1972.

(16) Elinor, O. Keenan, 'Norm Makers, Norm Breakers : Uses of Speech by Women in a Malagasy Community', *Explorations in the Ethnography of Speaking*, ed. R. Bauman and J. Sherzer (CPU, 1974) p. 142.

(17) Ibid., p. 141.

주의에 침범되어 있으나, 이것은 실제로 존재하는 편견을 분명히 하는 잇점도 가지고 있다. 트러드길이 실제로 말하고 있는 바는, 여자의 언어가 남자의 언어보다도 위신이 있다고 정의를 내리지 않으면 설명이 되지 않는 경우에는, 위신이라는 개념의 정의 쪽을 바꾸지 않으면 안 된다는 것이다. 마다가스칼의 예는 그의 주장이 올바르다는 것을 보여준다. 사회는 사회적·성적 계층에 따라서 위신의 정의를 조립하는 것이다.

언어학자가 언급하는 일은 좀처럼 없으나, 여기서 지적해 두지 않으면 안 되는 것은, 여자는 위신있는 표준에서 조금 밖에는 일탈하지 않는다는 발견 그 자체가, 사용된 방법론에서 생겨난 것인지도 모른다는 가능성이다. 이 점에 관해서는, 사회 언어학적 방법론의 두 가지 측면이 특히 비판의 대상이 된다.

첫째로 성층화이다. 사회 언어학적 조사라는 것은 어느 화자가 어느 사회 경제적 계급에 속해 있는지를 결정하기 위해서, 분명히 어떤 종류의 성층적 과정을 기반으로 삼는다. 그 기준은 보통, 이를테면 비기술직 대 기술직, 화이트 칼라 대 전문직과 같은 직업적인 것이다. 그러나 이런 기준들은 대개 기혼 여성에는 적용되지 않는다. 성층화의 단위가 되는 것은 가정이요, 각 가정의 지위는 <가장>의 직업에 의해서 결정되기 때문이다. 기혼 여성은 보통, 남편의 직업에 입각해서 계급에 배정된다.

페미니스트 사회학자인 크리스티느 델피 (Christine Delphy)는 이 성층화의 과정에는 중대한 결함이 있으나, 그것이 존속하는 것은, 이것을 이용하면 남성중심 사회의 기본적 메카니즘이 잘 숨겨지기 때문이라고 주장한 바 있다. [18] 이것은 남녀를 같은 계급으로 나누므로 평등을 긍정하는 것처럼 보이지만, 이 평등은, 어느 경우나 결혼의 부산물에 지나지 않으며, 아내가 남편에게 경제적으로 의존한다는 사실을 감춰 버린다는 것이다.

델피의 비판은 사회 언어학자에게 유익한 것이다. 여자를 남편의 직업에 따라서 나누는 성층적 방법은, 대폭적으로는 아니겠지만,

---

(18) Christine Delphy, 'Women in Stratification Studies', *Doing Feminist Research*, ed. Helen Roberts (Routledge & Kegan Paul, 1981).

사실을 왜곡할 가능성이 있다. 만약 성층화에 다른 기준 — 이를테면 학력 — 을 사용한다면, 기혼 남녀들은 아주 전혀 다른 그룹으로 나눠질 수 있어서, 남녀차도 이 사실을 일부 반영해서 변하게 될 것이다.

사회 언어학에서 또하나의 문제는 인터뷰를 하는 사람에 대한 순응성이다. 형식적인 상황에 따라서 사람들은 다른 말씨를 한다는 것은 잘 알려져 있다. 인터뷰와 같은 형식적인 상황에서는, 그다지 주의 깊게 자신의 행동을 의식하지 않는 때에 비해서 주의 깊게 표준적인 말씨를 할 것이다. 수수한 상황에서 사용하는 말씨는 <토박이 말> (vernacular)이라 일컬어지며, 위신 있는 특색은 거의 포함하지 않는다. 사회 언어학자가 무엇보다도 관심을 가지는 것도 이 말씨이지만, 실례들을 모으는 것은 무척 어려운 일이다.

사회 언어학적 조사에서 인터뷰한다는 것은 수수한 상황은 아니며, 대부분의 화자에게 인터뷰어는 토박이 말을 사용하는 동료라기보다도 자기보다 사회적으로 지위가 높은 인간인 경우가 많다. 그러므로, 조사자는 인터뷰의 양식보다도 덜 형식적인 말씨를 이끌어내는 일이 어려운 것이다.

뉴욕을 조사한 라보프도 토박이 말을 이끌어내려고 몇가지 전략을 사용했다. 그는 피험자가 흥분해서 말씨까지 의식하는 것을 잊도록 죽을 지경이 된 체험에 관해서 질문을 했다. 테입 레코더가 돌아가고 있다는 것을 모르는 가족들이 우연히 이야기하고 있는 것을 녹음했다. 그리고 할렘 사람들의 언어를 연구했을 때에는, 젊은 흑인 필드워커를 이용했다. 백인 중류 계급의 학자와는 할렘의 흑인이 흑인 토박이 말을 사용할 것 같지 않다는 것을 알고 있었기 때문이다.

라보프 이래, 피험자와 인터뷰어의 사회적 거리를 최소한으로 좁히는 것이 바람직한 것으로 여겨져 왔다 (많은 조사에서 그 지방 사람이 인터뷰어가 되었다) 그러나 누구도 이 예방 수단을 성에까지 확대해서 생각해지는 않았으며, 그것이 조사 결과에 영향을 끼치는지의 여부를 연구한 사람도 없었다. 여자가 남자와 말한다는 것은 항상 자기보다 우위에 있는 사람과 이야기하는 것이 되므로, 아마 여자끼리 사용하는 토박이 말은 나타나지 않았을 것이라고 주장할 수도 있을 것이다.

이제 사회 언어학적 조사는 일화적 전통보다는 신뢰할 수 있는 조사 결과를 가져왔으나, 이런 결과들에 부친 설명이 그 장소에 국한된 성차별적인 것이 되어 버리는 경향이 있다는 것이 분명해졌다. 그렇다면, 페미니스트는 어떻게 성차 연구의 결과를 재해석하면 좋을 것인가? 도대체 성에 의해서 달라지는 언어의 종류에는 정치적인 중요성이 있다고 확신할 수 있는 것일까?

차이와 지배 : 다른 종류의 언어가 함의하고 있는 것들

언어학자 중에는, 남녀에 의해서 생겨나는 다양한 언어는 방언이나 연령에 의해서 생겨나는 다양함과 마찬가지라고 생각하는 사람도 있다. 여자가 사용하는 종류의 언어는, 여자가 다른 사회화의 과정을 겪는 일, 여자는 남자와 관련을 맺는 것보다도 여자끼리 관련을 맺는 쪽이 많다는 사실, 여자 특유의 말씨나 행동의 규범을 만들어 내는 여자의 아이덴티티나 성역할의 존재를 반영한다고 생각하는 것이다. 이와 같이 성차를 여자의 <하위 문화>를 반영한 것으로 보는 생각 (예컨대, 크라마레나[19] 몰츠와 보커 (Maltz and Borker)[20]가 신봉하고 있다)에는, 권력 계층에서의 여성 문화의 지위를 강조하는 것과 그렇지 않은 것이 있다. 여자가 사회화의 과정에서 몸에 붙이고 표현하려 하는 여자다움이라는 것도 대부분은 남자에 의해서 정의된 것이기 때문에, 그녀들 고유의 하위 문화의 규범을 개발하는 데는 전적으로 자유롭지 못하다고 어떤 평론가는 지적한다. 그런가 하면, 힘이라는 것은 단지 하위 문화의 생태학에 외부로부터 주어진 요인이라고 생각하고 있는 듯한 사람도 있다.

---

(19) Kramarae, op. cit.
(20) D. Maltz and R. Borker, 'A Cultural Approach to Male/Female Miscommunication', *Language and Social Identity*, ed. J. Gumperz (CUP, 1982).

그렇지만, 특정 사회에서의 여자의 지위와 실제의 남녀 말씨의 차이를 더욱 직접 관계 붙이는 언어학자들도 있다. 성차에는 일차적으로 정치적 설명이 주어져야 하며, 여자에게 강요된 발화 스타일은 본질적으로 여자를 억압하는 것으로서 보아야 한다고 그들은 생각하고 있다.

이 견해의 제창자 (레이코프)[21]는, 여성의 발화는 여자의 언어적인 불안전성을 나타내는 기능을 가진다고 기술한다. 여자의 언어적 불완전성은 궁극적으로는 여자의 사회적 주변성의 반영이며, 남성의 규범에 종속해 있는 것으로 보아야 한다는 것이다. 이를테면 음성학자 캐롤라인 헨턴 (Caroline Henton)은, 이 불완전성은 일견 여자의 억압과 아무런 관계를 가지고 있지 않은 것처럼 보이는 성차를 이해하는 경우에도 열쇠가 된다고 생각한다. 그것은 남녀의 목소리 높이나 모음의 질의 차이가 음성 기관의 차이로 설명하기에는 지나치게 크거나 들어맞지 않는 경우의 성차를 가리킨다.[22]

헨턴의 설명에 의하면, 여자는 규범을 지각하고 있으므로, 모음을 발음할 때에는 그 규범을 지나치게 따른다는 것이다. 헨턴은 목소리의 높이나 모음의 질이 의식적으로 제어되는 것은 아니라는 사실을 대단히 중시한다. 여자의 언어적 불안전성이 그토록 깊은 것임을 보여주기 때문이다. 나아가서, 이러한 차이는 기계로 측정할 수 있으므로, 피험자나 분석자의 스테레오타입에 의해서 잘못 보고된 것이나 아니냐고 지적한다.

모음의 질과 같은 기본적인 것에 체계적 · 비생득적 성차가 나타난다는 것은 미상불 설명을 필요로 한다. 그 설명이 의식적인 동기나 태도와는 아무런 관계가 없는 것이라 하더라도, 기계에 의한 측정은 이러한 성차들에 어떤 설명이 적절한 것인지는 일러주지 않는다. 헨턴의 설명은 스위프트의 민간 음성학보다는 페미니스트나 과학자에게 받아들이기 쉬운 것이지만, 무엇이 성차를 일으키고 동기부여를 하느냐 하는 문제는 남는다.

그러나 이것이 언어적 성차의 정치학에서 본질적인 문제일까?

---
(21) Lakoff, op. cit.
(22) Caroline Henton, 'Sex Specific Phonetics and Social Realisation', 1983. 미발표.

성차의 기원이나 의미를 아는 것은 흥미로운 일이지만, 성차 자체가 언어를 통한 여자의 억압에 대한 열쇠는 아니다. 중요한 것은 가치 판단이다. 즉 성차가 인식되는 방식이며 그것이 가져다 주는 결과이다. 이런 것들을 문제로 삼을 때, 실제의 성차와 민간 언어학적 스테레오타입을 구별할 필요는 없다. 실제로 이 양쪽을 함께 고려함으로써, 우리의 사회에서 성차가 어떠한 의미를 가지고 있는지를 통합적으로 설명할 수 있는 것이다.

이를테면 여자는 가끔 그 말하는 방식 때문에 차별되는 수가 있다는 사실을 생각해 보자. 남자보다도 여자 쪽이 <잘 말하지> 않으면 안 되는 직업도 있으며, 특히 방송 관계의 일처럼, 여성의 목소리는 <너무 작고> <높음>으로 <권위가 없다>고 지적되는 경우도 있다. 법정에서 배심원이 여자를 잘 신용하지 않는 홈이 있는 것도, 일부 여자의 인터네이션이나 목소리의 높이의 범위가 <남자보다 크고> 히스테리를 느끼게 하기 때문이라고 일컬어지는 수조차 있다.

그러나 이런 불평들이 실제의 언어적 실질을 수반한 것이라고 생각하는 것은 단순하다. 여자의 방송 목소리가 불쾌한 특징을 가지고 있다는 데는 (그런 것이 존재한다고 치고서), 저음이 아니라 고음을 크게 하는 (남성의 목소리에는 그것이 필요하므로) 녹음 기계의 필터 탓일 것이다. 오디오 기계는 여자에게 적합하게 만들어져 있지 않은 것이다. 그러나 목소리의 쾌 불쾌는 대부분 듣는 사람의 귀 속에 달려 있는 것이며, 예상대로, 여자의 목소리에 대한 편견은 널리 펴져 있다.

<히스테리컬하다>라든지 <권위가 없다>와 같은 판단에 관해서는, 이것들이 최종적으로 목소리의 높이와 관계가 있다고는 생각할 수는 없다. 남자가 여자보다도 높은 목소리로 말한다면, 낮은 목소리 쪽이 권위가 없다고 말할 것이다. 요컨데 우리의 문화에서는, 화자가 여성이라고 표시되는 것은 무엇이든지 불평을 불러일으키거나 열등의 증거가 되고 마는 것이다.

언어적 성차는 단순히 여성성의 표시로서 작용하고, 그 실질에 관계없이 열악한 가치를 받고 있는 셈이다. 여자의 높은 목소리는 학습된 것이라든가, 권위있게 들리는 때도 있다든가, 정말로는 귀에 매우 기분좋다든가 하는 설명을 하더라도, 모든 <여성적>인 것은, 그것이 여자의 행동을 실제로 반영하고 있거나 않거나 간에, 경멸하는 그런 불합리한 과정에는 아무런 효과도 없다.

1979년 스미스에 보고된 유난히 어리석은 사회 언어학적 연구는 하나의 예시를 해줄 것이다. [23] 이 연구에서는, 법정에서 남녀의 발화 스타일이 배심원에게 똑같이 신뢰를 줄 수 있는지의 여부를 조사했다. 우선 같은 내용의 두 가지 말씨가 준비되었다. 하나는 남자에 전형적이라고 여겨지는 발음·성조·문법을 사용한 <남성판>이요, 또하나는 마찬가지로 여자에 전형적인 특징을 사용한 <여성판>이다. 실험 결과, 여성판은 용의주도하게 훈련된 남자가 말하더라도 신용도가 낮다고 단단되었다. 그러므로 실험자들은 신뢰성의 결여는 말하는 사람이 아니라 그 언어에 기인한다고 결론을 내렸던것이다.

그렇지만, 여기서 간과되고 있는 것은, <여성판>은 여자의 실제의 발화 스타일을 반영한 것이 아니라, 사람들이 여성의 스타일은 이러하다고 작정한 스테레오타입을 반영했다는 사실이다. 그것은 어떠한 화자의 실제 스타일도 반영하고 있지 않은지도 모른다. 그것만으로써도 이 실험에는 신뢰성이 이미 결여되어 있었다고 할 수 있는 것이다.

이미 우리는, 페미니스트들도 여자의 말씨에 관해서 증거도 없는 것을 말하거나 단순한 스테레오타입을 믿어 버리는 경향이 있다는 것을 검토 해왔다. 다시 덧붙인다면, 페미니스트들은 여러 가지 언어적 특징을 힘의 결여나 존경심 등을 직접 나타내는 표시로 평가하는 혼해빠진 견해를 받아들이는 경향이 있어 보이며, 남자는 여자를 강제하여, 여자의 실제의 힘의 결여를 보강하는, 본질적으로 힘이 없는 발화 스타일을 배우도록 하고 있다고 결론을 내리고 마

---
(23) P. M, Smith, 'Sex Markers in Speeh' *Social Markers in Speech,* ed, K. Scherer & H. Giles (CUP, 1979).

는 것이다. 남자와 여자를 구별해서 여자를 자각시키는 그런 발화 스타일을 강요당하고 있다는 것은 사실이지만, 정말로는 여자의 말씨를 비난하는 그런 딱지를 붙이는 것은 말씨 자체에 관한 사실이라기보다도 단지 여성이 하는 모든 것에 부정적인 가치 판단을 내리는 경향을 반영하고 있는 것이다. 속담에 <여자의 짓은 모두 글렀다>라는 것이 있는데, 이것은 다른 모든 것과 마찬가지로 언어에 관해서도 드러맞는다.

여기서 많이 논의되어 온 예로서 부가의문을 들어보자. 부가의문은 <찬동을 구하는>, 즉 평서문과 의문문의 중간이 되는 것이므로 여성 말씨의 특징이라는 레이코프의 주장은 많은 페미니스트들에게는 익숙한 것이다. 부가의문은 여자가 남자에게 단도직입적으로 말을 하는 불쾌함을 완화하는 작용을 한다.

실제의 조사에서는, 여자가 부가의문을 빈번히 사용하는 것은 경험적으로 실증되지 않았다. 뒤브와와 크라우치 (Dubois and Crouch)는, 남자 쪽이 오히려 부가의문을 더 사용한다는 것을 발견했다.[24] 데일 스펜더는, 이 조사에 대단한 관심을 가지고 다음의 설명을 시도한다. 의문을 주저주저하는 부가의문 (그래도 좋을까요 안그래요? That'll that will be all right, won't it?)와, 강하게 다짐하는 부가의문 (두번 다시 이런 짓 하지 않지요? Don't do that again, will you?)을 구별하는 것은 어려우나, 아마도 여자는 주저주저하는 쪽을 사용하고, 남자는 다짐하는 쪽을 사용하는 것이 아닌가 라고 말하고 있다. 또한 남자 쪽이 많이 부가의문을 사용한다는 새로운 사실을, 찬동을 구하기 위해서라는 이유로 설명한 사람은, 지금까지 아무도 없었다는 점도 스펜더는 지적했다.[25]

실제로는, 이 두번째 지적된 점을, 처음에 지적된 것으로부터 확실히 설명할 수가 있다. 그리고 이 설명은 유익한 시사를 해준다. 부가의문이 의미하는 바를 문맥으로부터 꺼내서 일률적으로 설명하는 것은 불가능하다. 주저하기 쉬운 경우도 있으며, 다짐하는 경우도 있고, 정보를 체크하는 경우 (콘서트는 8시에 시작하지요, 안

---

(24) Dubois and Crouch, op. cit.
(25) Dale Spender, *Man Made Language* (Routledge & Kegan Paul, 1980) p.8.

그래요? The concerte starts at 8, don't it?)나, 지원하는 경우 (그러한 것 있을 리 없죠? 그렇죠 That can't be the case, can it?) 등, 그 밖에도 여러 경우를 생각할 수 있다. 부가의문이나 그밖의 다른 문법 형식에 어떠한 기능을 부과한다 하더라도, 그것은 상황을 고려한 다음 나중에 형편에 따라 붙인 것에 지나지 않다. 그렇다고 한다면, 남자가 부가의문을 사용한다는 것을 알더라도, 그것은 찬동을 구할 필요가 있기 때문이라고 생각되지 않았다는 것도 이상할 것은 없다. 문화적 스테레오타입에 따르면 남자는 찬동 같은 것을 구할 필요가 없는 것이다.

레이코프는, 스펜더가 추측하듯이, 여자의 말씨는 설득력이 없다는 것을 증명하려 한 것은 아니다. 여자의 음성 언어에는 여자의 필요성이 명확히 나타나 있다는 것을 증명하려 한 것이다. 그러나 레이코프는 그 필요성이 당연히 남자에 의해서 지나치게 주장된다고 여기지 않는 점에서 잘못을 범했다고 할 수 있다. 이 잘못은 언어형식과 언어외의 필요성을 일대일로 대응시키려 한 데서 기인한다. 부가의문이 언제나 찬등을 구하기 위해서 사용하는 것도 아니며, 찬동의 요구가 언제나 부가의문문에 의해서 표현된는 것도 아니다.

여기서의 논의는 다음의 세 가지 점으로 요약할 수 있다.
1. 여자는 남자보다도 더 많이 부가의문을 사용하는 것은 아니다.
2. 여자는 남자보다도 빈번히 부가의문을 사용한다 하더라도, 그것이 여자가 언제나 찬동을 구한다는 것을 의미하진 않는다. 부가의문에는 여러가지 사용 범위가 있기 때문이다.
3. 어떻든 여자의 부가의문의 사용은 남자와는 다른 모습으로 언제나 설명될 것이다. 언어 현상의 설명을 정하는 것은, 그 현상 자체의 특질이 아니라, 성의 문화적 스테레오타입이기 때문이다.

이 장에서는 메타언어학 (말하는 방식에 관해서 사람들이 어떻게 생각하고 있는가, 그것을 어떻게 분석하고 있는가)에 대한 주목이 성차의 중요성이나 언어학자가 성차와의 관여 방식을 이해하는 데 왜 중요한지를 보이려고 했다. 제4장에서는 메타언어학적 정치학의 또 다른 측면을 보아 가고 싶다. 문법가나 언어학자가 남녀라는 이분법을 세계의 언어에 투영해 가는 방법과 문법을 양성 간의 싸움에 있어 전략적 무기로 사용하려고 하는 시도가 그것이다.

제4장 잘못된 이분법

— 문법과 성적 대극화

제4장 잘못된 이분법
― 문법과 성적 대극화

> 이론적으로는 모든 현상을 남성적인 것과
> 여성적인 것으로 분류하는 것이 가능하다.
> 마릴루이즈 쟝센＝쥬레

> 사고는 항상 움직여 왔다,
> 대립에 의해서.
> 말로 하는 언어/ 글로 쓰는 언어
> 높은/ 낮은……
> 무슨 의미가 있는 것일까?
> 언어 중심주의가
> 모든 사고를 ―
> 모든 개념 · 코드 · 가치를 ―
> 이항 체계에 종속시켜 왔다는 사실은
> <남자>/<여자>라는 < 저 > 짝짓기와
> 관계가 있는 것일까?
> 엘레느 스수스

음과 양, 아니무스(animus)와 아니마(anima), 이 장의 제사(題辭)도 지적한 바와 같이, 남성 중심적 사고 속에는 세계를 남성과 여성의 대립에 의해서 분류하는 경향이 되풀이되어 왔다. 그러나 이 대립은 그토록 하나의 진실이며 근본적인 것일까? 금세기의 페미니스트 이론에서 생산된 기본적 성찰 (시몬느 드 보봐르 (Simone Beauvoir) [1] 에 힘입은 바 크고, 뤼스 이리가라이 (Luce Irigaray) [2] 에 의해서 발전했다)은 남성 중심적 사회 속의 여자는 <타자> (the Other) — 남자가 아닌 것 — 으로서 구축되어 있다는 것이다. 남자가 능동적이라면 여자는 수동적이요, 남자가 남근을 가졌다면 여자는 단지 그것이 결여되어 있다. 여성성은 남성성을 뒤집어 놓은 것이다.

이리가라이는, 이 개념을 말하자면 여성의 성별화에 적용했을 때, 여자를 축소시키는 부정확성이 생긴다는 것을 지적한다. 여자는 남자와 다르나 남자의 반대는 아니며, 여자를 남/녀 극의 한 쪽 끝에 자리하게 하는 이항 대립은 인공적인 것이며, 여자를 지식 (이를테면 철학이나 과학)이라 간주되는 것으로부터 배제하고, 어떤 특정 종류의 과학을 우위에 두고 있는 현실을 반영한다. 왜냐하면 제인 갤로프 (Jane Gallop)도 지적하는 바와 같이, 과학적 모델에 있어서는 <타자성은 이론의 일관을 간직하기 위해서 억제되어 있다. 이론의 권위는 이 일관성에 의해서 보증되어 있기>[3] 때문이다.

이 장에서는 남녀의 대립이 언어, 특히 그 분석적 구축물인 문법에 어떻게 투영되어 있는지를 보아 간다. 그것은 자연스럽고 이치에 맞는 실천인지, 여자에게 불리한 결과를 가져오지 않았는지, 지금까지의 페미니스트의 비판은 그것에 대응해 왔으며 납득할 만한 것인지 여부의 문제도 생각해 보고 싶다.

이항 대립은 언어학 속에서 특별한 지위를 얻고 있다. 소쉬르가 언어 구조의 법칙으로서 대립을 크게 강조하고, 자신도 많은 이항 대립적 구별을 세운 것을 독자는 상기할 것이다 (랑그/파롤, 공시적/통시적, 통사적/범열적). 소쉬르 이래 많은 언어학자들이 음운론을 비롯한 언어 체계의 분석에 유효하다고 생각해서 이항 대립은 제도화되고 말았다. 학생은 빠른 시기부터 언어의 이를테면 삼항

---
(1) Simone de Beauvoir, *The Second Sex*, trans. Parshley (Vintage, 1974).
(2) Luce Irigaray, *Ce Sexe qui n'en est pas un* (Minuit, 1977).
(3) Jane Gallop, 'Psychoanalysis in France', *Women and Literature*, vol. 7, no 1, p. 61.

대립보다도 이항 대립에 주목하는 것을 배우고, 몇몇 이론가들은 그것을 유지시켰고, 그렇게 하는 것이 인간 마음의 보편적 특성이라고까지 했다. 결국 이항 대립이 어쩐지 <자연스런> 것이 아니라면 왜 그것을 뒤집지 못했을까?

 이 설명에서 나오는 두 가지 문제를 떼어서 생각하는 것이 쓸모가 있다. 첫째는 많은 연구자들이 하고 있는 것처럼, 이항 대립을 실체화해야 (사물로서 다루어야) 하느냐 하는 문제이다. 언어에 존재하는 대립은 언어학적 과학이 발견한 것인가, 아니면 언어를 분석하는 간편한 방법으로서 발명된 것인가? 바꿔 말하면, 이항 대립 법칙은 언어 구조 자체에 관한 주장인가, 그렇지 않으면 언어학자가 가장 자연스럽게 생각해낸 분석적 전략으로서의 주장인가 하는 문제이다.

 둘째는 타고난 것이냐 길들여진 것이냐 하는 문제이다. 만약 정말로 대립에서 사물을 생각하는 경향이 있다면, 이것이 실제로 세계에 존재하는 대립을 반영하고 있는지 아닌지는 고사 간에, 그 경향은 인간의 마음에 생득적인 것이냐, 그렇지 않으면 키우는 방식이나 교육에 의해서 심어진 것이냐 하는 문제이다. 언어학자가 이항 대립은 생득적인 것이라고 주장할 즈음에 드는 이유는 설득적인 것으로부터는 거리가 멀어 보인다. 첫째 이유는, 이항 대립은 언어에 있어 기본적인 것이기 때문에 정신의 특징을 반영하고 있음에 틀림없다는 것이다. 이것은 확실히 순환론이다. 바로 문제가 되고 있는 점 (언어가 정말 이항 대립으로 조직된 점)을 당연한 것으로 받아들이고 말기 때문이다. 두번째 이유는 메시지의 전달을 연구하는 데 주제인 정보 이론에서 나온다. 정보 이론에서는 최대한으로 유효한 커뮤니케이션의 체계는 이항 대립을 채용한다. 어느 항이 <X냐 비X냐>의 한 항목만을 결정지으므로 정보처리가 간단하기 때문이다. 그러나 이런 생각이 기계 언어에 적용되었을 때에는 아무리 유용하더라도, 인간의 커뮤니케이션에 관한 적절한 설명은 되지 않는다. 어떤 경우, 언어학은 대단히 다른 종류의 대립을 습관적으로 동등시해 버린다. <X냐 비X냐 >하는 패턴이 알맞는 언어의 분석도 있지만, 맞지 않은 분야도 있는 것이다. 이것은 의미론 (의미)의 레벨에서 언어를 분석하는 경우에 특히 뚜렷하다.

이항 대립에 바탕을 두는 것이 가장 뚜렷한 의미 모델은 성분 분석 (componential analysis)이라 일컬어진다. 이 모델의 목적은 단어의 의미를 가장 기본적이라고 생각하는 일련의 기본적 특징으로 환원하고, 각 특징에 대해서 프라스 또는 마이너스의 가치를 가진다는 식으로 기록하는 것이다. 그래서 이를테면, <동물>이라는 말은 +animate (생물) -human (인간)이라는 자질이 부여된다. 이 이론의 대표자 중에는 이와 같은 기본적 특질은 생득적인 것이며, 이런 타입의 이항 분류는 인간의 인지에 있어서 중요한 요소라고 믿는다 [4]

생물성이니 인간성이니 하는 특질을 단어에 할당할 때에는 A 아니면 B라는 선택의 형이 됨은 분명하다. (그러나 화자가 지적 로보트에 어느 쪽에 의미 특징을 주느냐 하는 흥미로운 문제도 있다). 그러나 old (늙은)와 young (젊은)과 같은 대립의 짝을 생각해 보자. 성분 분석은 이를 (± old)라는 하나의 특질로 다룰 것이다. 그러나 이 두 개념은 사전에서는 반의어이지만, 함의의 질이 정말로 대립하는 것은 아니다. 오히려 연속해 있다고 할 수 있다. 중년의 사람이 젊지 않다 (-young) 하더라도, 반드시 늙은 사람인 것은 아니다.

Yes냐 No냐가 모든 가능성을 망라해주는 대립과, 정도 문제로서 구별하지 않으면 안 되는 대립을 동일시한 언어학자들은 언어에 농락당하고 있다고 할 수 있다. 단어가 <반대>라고 알고 있기 (사실 그렇게 배워 왔고, 대부분의 어린이들은 반의어의 형식적인 학습을 많이 한다) 때문에, 애써 그 의미의 양쪽은 체크하지 않는 것이다.

남/녀의 대립은 이 범주 속에 들어가지 않는 것임은 분명하다. 해부학적으로 말하면, 모든 생물은 숫컷 아니면 암컷이게 마련이기

---

(4) M. Bierwisch, 'Semantics', *New Horizons in Linguistics*, ed. J. Lyons (Penguin, 1970).

때문이다. 그러나 화자가 여러 가지 단어를 규정하고 있을 때에는 (±male, 남성 또는 남성이 아님)이라는 특질을 의식하는지의 여부는 모른다. 성 구별의 양끝에 분리된 생물이 지니는 특성은, 인간이 그런 생물들을 개념화하거나, 그것들에 관한 단어를 사용할 때의 의식을 반영한 것이냐 하는 문제가 남는 것이다.

±male (남자 또는 남자가 아님) : 부정적 의미 공간

데일 스펜더는 《남자가 만든 언어》 속에서 성분 분석을 이슈로 취하고, 그 실천들이 영어에서는 여자가 <부정적 의미 공간>에 희생되어 있다는 사실을 보여 준다고 주장한다. 스펜더가 인용하고 있는 것은, girl (아가씨)와 wife (아내) 같은 단어를 <-female>이 아니라 <-male>로 표시하는 방법이다.

 스펜더는 이것은 성차별이라고 올바로 지적한다. (결국 남자를 <-female>로 표시하더라도 마찬가지로 정당하기 때문이다. 성분 분석에서는, 하나의 대립이 모든 가능성을 정의하고, 모든 것이 그 대립에 대해서 프러스나 마이너스의 가치를 가지고 있으면 되기 때문이다.) 그러나 그녀가 이같은 편견이 분석자들뿐만 아니라 실제로 언어 속에도 존재한다고 느끼는 듯해서, 영어의 화자는 여자를 남자의 부정으로 분류하고 있음을 포함하는 것이다. <우리가.... 세계를... 이해하는 기본적 규칙의 하나는, 남자가 긍정성을 표시하고, 반면 여자는 어쩔 수 없이 부정성을 표시한다는 것이다.> [5] 이 주장을 지지하는 증거는 수많이 들을 수 있으며, 성분 분석의 실천이 그와 같은 증거를 형성할 수도 있다. 그러나 여성의 말은 부정적 의미를 지닌다는 것을 언어 자체의 규칙이라 주장하려 하면 문제가 까다로워진다. 그것은 단순한 용어를 (그것이 성차별적이라고 하더라도) 실체화해 버린다. -male <남자가 아님>은 그것을 만들어낸 사람의 편견을 반영하는 이론적 발명이라고 인식하는 대신, 언어학이 하나의 법칙을 발견했다는 생각은 선명한 사고라고는

---

(5) Dale Spender, *Man Made Language* (Routledge & Kegan Paul, 1980) p. 2.

할 수 없다.

　남성이 규범이고 여성은 여외라는 -male의 사용에는 거기에 내재하는 주장이 없다. 물론 그 선택이 우리의 관습적인 우선권을 반영하기는 하지만, 양극 어느 쪽인가가 +냐 -냐 하는 문제는 아니다 (관습적인 우열은 언어적인 것, 오로지 언어적인 것만을 포함하는 것은 아니다). 이런 프라스와 마이너스의 범주에 입각해서, 언어에 대한 가치 판단을 구현한다는 것은 가장 배타적인 언어학자조차도 거절하는, 이론적으로도 속악한 행위이다.

　여기서 관여하게 되는 것도 우리가 이미 언급해 온 같은 논의이다. 즉 객관적으로도, 속된 지식 또는 신념의 나타냄으로서도, 남녀라는 이항 대립을 단어의 의미 속에 짜넣어진 것으로 보는 것이 얼마나 올바른 것일까? 남녀라는 이항 대립은 정치적 영향력이 크므로 언어 이외의 분야에서도 엿보이는데, 실은 단지 오래 존속해 온 것에 지나지 않은 잘못된 이분법인지도 모른다.

　그러나 이분법은 지나치게 단순화했는지도 모르며, 언어 구조가 그것을 요청하고 있다고 주장하는 사람도 있는지도 모른다. 언어에는 이분법이 자연스럽게 갖춰져 있으므로, 우리는 남녀와 같은 말을 짝으로 해서 반의어로서 다루지 않을 수가 없다는 것이다. 이 장의 테마는 문법이나 문법가들이 어떻게 — 때로는 고의로 — 이론적 편견을 마치 언어 자체의 특징이나 되는 것처럼 납득시킬 수가 있었는지를 탐색하는 일이다. 문법이 그 방향에서 작용하는 한, 그것은 우리의 세계관까지 바꿔 놓고 만다. 페미니스트들은 문법이 짊어지고 있는 이데올로기적 작업을 폭로하지 않으면 안 된다. 반의어는 그와 같은 <조작>의 심한 예이므로 맨 처음 다루기에는 좋은 테마가 된다.

　아마도 독자들은 학교에서 배운 반의어의 개념과 그것을 예시하는 짝지음의 목록을 상기할 것이다. 이런 짝들이 인간의 마음에 생득적인 것이라면 참 이상한 일이다. 왜냐하면 그것들은 극단적으로 관습적인 것이며 이질적이며, 많은 경우 어린이로서 누가 흑백

(black and white)이 반의어인 까닭을 말할 수 있겠는가? day (낮)와 night (밤)은 한층 뚜렷이 다르지만, 때로는 (이를테면, 옷에 관해서 말하는 경우) day (낮)의 반대는 evening (저녁무렵)이 된다. North (북)와 South (남) 같은 대극적 반의어도 있으며, long(길다)과 short (짧다) 같은 의사 반의어도 있다. 이분성의 원칙이란, 생득적이라기보다는 어린이의 개념 장치에서 새겨난 것이다.

반의어는 그러므로 단일한 법칙으로서는 생성될 수 없고, 문맥에 따라 다르다. 반의어를, 단어의 의미에 관해서 사람들이 아는 바를 나타내는 것으로 사용한다든지 생득적인 것이라고 주장하는 것은 그러므로 무익한 것이다. 반의어의 학습이 강조되는 것은, 이분법의 충동은 타고난 습관이 아니며, 일상 언어라기보다는 오히려 그 사회에서 배워야 할 체계·논리·변증법에 전형적인 이차적 교화(敎化)라는 것을 보여준다. 비록 인간의 사고에 이분법의 강한 경향이 있다 하더라도, 특정 단어의 짝짓기가 생득적인 것이라고는 여겨지지 않는다. 또한 이분법적 사고가 언어나 언어적 의미의 이항적인 본질에서 생겨났다고 하기도 어려울 것 같다. 이항 선택에 바탕을 둔 성분 분석과 같은 모델은 서로 상관된 단어의 차이가 무엇인지를 아는 것을 나타내는 데도 매우 나쁘다. 단순한 <X냐 비X냐>의 선택에 의해서 적절히 설명할 수 있는 예는 매우 드물다.

이와 같이 페미니스트들이 성분 분석의 성차별을 추구하는 것은 무익한 일인 것 같다. 오히려 성분 분석과 그 대립의 체계를 근본적으로 잘못된 의미 모델로서 물리쳐야 하는 것이다. 물론 남/녀의 대립 자체가, 페미니스트들에게 문화적·정치적 관심사임은 변함이 없다. 엘레느 식수스도 지적하듯이, 그것은 많은 사회에서 기본적 이분법이라고 느낀다. 그러나 남녀의 대립에 관한 설명 거의 대부분은 언어학 밖에서 찾아야 한다. 그것은 인간 경험의 모든 영역에서 성적 이분법을 구축하려는 대단히 일반적이고도 의식적인 남성중심 사회의 사고 방식을 반영하는 것이다.

문법적 성 (gender)의 경우 : 문법과 성차별적 이데올로기

아마도 언어에 있어 남/녀의 이분법으로 가장 오래되고 가장 잘 알려진 예는 문법적 성이라는 문법 범주일 것이다. 문법적 성은 오랫동안 문법가·철학자·언어 연구가·사회 이론가의 논쟁의 표적이었다. 언어에서의 성차별에 관한 페미니스트들의 최근 논의에서도 빈번히 거론되고 있는데, 이것은 조금도 놀라운 것이 아니다.

그러나 몇 세기 동안을 두고 행해진 논쟁 속에서 문법적 성이 던져온 (언어적·정치적) 문제들은, 명확히 하려고 시도할 때마다 해결된다기보다 더욱 혼란스러워졌던 것 같다. 아래의 논의에서는 문법적 성이라는 개념을 분명히 하고, 페미니스트의 관점에서 그 역사적·현대적 논쟁을 다루고 싶다. 내가 특히 보여 주고 싶은 것은, 전통적 문법가나 언어과학자와 같이 객관적이고도 지적이라고 여겨지는 사람들의 의견이 언제나 남성 우위나 성차의 일반적인 이데올로기를 조장하고 그 영향을 받아 오고 있다는 점이다.

문법적 성이란 무엇인가?

영국의 전통적인 많은 문법 용어들처럼, *gender* (문법적 성)라는 단어도 희랍의 언어학적 전통에서 발생했다. 보통은 철학자인 프로타고라스에 그 기원을 돌린다. 이 말 자체는 <유>라든가 <종>을 의미하는 말에서 파생, 희랍어 명사를 세 가지로 분류하는 데 사용되었다. 이 세 가지란 전통적으로 남성형·여성형·중성형이라 불리워진다.

희랍어는 문법적 성을 갖는 많은 언어들 중의 하나이다. 이 남성형/여성형/중성형이라는 세 가지 방식의 분류는 단어의 의미를 암·수·무생성 (無生性)이라는 상식적으로 분류하는 것과는 일치하지 않는다. 오히려 명사나 형용사와의 일치·관사의 선택·대명사에 의한 환치·굴절 패턴 (어미 변화)에 관해서 세 가지 다른 대응을 하는 사실을 반영한다. 남성형·여성형·중성형은 단지 말의

제4장 잘못된 이분법 103

형식적 특징에 붙인 명칭이요, 단어의 의미와는 전혀 관계가 없다. (그러므로 독일어에서는 여자 아이를 나타내는 단어는 중성형이지만, 순무 (純茂)를 나타내는 단어는 여성형인 것이다).

　모든 언어가 이런 종류의 명사 분류를 필요로 하는 것은 아니다. 중국어와 같은 몇몇 언어에는 명사의 성이라 부를 수 있는 것은 전혀 없으며, 반면 아프리카의 반투 어와 같이 세 가지 유형 이상의 성을 가진 언어들도 있다. 영어는 보통 자연스런 젠더 (자연성 · *natural gender*) 라 일컬어지는 또 하나의 타입의 명사 분류를 가진다. 자연성이란 생물학적 성을 지니는 것을 지시하는 단어에만, 남성형과 여성형을 인정하는 것이다. 많은 단어들은 그 어느 쪽에도 해당되지 않는다. (또는 인간을 가리킬 때처럼, 그 양쪽을 가질 가능성도 있다. 이것은 **공통의 젠더** (통성 ; *common gender*)라 일컬어져, *friend* (친구)나 *driver* (운전사)와 같은 단어는 통성을 지닌다.) 이런 성립을 영어의 화자가 자연스런 것이라고 여기는 이유를 알기는 어렵지 않다. 자연성에는 단어의 성이 상식적 현실에 뿌리박은 것처럼 보이는 것이 있기 때문이다. 한편 순무 (純茂)에서 찬장까지 모든 것에 성을 부여하는 외국의 습관은, 영어의 화자에게는 기묘한 형태론적 변덕으로 비추이는 것이다.

　페미니스트들은 <*man*> (남자 또는 사람)은 긴 수염을 기른다는 점에서 유인원 중에서는 진귀한 존재이며, 그의 뛰어난 지성도 이 사실에 힘입고 있는 것이다>와 같은 *man*의 사용법을 관찰해서, 영어의 성은 남자에게만 자연스런 것이라고 지적한다. 이 지적은 올바른 방향에의 제1 단계라 할 수 있다. 이를테면, 대명사 환치 중의 어떤 것은 (이를테면, 배나 차는 <여성형 대명사인 she>로 받는다) 자연스런 또는 문법적인 설명보다도 문화적 설명이 필요하다는 것을 보여준다. 그러나 정말 필요한 것은 문법적 성이라는 표제에 포함되는 개념들의 비판일 것이다. 문법적 성은 성과 어떠한 관계에 있는 것일까? 왜 언어학자는 이 문제를 혼란시킬 수 밖에 없었던 것일까? 자연적인 성인 자연성은 얼마나 자연적인가? 통성은 얼마

---

(6) Women's Journal.

나 공통인가? 문법적 성은 얼마나 문법적인가?

문법적 성

문법적 성은 고대 희랍에서 현대 언어학까지 수없이 많은 논문이나 추측을 낳았거니와, 영어권의 페미니스트들에서는 그다지 거론되지 않았던 것 같다. (예를 들면, 데일 스펜더는 이에 대해서는 영어의 문법적 성에 관해서 말한 머리말 단 두 문장으로 치워버린다.) 그렇지만, 문법적인 성이 페미니스트가 거론하는 문제임은, 그 기원이나 본질이 여자의 권리와 상반하는 남자의 논의 속에서 빈번히 이용되어 왔다는 것만 보더라도 분명하다. 독일의 페미니스트 마릴루이즈 쟌센=쥬레 (Marielouise Janssen-Jurreit)는 긴 역사적 논쟁을 다음과 같이 요약하고 있다. <2천년 동안 해결되지 못한 문제이다. 그것은 명사나 대명사의 어미나 관사가 남성적 혹은 여성적이라고 간주되는 특징의 연장인가 하는 문제이다.>[7] 근년의 언어학자들은 많은 이유에서 문법적 성과 성 사이에 필연적인 연결이 있다는 생각을 거부한다. 라이온즈의 의견은 전형적인 것으로, 문법적 성은 이를테면 형·색·텍스쳐 같은 몇몇 자연스런 세계의 의미적 분류는 반영하나, 분류의 기본적 요인은 <반드시 성은 아니다>[8]라고 주장한다. 그러나 쟌센=쥬레에 의한 이 논쟁의 조사를 보면, 희랍의 철학자로부터 19세기의 언어학자에 이르는, 왕년의 언어학자들이 라이온즈의 의견에는 찬동하지 않을 것임을 아주 분명히 한다. 그러기는 커녕, 문법적 성은 자연스런 성차에 바탕을 두고 마련되어 있다는 것이 널리 믿어졌던 것 같고, 이 규칙에 대한 분명한 예외는 이상하고, 설명을 요하거나 어쩌면 개선조차 요청되었던 것이다.

그리하여 문법적 성이라는 개념의 개척자인 프로타고라스는 문법적 성은 논리적으로 일관해서 할당되어야 한다고 주장하고 그 개선을 위해서 갖가지 시도를 했다. 그는 이것 때문에 아리스토파네스에게 무시당했으며, 개선의 시도는 실패로 끝났다. 그럼에도

---

(7) Marielouise Janssen-Jurreit, *Sexism* (Pluto Press, 1982) p. 280.
(8) John Lyons, *Introduction to Theoretical Linguistics* (CUP, 1968) p. 284.

제4장 잘못된 이분법 105

불구하고 그 배후에 있던 생각은 지속되었다. 이를테면 독일의 언어학자 그림 (Grimm)은 어떠한 추상적 기준에 바탕을 두고 단어의 문법적 성이 결정되느냐 하는 문제에 맞붙었다. 그림의 이론에 따르면, 문법적 성은 자연 성별의 뒷 단계이며, 단지 생물학적 성만을 고려한 상식적 분류의 일보 나아간 모습이라는 것이다. 이 이론에 따르면, 언어가 문법적 성을 발달시키는 것은 화자가 암숫을 인식하는 단계에서 추상적인 남성성·여성성의 원칙을 가정할 수 있는 단계로 이행하고 그것에 의해서 모든 것이 분류되었을 때라는 것이다. 그림은 실제로 어느 특징이 어느 문법적 성과 일치하는지를 명기하고 있다. (여자 아이나 순무 (純茂)의 예가 있음에도 불구하고) 이런 특징들은 단어의 의미 속에 존재한다고 그는 생각했던 것이다. <남성형은 여성형보다도 빠른·큰·굳은·경직된·날쌘·능동적·유동적·생산적인 것을 의미하고, 여성형은 남성형보다도 느린·작은·매끄러운·정지·고통·수동적임을 의미한다.>[9]

이러한 연구자는 문법적 성을 설명하는 데 남녀 특징의 스테레오타입을 이용하고, 경우에 따라 문법적 성을 여자의 <자연스런> 속성을 아는 단서처럼 보고 있는 것이다. 쟌센=쥬레에 의하면, 페미니스트의 편을 드는 테오도르 히펠 (Theodor Hippel)까지도 독일어의 <이성>은 남성형이라는 이유로, 여자는 비이성적이라고 믿고 있었던 것 같다. (아마도 히펠은 프랑스에서는 <이성>이 여성형이므로 남자가 비이성적이라고 말하지 않으면 안 되었을 것이다.) 이런 타입의 논의를 당당하게 할 수 있었다는 것 자체가 문법적 성의 구별과 성차 사이의 밀접한 대응이 당연하다고 여겨졌다는 것을 보여 준다.

또 하나 당연하다고 여겨졌던 것은 세 가지 문법적 성 (남성형·여성형·중성형)의 상대적 가치이다. 몇몇 공동체에서는 언어 사용에 있어 이 서열이 여자의 열등성 또는 다른 여자와 비교했을 때의 일부 여자의 열등성을 보여주는 데 이용된다는 것이 분명하다. 인도의 언어인 콩카니 어에서는 낮은 신분의 여자는 젊거나 미혼의

---

(9) Jakob Grimm, *Deutsche Grammatik,* quoted in Janssen-Jurreit, *Sexism : the Male Monopoly of History and Thought* (Pluto Press, 1982) p. 292.

경우, 중성형의 대명사로 표시되고, 기혼의 여자만이 여성형의 대우를 받는다.(10) 이 현상을, 사회적으로 성공한 프랑스나 독일의 여자가 여성형의 <국무장관 stadtssekretarin>과 같은 타이틀은 여자들을 격하하는 것이므로 받아들이기 힘들다고 가끔 내키지 않음을 증언하는 사실과 겹쳐볼 수 있다. <....성공한 마담들은 이런 타이틀이 형식적인 문체에서는 나중에 여성형 대명사 il을 사용하지 않으면 안 됨에도 불구하고, le Docteur (의사), le Professeur (교수), l'Ambassadeur (외교관), le Philosophe (박사)니 하는 남성형의 타이틀로 불리워지는 것을 좋아한다.> (11) 문법적 성의 기원이 어떻든 간에, 이미 그것이 성과 아무런 관계도 없다고 말할 수는 없다. 그것이 성의 문제라고 하는 오랜 통속적 언어 전통에 의해서, 문법적 성에는 남성 중심적 가치나 관계를 표나게 하는 구실이 있다는 것이 명확히 인식되고 말았기 때문이다.

자연성

여기까지는, 문법적 성은 실제로 자연스런 것이며 성차의 불변의 현실을 반영한다는 주장에 초점을 맞춰 왔다. 그렇지만, 최근에 이르러서 영어권의 언어학자들이 <자연>스런 문법적 성과 성차별적 사회의 현실의 관련을 부정함에 따라서, 이 주장도 아주 대조적인 방향으로 향하게 되었다.

이 입장을 표명한 예로서 유명한 것은 하버드 대학의 언어학 교수진의 것이다. 신학과 학생이 신을 가리키는 데 남성형 대명사를 사용하는 것에 대해서 항의했을 때에, 17명의 교수진은 그녀들이 교묘하게 <대명사의 질투>라 이름붙인 현상에 관해서 <하버드 크림슨>에 다음과 같이 의견을 발표했다.

언어에서의 문법적·어휘적 대립 중의 많은 것들은 동등한 요소의 짝이 아니라, 한편이 다른 한편보다도 유증인 (marked) 두 요소 사이에 엿보이는 것이다. ...영어의 사람을 가리키는 어구나 대명사에

---
(10) Ibid., p. 297.
(11) Anne Corbett, 'Cherchez la metaphor', *Guardian*, 18, Feb. 1983.

서는 남성형이 무증이며, 그래서 남성형이 중립적 혹은 무지정의 단
어로 사용되는 것이다. … 영어에서 남성형이 무증이라는 사실은
(혹은 튀니카 인디언 언어에서는 여성형이 무증이라는 것은) 단지
문법의 특질 문제인 것이다. [12]

이들 고명한 학자들이 상당한 지적 노력을 기울여서까지 이같은
선언에 의해서 그 권위를 과시하지 않으면 안 되었던 것은, 그들이
이 문제에 위협을 느꼈다고 생각하지 않는 한 설명할 길이 없다.
그렇지만 이같은 상상을 빼더라도, 이 논의에는 기본적인 일관성이
결여되어서, 교양있는 신사 분들을 물리치는 것이 필요하게 되는
것이다.

유증·무증의 이론 (marking theory)는 문법적 성에 관한 논쟁에
서 가장 새로운 주목을 받고 있는 이론이다. 뒤브아와 크라우치 같
은 페미니스트 연구자들조차 그 기술적인 마력에 빠져서, 언어학자
아닌 여자들에 관해서 도리어 냉소적으로 말한다.

언어학자가 아닌 여자들이 유증·무증의 이론을 이해할 수 없다
는 것은 어쩔 도리 없는 일인지도 모른다. 이 이론은, he는 어떤
문맥에서는 성에 관해서 무증이지만, 다른 문맥에서는 유증임을
설명하고 있는 것이다. 현재에 이르러서도 여전히 <같은 기호를
어느 때는 전 인류를 가리키는 데 사용하고, 다음에는 그 절반만
큼을 가리키는 데 사용한다고 하는 근본적인 어리석음>에 관한
언급이 있다는 것은, 언어에 관해서 널리 적용 가능한 이 원칙이
별로 알려져 있지 않다는 것을 보여주는 것이다. [13]

따라서 유증·무증의 이론과 그 이론의 문법적 성에의 적용에
관해서 알아 볼 필요가 있다. marking — 또는 유증·무증이라는
용어의 사용 — 은 언어적 요소가 오월의 농장의 동물 같은 것임을

---

(12) *Harvard Crimson,* quoted in C. Miller and K. Swift, *Words and Women* (Penguin, 1976) p. 92.
(13) B. Dubois and I. Crouch, American Minority Women in Sociolinguistic Perspective *IJSL,* 1978, p. 9.

암시한다. 즉 어떤 것은 다른 것보다 우위에 있다는 것이다. 보편성을 중심적으로 다루는 언어학의 흐름이 일어나고부터, 유증·무증의 이론에는 보통 어떤 요소는 언제나 다른 요소보다 앞서서 또는 빈번히 일어난다는 생각이 포함되기에 이르렀다. 이를테면 세계의 언어들에서 모음 /u/ (boot의 음)는 /y/ (프랑스 어의 lune의 음)보다 빈번히 나타난다. /y/가 있는 언어에는 반드시 /u/도 있으나, 그 역은 반드시 참은 아닌 것이다.

이 주장을 언어학자가 구축한 것이 아니라 실제의 범주라고 인정한다 하더라도, 이것을 어떻게 문법적 성에 적용할 수 있느냐 하는 것은 어려운 문제이다. 왜냐하면 남성형이 무증인 언어도 있지만, 튀니카 어 처럼 여성형이 무증인 언어도 있기 때문이다. 문법적 성은 /u/와 /y/처럼 다언어에 걸치는 계층을 이루지 않는 것이다. 그렇다면, 문법적 성에 관한 유증·무증의 이론에 관한 주장은 개개의 언어에 관해서 이루어지는 셈이다. 이 것은 무엇을 의미하는 것일까?

지금까지의 언어 분석에서 유증·무증의 사용을 보면, 언어학자들은 어떤 변항을 유증으로 하고, 다른 것을 무증으로 하는 것을 정당화하기 위해서, 보통 세 가지 기준을 이용한다. 첫째는 총칭적으로 사용되는 능력이다. 즉 유증의 변항을 포함하거나 포섭하고 있다는 기준이다. 그러나 문법적 성에 관한 한 이것은 순환론이 되고 만다. he가 무증인 것은 그것이 총칭적이기 때문이며, he가 총칭적인 것은 그것이 무증이기 때문이다. 이 설명으로는 앞으로 나아갈 수가 없다. 무엇이 총칭적으로 사용된다는 것은 어떤 요인들이 결정하는 것일까? 그것들은 전적으로 언어적인 것일까?

어떤 것을 무증으로 하는 제2의 기준은 의미의 비교적 중립성이다. 그러나 문법적 성의 경우, 사회적인 가치 판단 이외에 이것을 결정하는 것이 있을 것인가? 도대체 누구에게 he는 she보다 더욱 중립적으로 들리는 것인가? 그리고 왜 그런가?

셋째로 발생 빈도의 기준이 있다. 어떤 것이 같은 환경에서 일어날 수 있는 다른 것보다도 빈번히 사용된다면, 언어학자들은 그것이 다른 것과의 비교에 있어 무증이라고 말하는 것이다

여기서 우리는 영어의 성은 문법적인 것이 아니라 자연적인 것이다, 즉 단어의 형식적 특징이 아니라 의미에 의해서 결정되어 있다는 문법서의 단정을 상기하지 않으면 안 될 것이다. 만약 이 설명이 올바르다면 (영어가 프랑스어나 독일어와 같이 문법적 성을 갖지 않으면 안 될 이유는 없으며, 뒤브와 크라우치도 이 점을 인식하지 못한 것은 아니다), 남성형·여성형 대명사의 상대적 빈도를 보편적 문법 규칙에 의해서, 나아가서는 자의적인 문법 규칙에 의해서도 설명할 필요가 없게 되고 마는 것이다. 문법적 성이 지시물의 성이라는 언어외적 문제에 의해서 결정되어 있다면, 남성형 대명사가 여성형 대명사보다도 많이 사용되고, 남자는 총칭격·중립적이요 특별한 지정을 받지 않는다는 것도, 언어외적인 정당화가 필요하게 된다.

그리고 실제로 그와 같은 설명 자체가 하버드의 고수진에게 최후의 쐐기를 박고 마는 것이다. 페미니스트의 조사에서 가장 철저하게 연구되어 온 현상의 하나는 규범 문법 속의 성차별적 실천인데, 무증의 *he*의 근저에 있는 것도 이 규범 문법이다. 적어도 트마스 윌슨이라는 사람이, 남성형 명사·남성형 대명사의 우위를 주장한 1553년 이래, 문법가들은 현재도 일상 언어에도 존재하는 층칭적이고도 지시되어 있지 않은 지시물의 단수형으로서의 they의 사용 (이를테면, you can't blame a person if they get angry about sexist grammar)을 소멸하려고 해 왔다. 존 커크비 (John Kirkby)의 1746년 ≪문법 규칙 88개조≫ *(Eighty Eight Grammatical Rules)*에 의하면, 남성형은 여성형보다도 포괄적이라고 되어 있고, 이 견해는 *he*가 법률적으로 *she*의 의미로도 사용된 법령전집이 나온 1850년까지 계속되었다. (그러나 이런 종류의 정식화는 이를테면 사람 (person) 또는 시민 (citizen)으로서의 권리를 주장했을 때, 그 정의로부터 제외될 가능성을 언제나 남기고 있다.)

이런 모든 문법적 논문들에 있는 것은 (이 논문들은 안 보딘 Ann Bodine에 의해서 포괄적으로 다뤄져 있다) [14] 언어의 규칙이 아니라 자연의 법칙에의 호소이었다. 즉 총칭적 남성형은 그 자체가 <자연성>이나 <우위성>의 미덕을 가지고 있다는 것이다. 총칭적 they도 음성 언어에서 전멸되는 일 없이 계속 사용되어 왔는데, they에는 언제나 비표준적이고도 잘못되어 있으며, 서사 언어에서는 인정되지 않는다는 낙인이 찍혀 왔다.

무증의 he는 실제로 규범의, 그것도 규범 문법의 특질이요, 분명히 이데올로기적 이유에 의해서 남성 문법가들이 보강해 온 것이다. 이 일련의 사건들은 의사 과학적 언어학의 약점을 예증하고 있다. 하버드 교수진도 학문적 흥미를 발휘해서 영어의 문법적 성의 규칙을 결정하는 역사적·문화적 요인들을 탐구하고 있었다면, 자기네들의 이데올로기를 그대로 말해 버리는 잘못은 일으키지 않았을 것이다.

공통의 성 (통성)

통성 (通性)이라는 현상 — 명사가 남성형도 여성형도 되는 것 — 은 문법적 성을 갖는 언어에도 자연스런 젠더를 갖는 언어에도 보인다. 영어에서는 *person* (사람)·*consumer* (소비자)·*teacher* (선생)와 같은 단어들이 통성을 가지며, 프랑스 어에서는 *enfant* (어린이)·*personne* (사람)이 통성을 가지며, 문법적으로는 전자가 남성형이요 후자가 여성형이지만, 지시문의 성에 입각한 형용사 등의 일치가 필요하게 된다. 그러나 통성도 얼마나 평등한 것일까? person (사람)과 같은 단어가 문맥에 의해서 남성형의 해석도 여성형의 해석도 가능함은 분명하지만, 통성 명사가 성적 불균형을 나타내는 경우가 있는 것이다.

신문을 닥치는대로 바라다보기만 하더라도 다음과 같은 사용법을 만날 것이다. <생존자 (SURVIVORS) 14명 그 중 3명은 여성>... <사람들 (PEOPLE)은 여론조사보다도 자기 아내 의견에 좌우되는

---

(14) Ann Bodine, 'Androcentrism in Prescriptive Grammar', *Language in Society*, 4, 1975.

듯하다.> 그러나 다음과 같은 사용법은 결코 발견되지 않는다. <생존자 14명 그 중 3명은 남성…>, <사람들은 여론조사보다도 자기 남편의 의견에 좌우되는 듯하다.>

그렇다면 통성이란 기본적으로 남성형이란 말인가? 물론 <나의 할머니는 두 세계 대전의 생존자 (survivor)이다>라든가, 마리안느와 엘리노아는 아주 묘한 사람들 (people)입니다>라고 말 못할 것은 없다. 그러나 여자를 특별한 케이스로 다루는 것이 가능할 뿐만 아니라, 어느 경우에는 분명히 의무적임에 비해서, 남자에 관해서 말하고 있을 때에는 그것이 가능하지 않은 것이다.

마리아 블랙과 로절린 카워드 (Maria Black and Rosalind Coward)는 데일 스펜더를 비판하는 논문에서, 이 현상은 우리 문화 안의 한결 일탄적인 <담론적 실천> (discursive practice)에서 파생한다고 주장한다. 이 <급화적 실천>에서는 남자는 남성적 성의 디스쿠르뿐 아니라, 일반즉 인간성의 디스쿠르도 제시할 수 있음에 비해서, 여자는 그 성만이 지상인 단 하나의 디스쿠르 밖에는 제시할 수 없다.[15] 남자는 남성성을 소거할 수 있으나 여성성은 지워버릴 수가 없는 것이다. 이것이 여자는 남자의 규범에서 예외라는 결과를 만들어내고 있다.

페미니스트들의 문제는 여자와 마찬가지로 남자에게도 자신의 성에 직면케 하고 책임을 지게 한다. 블랙과 카워드에 있어 문법적 성의 비대칭성은, 언어에서의 문법적 성에 관한 규칙의 산물이 아니라, 여성성과 남성성의 특질과 한계를 정의하기 위해서 역사적으로 발전해 온 것들을 표현하는 방법, 보통 문화적 디스쿠르라 일컬어지는 것의 산물인 것이다. 이와 같은 디스쿠르를 공격하는 데는 그것을 알아차릴 것, 그리고 궁극적으로 현실 인식을 할 즈음에 각자가 저마다의 방법으로 취하는 새로운 디스쿠르 (표현 방법)를 개발하는 일이다.

문법적 성의 변칙성을 더욱 단순하게 설명하려고 하면, 특정 장면에서 *friend* (친구)와 같은 단어를 사용하는 화자 중의 많은 사람

---

(15) Maria Black and Rosalind Coward, 'Linguistic, Social and Sexual Relations', *Screen Education* 39, 1981.

들은 <여자를 염두에 두고> 있지 않기 때문이라는 주장을 할 수도 있다. 여자를 염두에 두고 있지 않기 때문에 여자에 관해서 말하는 데 적당한 형태의 단어를 선택할 필요도 없는 셈이다. 거의 대부분의 단어가 의사 총칭적 (擬似 總稱的) 특징을 지니며, 거의 대부분의 문맥이 명사의 성을 지적하고 있지 않다는 사실만으로, 거의 대부분의 발화는 여자를 터놓고 배제하지는 않는다는 생각을 품게 하고 마는 것이다.

블랙과 카워드에 찬성하느냐 하지 않느냐는 고사 간에, 문법적 성은 분명히 페미니스트들이 재음미하지 않으면 안 되는 문제이다. 문법적 성이나 성에 대해서 우리가 품은 생각이, 이런 범주들의 일상 언어의 사용법이나 언어학자의 분석 방법에 무엇인가 영향을 끼쳐주고 있다는 것은 분명하다. 언어적인 것과 메타언어적인 것이 서로 결합해서 블랙과 카워드가 <디스쿠르>라 일컫는 그런 종류의 규칙성이 생겨난다. 이 규칙성을 언어적 관점에서만 이해할 수는 없는 노릇이다.

이것들은 모두 문법적 성과 성은 서로 아무런 관련도 없다고 하는 언어학자들의 주장이 거짓임을 보여준다. 문법적 성의 분석은 성에 대한 생각에 의해서 영향을 받으며, 성에 대한 생각을 옹호하는 모습으로 행해지는 것이다. 문법적 성의 현상은 언어의 문제에 지나지 않다는 되풀이된 주장은 기술적·비정치적 설명으로서는 받아들여지지만, 문법가들의 작업의 이데올로기적·규범적 특징을 보기 어렵게 하고 있을 따름인 것이다.

언어학자가 분석의 이데올로기적 의미에 언급하는 것을 꺼려하는 것은 일반적으로 말해서 정말이다. 이데올로기적 의미가 존재한다고 인정하는 것은 과학의 객관성, 나아가서는 언어학 자체의 과학성을 의심해 버리게 되기 때문이다. 언어학자가 정치적 문제에서 거리를 두는 방법의 하나는 랑구와 같은 이론적 허구를 유지하는 일이다. 그렇게 함으로 해서 현실 세계의 사회 관계나 역학 관계 속에 있는 화자의 의지를 반영한 행위가 아니라, 체계를 문제로 삼

제4장 잘못된 이분법   113

고 있는 것이라고 재인식할 수 있기 때문이다. (그렇기 때문에, 하버드 대학의 교수진이나, 뒤브아 크라우치 같이, 언어는 그것을 말하는 인간으로부터 독립해서 언어 자체로서 존재하고 있는데, 화자가 언어에 <불필요>한 변화를 요구하고 있다고 해서 나무라는 어리석은 일이 일어나는 것이다.) 거리를 유지하는 또 하나의 방법은 지금까지 보아 온 바와 같이 역사를 무시하는 일이다.

그러나 문법적 분석이 오랜 역사를 가진 문화 속에서 살고 있는 우리로서는 역사는 무시할 수 없는 것이며, 우리의 언어적 전통은 압도적으로 규범적인 것이라는 현실로부터는 피할 수가 없다. 언어과학은 아주 백지에서 시작한 것이 아니며, 명사와 시제 같은 전통적 범주를 기술할 즈음의 도구로서 사용하는 것과 마찬가지로, 가치 판단이나 규범 문법적 생각이나 신화의 영향을 받고 있는 것이다. 우리는 언어 과학은 편견에서 자유스러워진다는 생각을 버리고, 언제라도 언어학을 검토하고, 가치 판단이나 규범 문법적 생각이나 신화의 증거를 찾아내고, 그 이데올로기적 의미를 알 용의가 있어야 한다. 문법이라는 것은 다른 모든 메타언어적 실천과 마찬가지로, 남성 중심적 학계를 통해서, 여자의 압박과 강하게 결부되지 않을 수 없는 것이다.

이 장에서는 문법의 성차별을 다루고, 언어 속의 성차별적 속성과 언어학자의 분석 방식에 대응해서 언어에 투영된 성차별을 나누어서 생각하도록 시도했다. 이 분리는 용이한 작업이 아니다. 왜냐하면 메타언어학적 실천이 때로는 언어 자체에 상당한 영향을 끼쳐 주기 때문이다. 이것을 염두에 두고서, 다음에 <언어 자체>에 눈을 돌려, 언어 개혁에 관한 페미니스트의 생각을 살펴야 한다.

제5장 개혁을 일으키다
— 성차별적 언어를 정의할 수 있는가?

제5장　개혁을 일으키다
― 성차별적 언어를 정의할 수 있는가?

> 깊은 레벨에서의 언어 변화는 사회적 관습의
> 광범위한 변화를 경고하므로 의협적이다.
> 캐시 밀러와 케이트 스위프트

　앞의 장에서는, 언어학자의 언어 분석 속에 나타나 있는 성차별에 관해서, 그 영향력도 만만치 않지만, 이런 성차별은 언어 자체에 내재한 것이 아니라 기본적으로는 언어학자가 사용하는 메타시스템 속에 존재하고 있다는 것을 보아 왔다. 그렇지만, 이 장에서는, 말하자면 언어 자체 속에 존재하기 때문에 페미니스트가 오히려 일상적인 문제로 생각해 온 성차별을 다룬다. 무엇보다도 페미니스트의 언어 개혁의 이론과 실천을 논한다.
　언어의 성차별이라는 연구 주제는 (나는 지금까지대로 주로 영어에 관해서 말하겠는데, 언어에 따라서 성차별의 유형이나 정도는 다르다), 페미니스트들에 의해서 시작되고 연구되어 왔다. 그들이 사용한 이데올로기적 틀은 단순 명쾌하다. 간단히 말하면, 우선 어떤 언어의 어휘나 문법 구조 등은 여자를 배제하고 모욕하고 격하하는 특징을 가진다는 가정에서 출발하고, 다음에 문제가 되는 특징들을 동정하는 것이다. 비대칭성을 설명하기 위해서 언어 변화의 기저에 있는 메카니즘을 가정하는 연구자도 있는가 하면, 내가 앞의 장에서 제시한 바와 같이, 규범적 과정을 집중적으로 연구하는 사람도 있고, 또 사회학적 조사의 도구로서의 언어에 관심을 가지고서 단어의 정의나 사용법의 변화를 여러 형태의 여자의 종속에 관계붙이는 사람도 있으며, 불쾌한 언어 형태를 소거하고 개선하는 언어 변화를 제안하는 것이 책무라고 보는 사람도 있다.

이런 종류의 <언어 정화법>은 주목을 받아 왔다. 수년전만 하더라도, 그런 것은 조금도 생각하지 않던 많은 사람들이, 지금은 <성차별적> (sexist) 언어와 <비성차별적> (non-sexist) 언어의 존재를 믿고 있으며, <비성차별적>이라는 딱지를 받은 표현 방법이 매스컴에서도 갈수록 사용되기에 이르렀다. (이를테면 어느 날의 아침 신문을 훑어보기만 하더라도, 총칭적 *he*를 *he or she*로 바꾸어 놓을 것인지 they로 바꾸어 놓을 것인지 하는 기사라든가, *angry young men and women* 또는 *spokeswomon*이라는 말이 눈에 뜨인다.) 이같은 인식이나 언어를 변화시키려고 하는 의지는, 여성 해방 운동으로부터의 압력이 없었다면 눈에 뜨이지 않았을 것이다.

물론 많은 기관이나 개인은 — 아마 거의 대부분이 — 성차별적 언어를 계속 사용하고 있으며, 성차별적 언어의 사용을 옹호하고 있다. 그렇지만, 성차별적 언어를 계속 사용하고 있는 데 대한 논의는 변하지 않을 수 없었다. 남자의 편견이 존재하는 것을 부정하는 대신에, 문법에 맘대로 손을 대선 안된다든가, 비성차별적 언어 형태는 미적으로 뒤져 있다든가, 심지어는 의식적 언어 변화는 모두 1984년에 시작했다는 이유를 들어, 언어를 바꾸는 일에 반대하게 되었던 것이다. <사회적 범죄에 대한 페미니스트의 공격은 필요한 동시에 정당한 것이었다. 그러나 언어에 대한 공격은 단순히 또 하나의 범죄를 저지르고 있음에 지나지 않았다. 그것은 커뮤니케이션의 방법과 희망에 대한 죄이다.>[1] 또 다시, 범할 수 없는 전통을 가진 신성한 제도로서의 <언어>라는 개념이 등장하고 있다. 여기서 <언어>는 그 사용자와는 별도로 공격할 수 있는 것인데, 그와 같은 공격은 커뮤니케이션을 불가능케 하는 비참을 초래한다는 것이다. 이와 같이 언어를 무엇인가 영원히 변하지 않고, 자립

---

(1) Stephen Kanfer, 'Sispeak', *Time*, 23 Oct. 1972.

하고 공평한 것'라고 생각한다면, 언어는 누구의 것이며, 언어 변화는 누구의 전통이 공격되었기 때문이냐 라는 물음은 나오지 않는 것이다. 이 장에서는 B·로 이같은 문제들을 묻지 않으면 안 된다. 언어 사용에서의 남자의 편견은 순수히 문법적인 것이기 때문에 문제가 되지 않는다고 말하고서, 어깨를 으쓱하는 것만으로는 아무것도 되지 않는다.

분명히 이것은 페미니스트에 큰 문제이다. 지금은 거의 대부분의 여자가, 영어는 여자를 모욕하고 배제하고 격하한다는 것을 충분히 인식하고 있다. (남성형 대명사의 보편화·여자에 대한 모욕어·남성 중심적 성명·일을 가진 여자를 격하하는 어미사 (authoress)·boy가 사용될 수 없는 문맥에서도 girl이 사용되는 일·blonde (금발)가 여자를 총칭해서 쓰이는 일 등등.) 이 책에서 다시금 모든 것들을 반복할 필요는 없다.

그렇지만, 여기서 논의될 필요가 있는 것이 바로 어째서 이런 언어 사용이 모두 그렇게 불쾌하게 느껴지느냐 하는 점이다. 그것은 단순히, 남자가 여자를 속죄양이나 비존재로 보는 것을 불쾌하게도 상기케 하기 때문인가? 아니면 적극적인 해를 끼치고 있는 것일까? 언어 개혁을 통해서 소멸시킬 수는 있는 것일까, 또 할 수 있다면 우리는 그렇게 해야 하는 것일까?

이런 물음들은, 페미니스트 자신들도 일치된 대답을 갖지 않는다는 점에서 특히 흥미롭다. 페미니스트들에게도 일단은 공통된 의견이 있어 보이지만, 표면 상의 단결은 환상으로 끝난다. 즉 페미니스트들 거의 대부분은 성차별적 언어는 나쁜 것이라는 점에서는 일치하나, 그 이유들이 되고 보면 무척 다르다. 특히 중요한 것은, 언어를 <증후적> (symptomatic)인 것으로 보는 사람들과 <인과적> (causal)으로 보는 사람들 간의 차이이다.

<증후>파는, 성차별적 언어는 하나의 증후이며, 전혀 의도 없는 상스러움도 있다고 생각한다. 그것이 부주의나 무지나 태만에서 생겨나는 것이라면, 언어 개혁에 의해서 고치는 것이 가능하다. 언

어 개혁자의 일은 (a) 화자의 주의를 불쾌한 언어 형태나 그 언어 형태가 나타내는 기저의 편견에 향하게 하고, (b) 그렇게 해서 성차별적 언어를 알아차린 화자가 대신으로 사용할 수 있는 비성차별적 언어 형태를 제안하는 것이다.

비성차별적 언어의 포괄적 입문서의 저자, 캐시 밀러와 케이트 스위프트는, 이 <증후적> 경향의 견해를 잘 대표한다.[2] 그녀들에게는, 성차별적 언어란 시대에 뒤진 쓸 데 없는 것이며, 보수주의자 이외의 누구라도 자진해서 배제하고 싶어한다는 것이다. 단순한 습관만이 그것을 지탱하는 유일한 힘이라는 것이다. 밀러와 스위프트는 초기의 저서 ≪언어와 여자≫ (words and woman)[3]에 (새로운 시대의 새로운 언어)라는 부제를 붙인 것을 보면, 우리는 이제 포스트페미니스트의 세계에 살고 있으며, 그녀들의 작업은 언어가 그 앞선 사회를 따라잡는 데 도움을 주는 것이라는 낙관적 견해를 취하는 듯하다. 밀러와 스위프트는 상식이나 <사실>에 강하다.

> 여론은, 사실에 바탕은 둔 정보를 퍼뜨리는 사람들을 의지하며, …… 그녀들의 발언은 연구 조사처럼 정확한 것이며, 언어의 양식 있는 사용이 그것을 가능케 한다고 생각한다. 영어의 관습적인 사용법이…… 여자의 행동이나 공헌, 때로는 존재까지도 애매하게 한다는 것을 우리가 안 것은 겨우 최근의 일이다. 물론 이 사실에서 눈을 돌릴 수도 있으나, 그같은 선택은 어린이에게 지구는 평평하다고 가르쳐 주는 것과 같은 것이다.[4]

바꿔 말한면, 성차별적 언어는 사실을 왜곡하므로 비난받아 마땅하다. 일단 이 놀라운 사실을 알아채면, 상식 있는 사람들은 이내 자기비판을 하고 개선에 힘쓸 것이다. 이 편견이 정화되면, 우리

---

(2) C. Miller and K. Swift, *The Handbook of Non-Sexist Writing* (Women's Press, 1980).
(3) C. Miller and K. Swift, *Words and Women : New Language in New Times* (Penguin, 1976).
(4) Ibid., p. 8.

언어는 정말 <양식 있는> 사용자의 입에 오르게 되고, <정확한> 정보를 퍼뜨리게 된다는 것이다.
 나는 여기서, 밀러와 스위프트의 중요한 연구를 과소평가할 생각은 조금도 없다. 특히 그녀들이, 언어를 비성차별적으로 바꾸어 말하는 사용법을 상세히 검토하고, 가장 상상력이 없는 글쓰는 사람이라도, 선의가 있다면, 조잡한 문체를 사용하지 않고 품위 낮은 편견을 없앨 수 있도록 했다는 점은 평가한다. 그렇지만, 밀러와 스위프트와 마찬가지 이유에서 비성차별적 글쓰는 방식을 지지하는 사람들의 입장은 이론적 개혁주의이며, 이 생각은 많은 개선의 여지를 남기고 있다. 이 이론적 개혁주의와 그 배후에 있는 언어에 관한 가정에 비판을 가하는 것도 이 장의 독적의 하나이다.
 근년에 이르러서, <증후파>의 개혁주의는 다른 페미니스트들로부터 두드러지게 비판을 받고 있다. 이를테면 데일 스펜더가, 언어는 여자의 억압을 나타내는 증후가 아니라, 오히려 언어가 여자의 억압을 일으키고 있다는 생각의 지지자로 널리 알려져 있다. 여자를 격하하고, 배제하고, 모욕하고, 세계에서의 여자의 종속적 지위를 알려 주는 것은 언어를 통해서인 것이다.
 이같은 <인과>적 경향은 또 언어 속의 성차별이라 여겨지는것의 경계를 넓혔던 것이다. 밀러와 스위프트는 개선의 목표를 뚜렷하게 정의한다. 총칭적 남성형 대명사, 차별적인 직업의 명명, 성인 여자에 사용하는 *girl* 등이다. 데일 스펜더라면 모든 단어들은 성차별적이라고 주장할 것이다. 단어의 의미들은 남자에 의해서 고정되고, 남자가 여자를 싫어하는 것을 구현하기 때문이다.
 언어적 성차별은 여자 억압의 원인이냐 아니면 결과이냐, 언어적 성차별의 경계를 어떻게 규정할 것이냐 하는 문제는, 최종적으로는 누가 언어를 지배하고 누가 언어로부터 소외당하는가 하는 언어와 현실에 관한 논의와 결부된다. 이 논의에 관해서는 다음 두 장에서 상세하게 검토할 것이다. 그렇지만, 이 장에서는 개혁파와 급진파 양쪽을 괴롭히는 언어 현상, 즉 누구의 눈에도 분명 성차별적이요, 조직화된 개혁 운동의 목표가 되는 언어 현상에 국한할 것이다. 특히 비공시적으로는 개인적인 <교정>이나 신조어, 그리고 조직적으로는, 사전이나 메스컴 등에 대한 개선의 요구를 통해서 페미니스트들이 어떻게 성차별을 공격하는지를 보고 싶다.

페미니스트들이 언어의 성차별을 문제삼을 때는, 두 가지 방향으로 나아가는 경향이 있다. 문제되는 분야가 뚜렷하면, 그 언어적 사실의 역사적 의미나 정치적 의미를 끌어내고, 언어적 실천에 있어 어떻게 언어를 변화시킬 것인지를 고려한다. 이런 언어 변화는 흔히 매우 창의적이다. 단어의 함의를 재평가한다거나, 옛 의미를 채용해서 그 의미를 <교정>한다거나, 그 철자나 형태를 변화시키는 수도 있다. 페미니스트들은 단어에 싸움을 거는 수도 있고, 새로운 단어를 도입하는 수도 있다. 페미니스트들에 의한 이런 파괴적 메타언어학은, 언어를 이해하고 조작하고 싶다는 바람에서 생긴 것이며, 많은 사례를 사용해서 예증할 수 있다.

모욕 : 여자에 대한 언어적 폭력

많은 평론가들이 지금까지 지적해 온 바는 남자보다 여자를 모욕하는 말이 많고, 일반적으로 말해서 타부어는 남자의 신체보다 여자의 신체를 가리키는 경향이 많다는 것이다. 그리하여 이를테면, cunt (여자 성기)라는 말은 prick (남자 성기)보다도 강하게 타부시되며, 타부로 되어 있는 유의어도 prick보다 많다. 남자를 가리키는 bugger (<남색가>에서 전이해서 <하등 남자>)나 arsehole (<엉덩이 구멍>에서 전이해서 <얼빠진 사나이>)가 모욕적인 것은, 이런 말들이 호모섹슈얼리티를 함의하기 때문으로, 호모섹슈얼리티는 그 자체가 타부일 뿐만 아니라, 여성성과 결부되어 있기 (즉 남자를 여자로 간주하기) 때문이다.

이와 같은 비대칭은 헤아릴 수 없이 많다. 여자 전체를 성의 먹이로보는 ass (엉덩이), tail (꼬리), crumpet (둥근 빵), skirt (치마),

flash (섬광) (이런 의미가 전이해서 성교나 성교의 대상으로서 여자를 가리킨다)와 같은 단어들은 있으나 이에 해당하는 남자의 단어는 없으며, slag (쓰레기)에서 전이해서 <몸가짐이 나쁜 여자>, tart (<과일이 곁들인 빵>에서 전이해서 <매춘부>), nympho (<님프>에서 전이해서 <여색정증>), prickteese (남성 성기를 조롱하는 의미로, 성교에 있어서 남자를 흥분시킴에도 불구하고 자신은 <끝까지 가는 것>을 거부하는 여자에 대한 모욕어)에 해당하는 남자의 단어도 없다.

아마도 이것은 남자에게만 관용한 이중 기준이 있으며, 일반적으로 성교가 이성 간에 행해진다는 사실과 관련이 있을 것이다. 여자에게는 성적 욕망이 없다고 여기므로, 여자가 욕망을 갖는다는 것을 나타내거나, 남자의 욕망에 응하지 못하면 비난당하는 것이다. 한편 여자는 매춘부라고 모멸당한다. 쥴리아 스탠리 (Julia Stanley)는, 영어의 화자에게는 매춘부란 <전형적 여자 paradigmatic woman>라고 말한 바 있다. 매춘하는 남자들이 이에 버금할 만큼 풍부한 용어들로 불리워진 일은 없다. 결국 그들은 전형적인 남자로부터는 거리가 먼 존재이기 때문이다.

그렇지만, 여자에게만 모욕어가 많다는 비대치성은 <현실의 반영>이라고 말해 버리면 그것으로 그만이다. 일반적인 언어적 과정이 비대칭을 일으키는 것인지, 그것이 여자에게 끼쳐 주는 영향에 중요한 의미가 있는지 우리는 그 여부를 생각할 필요가 있다.

뮤리엘 슐츠 (Muriel Schulz)는 이같은 비대칭성은 <의미의 타락> (semantic derogation)이라 일컫는 언어 변화의 체계적 과정에 의해서 생긴다고 주장했다.[5] tart <과일 곁들인 빵>에서 전이한 <매춘부>나, harlot<사람> <난잡한 사람>에서 전이한 <매춘부> 같은 단어는 모욕적이 아닌 성적으로는 중립적인 말에서 발달했다. (이를테면 tart는 그전에 honey 나 sweetie 같은 애칭어였다.) 이런 말들이 남자 아닌 여자와 결부되기에 이르러 부정적 함의를 띠었고, 마침내는 매춘부를 의미하게 되었다는 것이다.

---

(5) Muriel Schulz, 'The Semantic Derogation of Women', *Language and Sex : Difference and Dominance* ed. B. Thorne and N. Henley (Newbury House, 1975).

이런 타락의 과정은, 남자와 여자를 가리키는 짝을 이룬 단어 중 많은 것들에서 관찰될 수 있다. 남자의 단어가 힘·지위·자유·독립을 함의하는데, 전에는 그것과 평행해서 쓰이던 여자의 단어는 지금은 열성·의존성·부정성·성을 함의한다.

이를테면 *bachelor* (독신 남성) (자신가이며 독립해 있고 성적으로 자유로운)의 반의어는 *spinster* (독신 여성) (추하고 성적 매력이 없고 좌절된)이다. 독신의 좋은 측면과 여자가 결부되어서는 *spinster*라는 말로서는 너무나 부적당하게 보이므로, *bachelor girl*이라는 말을 새로 만들어내지 않으면 안 되었다.

의미의 불평등의 그밖의 예로서는, *governor* (힘센 통제자)와 *governess* (어린이의 일을 돌봐 주는 가난한 여자)라든지, *master* (유능한 힘센 남자)와 *mistress* (성적·경제적으로 의존하고 있는 여자)나 *tramp*(부랑자)와 *tramp* (매춘부)가 있다.

정치적으로 동기부여된 과정이 체계적으로 작용해서 언어 변화를 일으킨다는 제안은, 사회 언어학자에게도 흥미로운 것이다. 왜냐하면, 언어 변화는 함부로 생겨나는 것이 아니라, <과학적>인 방법으로 논의할 수 있는 사회적으로 중요한 변화라는 그들의 주장이 확인되기 때문이다. 그렇지만, 페미니스트들이 더욱 큰 관심을 돌리는 것은, 단어의 역사를 통해서, 우리는 적어도 어느 정도까지 남성 중심 사회의 역사를 재구축할 수 있을지도 모른다는 점이다.

그러나 여기서 멈추면, 페미니스트들이 모욕어 분석도 무엇인가를 빠뜨리게 될 것이다. 여자에 대한 모욕어들이 이렇게 많이 존재하고, 또 거의 대부분이 같은 것을 의미한다는 것은 그것이 문화적 신념에 관해서 말해 주는 이상의 중요한 의미를 지니는 셈이다. 사실, 이것은 그 자체가 사회적 콘트롤의 한 형식이다. 여기서 포르노그라피와의 유추를 할 수 있다. (포르노그라피라는 말은 <매춘부의 그림>을 의미하나, 모든 여자를 남자의 성적 노예로 환원하고 마는 언어에는 포르노글로시아 pornoglossia (포르노적 언어)라는 단어를 해당시키면 아마 좋을 것이다.) 페미니스트들은 포르노그라피를, 여자를 물건으로 모욕하는 남자의 욕망의 심벌로 언제나 보아 왔다. 포르노는 여자를 욕보이는 대상으로서 그리고, 육체의 일부 (성기)로 환원하고. 그 증벌 의식의 모양을 극명하게 역설한다. 그러나 포르노적 이미지에 관한 최근의 분석은 (이를테면 안드레아 드워킨 (Andrea Dworkin)의 ≪포르노그라피≫ — 여자를 소유하는 남자 (Pornography ; Men possessing Women))[6]이런 이미지들은 여자에 대한 폭력임을 강조한다. 그것은 여자의 자기 이미지와 태도에 대한 물리적 폭력과 비슷한 효과를 가진다. 퇴폐적인 이미지를 보게 되고, 남자는 쾌락을 위해서 여자를 구한다는 것을 알면, 여자는 자기 자신이 비천한 소모품이라고 느낀다. 남자는 여자를 상처입히고자 하며, 우리 여자는 두려워 해야 한다고 배우는 것이다.

같은 말이 성적 모욕어에도 해당된다. 성적 모욕어는 여자에 대한 언어적 폭력이며, 남성 중심 사회에서 여자의 본질적 특징 (성의 저장고·매춘부)과, 여자를 두려워 하게 하는 남자의 여자에 대한 증오를 나타낸다. cunt (여자 성기)나 slag (매춘부)가 cock (수도꼭지의 뜻에서 전이한 남성 성기)나 fist (주먹, 누군가를 치는 것의 뜻에서 전이한 남성 성기의 의미)에 관습이 붙은 이상, 이 폭력은 사소한 문제이기는 커녕, 남성 권력의 원천이요, 여자를 날마다 능욕하는 수단인 것이다.

페미니스트들은 언어에 관한 많은 회의와 강좌에서 이 문제를 논의하고, 언어적 폭력에 어떻게 대처해야 할 것인지를 물어 왔다. 몇몇 단어에 관해서 검토되어 온 해결책의 하나는 <교정한다>는 것이다. 즉 단어를 더욱 좋은 의미로 고쳐서 사용한다는 것이다. 이를테면 레즈비안 여성에 대한 경멸어인 dyke는 어느 정도 복권되었으므로, 같은 것이 cunt (여성 성기)에도 가능하다는 제안이 이루어져 왔다. cunt와, 힘이나 마력의 의미를 지니는 cunning의 연계를 지적하는 사람도 있는가 하면, cunt는 여자 몸의 가장 여성적이고도 가능성을 감춘 부분을 가리키기 때문에, 그것만으로서도

---

(6) Andrea Dworkin, Pornography : Men Possessing women (Women's Press, 1981).

이 단어에 좋은 의미를 부여할 수 있다고 생각하는 사람도 있다.

이 교정 어프로치에는 두 가지 문제점이 생긴다. 첫째로 단어의 내용 문제이다. 단어의 내용 속에는 레즈비어니즘이나 여자의 육체나 여자의 독신 상태 등처럼 재평가된 상태를 지시해서, 교정에 적합한 것도 있으나, 많은 단어들의 내용은 교정에 적합하지 않다. 여자를 몸의 일부분으로 환원하는 것 (이를테면 여자 전체를 cunts 라 부른다)은 페미니스트로서의 여자 자신에게 결코 찬사는 될 수 없는 것이다. 마찬가지로, 매춘부의 성적 의존성을 찬미할 수도 없는 노릇이다.

둘째는 의도의 문제이다. 모욕어의 의미로 중요한 것은 그 배후에 있는 의도이다. 더욱 정확하게 말한다면, 듣는 사람이 말하는 사람에 모욕을 할 의도가 있다고 느끼는 것이다. cunt나 dyke 같은 단어를 사용함으로써 남자가 의도하는 것이 폭력적이고 모욕적인 것임을 누구나 인식한다. 흑인이 우호 관계에 있는 사람에 대해서는, 백인이 그 단어를 사용할 때에 함의된 인종 차별주의를 소거하지 아니하고 자기네들을 nigger라고 부르듯이 (물론, 그렇지 않은 흑인도 수많이 있다), 여자도, 남자의 입에서 나오면 모욕이 되는 단어라도, 여자끼리 사이에서는 교정해서 사용할 수 있을지도 모르는 것이다.

언어의 여성사 : 개혁과 거절

페미니스트들이 상세하게 검토해서 결함을 발견한 연구 대상은 모욕어뿐만이 아니다. 페미니스트와 많은 단어나 철자의 관계를 보더라도, 그녀들이 언어의 의미나 역사를 강하게 의식한다는 것을 잘 알게 된다. 페미니스트 중 글쓰는 사람 대부분은, 어떤 단어가 그 언어에서 언제부터 사용되기 시작했는가, 그것은 조어인가 아니면 외래어인가, 어떠한 의미를 가지며 그 의미는 어떻게 변화했는가를 알기 위해서 빈번히 어원 사전을 참고한다.

이를테면 앞서 든 *cunt* (여성 성기)라는 단어에 관해서 이야기를 주고 받을 때에, 어떤 여성은 그 단어나 유의어는 포르노그라피의 이야기를 상기시키므로, 자신은 언제나 *vagina* (여성 성기)라는 단어를 사용했다고 말했다. 그러나 최근에 이르러서 그녀는 *vagina*가 라틴 어의 <칼집>이라는 의미의 말에서 왔다는 걸 알고서 불쾌하게 느껴 *vagina*도 사용하지 않았다. 그리고 이와 동시에, 자신은 어원에서 전에 알지 못했던 성차별의 역사에 관해서 배운 것 같다고 말했다.

그렇지만, 그밖의 경우에서는 역사는 고의로 무시되는 수가 많다. *history* (역사)라는 단어가 좋은 예이다. 페미니스트들은 곧잘 이 단어를 *herstory*로 고쳐 쓰거나 고쳐 말하거나 한다. 이것은 history라는 말이 남자의 이야기 (hisstory)를 의미한다는 생각을 반영한다. (그러므로 *herstory*는 여자의 이야기가 되는 셈이다.) 실제로는 history는 영어의 *his*와는 아무런 관련도 없다. 라틴 어 historia에서 온 것이다. 마찬가지로 페미니스트들은 *women*을 *wimmin*이라 철자한다. 그렇게 함으로서 *women* 속의 *men*의 요소를 철자 상 배제할 수 있기 때문이다. men의 요소는 실제로는 발음되지 않는 것이지만 말이다.

언어학자들은 이같은 페미니스트들의 작업에 앙달을 한다. (하버드 대학에서 <herstory>의 강좌를 열려고 한다면, 언어학과 교수진이 틀림없이 다시 법석을 일으킬 것이다.) 왜냐하면, 이같은 작업에는 일관성이 없기 때문이며, — 역사를 관여시킬 때와 그렇지 않을 때가 있다 — 어떻든 언어학자는 언어사가 현재의 영어의 화자에게 의식되어 있다그 하는 비소쉬르적 생각을 싫어하는 경향이 있기 때문이다. 그러나 페미니스트들에게는 *herstory*라는 형태를 사용하느냐 않느냐 하는 논의는 정치적인 것이다. *herstory*라는 말은, 지금까지 역사가 바로 남자의 인생의 이야기였다는 것을 많은 문맥에서 재치있고 우아하게 지적하는 데 걸맞는 말인 것이다. wimmin도 여성 해방 운동의 인기없는 <과격주의>와 결부되지 않는다면, 철자의 개량의 현명한 예로서 칭찬을 받는지도 모른다.

언어 구조나 언어사를 창조적으로 이용하는 것은 많은 페미니스트의 글의 특징이다. 메어리 데일리의 ≪Gyn/Ecology≫는 <교정해서 이름을 고쳐 붙인다>는 어프로치의 좋은 예라 할 수 있다. 데일리는 매우 교묘하게 말장난을 할 뿐 아니라, glamour (글래머), <haggard> (야윈), spinster (독신 여성) 같은 익숙한 단어들의 퇴폐한 의미를 고쳐 포착하려 든다. 그녀는 여자의 힘이 말의 정의에서 지워지고 말았다는 것을 지적하고, (이를테면 현재 영화 스타와 결부된 글래머 같은 그런 종류의 말에 의해서 표시된 마력과는 대단히 다르다), 페미니스트도 마찬가지로 의식적 재정의에 의해서 <말의 힘을 되돌려 준다>는 것이 할 수 없는 것은 아니라고 제안하고 있다.[7] 이 문제에 관해서는 이 장 후반에서 논의한다. (왜냐하면, 사회적 제도가 그 힘을 사용해서 말의 의미를 정의해 온 것과 마찬가지 방법으로 여자가 재정의하는 것은 분명히 불가능하기 때문이다.)

이미 언급해 온 <내용과 의도>의 문제와는 별도로, 데일리의 작업에는 다시 또하나의 문제가 있다. 많은 여자들이 데일리의 저서를 엘리트주의라서 읽기 힘들다고 느낀다는 점이다. 끊임없는 말장난이나 광범위한 용어의 정의가, 이내 익숙해지는 방법이라고는 여겨지지 않는다. 페미니스트들은 이런 방법이 정치적으로 어느 정도 유효한지를 주의 깊게 판단할 필요가 있을 것이다. (실제로 뒤의 장에서 보아 가듯이, 이 논의는 현재의 페미니즘에서도 중요성을 지니고 있다.) 확실한 것은 이같은 방법을, 글로는 아무리 잘 되어도, 일상적인 언어에서는 응용할 수 없다는 점이다.

어휘의 틈 : 말하는 것은 믿는 것이다

페미니스트들은 옛말에 새로운 의미를 줄 수 있는 것이 아닌가 하고 희망을 걸고 있다. 그러나 마찬가지로 지금까지 이름이 붙지 않

---

(7) Mary Daly, *Gyn/Ecology : the Metaethics of Radical Feminism* (Women's Press, 1978).

은 사물에 새로운 말을 만들어서 이름을 붙일 수 있는 것이 아닌가 하고 희망을 건다. 그것은, 성차별적 언어의 제1 원칙이 여자의 말은 부정적이어야 한다는 것이라면, 제2의 원칙은 여성성의 긍정적인 측면에 이름을 붙여서는 안 된다는 것이기 때문이다.

나는 서론에서 어드리엔느 리치 (Adrienne Rich)나 데일 스펜더도 대단히 강조하는 <이름 붙이기 ; naming>라는 생각에 언급했다. 그녀들에게는 특정의 이름이 붙기까지는 때로는 아무 것도 존재하지 않은 듯하다. 이런 주장은 극단적인 논의라고 하는 내 생각은 이미 말한 바 있다. (뒤에서 이같은 주장은 언어의 특질을 오해하는 데서 생겼다는 것을 지시하겠다). 이름은 경험에 어떤 종류의 사회적 정당성을 부여할는지 모르지만, 그렇다고 해서 이름이 없다는 것이 경험을 표현 불가능케 하는 것은 아니다. 그렇지만, 말이 없어서 이름이 붙지 않는다는 경험이 있다는 것은, 이름 붙이기라는 행위에 의해서 무엇이 이뤄져 왔으며, 남자의 관점에서 무엇이 이뤄져 왔는지를 보여 주고 있으며, 이 이유로해서 자주 페미니스트들에 의해서 논으되는 터이다.

이런 종류의 논의의 전형적인 예는 성이나 성교에 관한 말과 관련이 있다. 이를테면 이성간 성행위에 있어, 여자에게는 가장 만족스런 부분이 *foreplay* (전희)라고 흔히 일컬어지고 있다는 것은 인상적이다. 분명히 이름붙인 사람에게는 이 행위는 진짜 (즉 침입) <앞>에 온다는 의기이기 때문에, 이름붙인 사람은 남자임에 틀림없다. 실제로 *penetration* (침입)이란 말도 그것이 남자에 의해서 만들어진 것임을 보여준다 여자라면 그것은 *enclosure* (가두기)라 불렀을는지 모른다. 이제 성행위에 관한 거의 대부분의 말은 (성행위 *the sexual act*라는 말도 남자 중심의 의미의 성립을 분명히 하고 있다. 왜냐하면 단 한번의 성행위라 부르는 것이 일어나는 것은 남자가 사정을 했을 때에 일어나기 때문이다), 남자가 여자에 대해서 무엇인가를 한다는 모습으로 표현하고 있다. 예 ; *fuck* (때리다) · *pock* (찌르다) · *screw* (비뚤어 조이다). 나는 학교에서, *lover*

(사랑하는 사람)란 말은 적극적 행동을 나타내므로 여자에게는 적당하지 않다고 배웠고, 라신느의 희곡에 등장하는 열정적인 여성에게도 *mistress* (애인)이란 말을 사용하도록 배운 적이 있다.

성에 관한 어휘가 남자의 견지에서 만들어져 있다는 것은 누구의 눈에도 분명한 일이며, 페미니스트들은 여기서도 다른 분야와 마찬가지로 분명히 불만을 말해 왔다. 언어의 사회학적 분석 저 편에는 개혁의 가능성이 초조하게 가로놓여 있다. 그러나 어떠한 진보적인 정치 운동에도 영어 어휘의 철저한 제도적 개혁은 대단히 곤란한 일이거니와, 우리는 이제 그 수많은 이유를 보아가지 않으면 안 된다.

단어의 보급 : 문지기들

말의 역사에는 공통된 몇 가지 과정이 있다. 없어진 말도 있으며, 옛말이 새로 조합된다거나 (*palinony*나 *denationalise* 처럼), 외국어에서 들어온다거나 (*creche*처럼), 조어자가 상상력을 구사해서 만들거나 함으로 해서 발명되는 말도 있다. 말의 의미는 (여기서는 사전에 기재된 의미를 가리킴) 영원히 같은 것은 아니며, 점진적으로 변화한다. 그 이유의 하나는 사람들은 사전을 통해서 대부분의 단어를 배우는 것이 아니라, 단어가 특정 문맥에서 사용되는 것을 듣고 그 의미를 추정하기 때문이다. 단어가 <정말로 의미하고 있는> 바에 관해서는 사람에 따라 저마다 모두 조금씩 다를 것이다. (신문에서 논의된 최근의 예를 취하면) 많은 사람들이 *prevaricate* (둔사)라는 단어를 읽고서, 그것이 <잡아 늘이는, 시간을 버는)이라는 의미라고 추론한다면, 이 의미는 사전에 실려 있는 prevaricate 에 대항하게 될 것이다. *prevaricate*의 <진짜 의미>는 <잡아 늘이다>가 아니라, <거짓말을 한다>라고 화자에게 일러 주더라도 소용이 없을 것이다. 단어의 의미란 궁극적으로는 집단이 그것을 회화 속에서 사용하는 방법의 문제이기 때문이다. 화자가 사전을 강제적으로 사용당하지 않는 한, 단어의 의미는 문맥적 추론에 의해서 결정되고, 실질적으로 계속 유동할 것이다.

그렇지만, 의미 변화란 마법과 같이 일어나는 것으로, 집단 심리 이외의 아무것도 건드리지 못한다고 생각하는 것은 잘못이다. 새로운 의미나 새로운 단어가 사회에 받아들여지느냐 않느냐의 문제는, 그것을 보급시키기 위해서 어떤 수단이 존재하느냐에 따라 어느 정도 좌우된다. 이 점에서 매스 미디어는 강력한 영향력을 가지며, 교육 역시 그러하다 (교육계에서는 최근 *infer* (추정하다)와 *imply* (암시하다)과, *disinterested* (관계가 없는)과 *uninterested* (관심이 없는) 같은 의미가 비슷한 짝을 하나로 하려는 움직임에 대해서 반대하는 것이 어려워지고 있다). 사전 역시 단어가 <의미하는 바>의 포괄적 기록은 할 수 없다 하더라도, 단어의 하나의 정의를 다른 정의보다 정당화하는 행위에 의해서 혹종의 구실을 맡아한다.

여기서 중요한 것은, 페미니스트들에 의한 의식적 언어 개혁이든, 여자의 경험이나 의식의 변화에서 <자연스럽게 생기는> 언어 변화이든, 언어 변화라는 것은 그밖의 사회적 압력과 인연이 없는 게 아니라, 언어란 의미적 우위에의 자유 경쟁 시장이라는 점이다. 페미니스트들이 생각해낸 어떠한 새로운 단어도 언어 사용의 공적 분야에서 제도화되기 위해서는, 매스 미디어·교육·사전 편집자와 같은 중립에서는 거리가 먼 수많은 <문지기들>을 통과하지 않으면 안 되는 것이다.

매스 미디어는 새로운 단어나 나아가서는 새로운 개념 — *sexism* (성차별주의), *sexual harassment* (성적 혐오), *battered wives* (남편의 폭력에 떠는 주부), *male chauvinism* (남성 절대주의)를 퍼뜨림으로써 여자 편에 서는 수도 있었다. 한편 *unwaged* (무보수), *double loaded* (이중 부담), *heterosexim* (이성간 성애주의), *male violence* (남성 폭력), *patriarehy* (가부장제)와 같은 단어들은, 매스 미디어가 별로 적극적으로 거론하지 않았기 때문에, 여성 해방 운동 이외에는 먼저 든 단어들만큼 널리 알려져 있지 않다는 점은 중요하다. 다시 나아가, 매스 미디어는 Ms.나 *person*이나 심지어는 *feminist* 같은, 여자의 입장을 개선할 목적에서 안출해 낸 단어들을 타락시키는 데도 커다란 구실을 했다.

교육도 비성차별적 언어의 성장을 늦추는 요인이라고 여겨진다. 총칭적 *he*에 관한 규범적 규칙은 <문법적으로 올바른> 것으로 보강되어 있으며, 많은 교재에서는 지금도 페미니스트들이 문제 삼아 거론하고 싶어지는 것만을 예시하고 있다.

이에 비하면, 사전은 태반의 영어 화자에게는 관계 없는 것이므로 많은 점에서 영향은 적다. 그렇지만, 사전도 분명 성차별적이다. 페미니시트의 말이나 정의에 영속성·공적 인가·권위를 부여하는 것을 게을리해 왔으며, 여자에 관해서 수많은 열악하고도 불쾌한 정의들을 포함하고 있다. 진보파라고 일컬어지는 모든 사람들은 사전의 편집에 영향을 끼치는 편견을 더욱 더 인식해야 한다.

언어학의 성립 일반과 마찬가지로, 사전도 규범적이라기보다는 기술적이라는 것이 빈번히 주장되어 왔었다. 두려움이나 선호 없이, 그냥 사람들의 단어를 사용하는 그대로 그냥 기록한다는 것이다. 이 주장은 대단히 불쾌한 정의를 사전에 싣는 변명에 때때로 이용되어 왔다. *Jew* (유태인)이라는 단어는 <금전을 속이다>라는 의미의 동사로서 사전에 싣는다는 것은 반유태주의를 조장하는 것이라고 해서 반대되어 왔는데, 영어 어법의 탐구에 관심 없는 사전 편집자들은 가차없이 걷어치우고 말았던 것이다. 그러나 이 편견 없는 학문주의라는 사전의 자세는 어디까지 정말일까?

사전의 가장 중요한 편견은, 사전이 음성 언어보다 서사 언어의 방향에서 만들어졌다는 사실이다. 사전 편집자들은 현행 언어 사용을 거리나 버스 속이 아니라 도서관에서 탐색한다. 거기서조차도, 말하자면 만화나 낙서나 정치비라가 아니라, 우선 문학에서 탐색을 시작한다. 그 결과, 사전에 새로 기재되는 것은 문학자의 — 중류 계급 남자의 — 조어가 된다. 가정이나 거리의 토착어의 생명

력은 그냥 무시돼고 만다. skive (일을 꾀내서 하지 않는다)나 *moon-light* (야간의 부업을 한다) 같이 보급된 단어라 하더라도, 사전에는 실려 있지 않거나 <구어>니 <방언>이니 해서 특별한 표가 붙어 있다.

여기서는 교육 받은 중류 계급 화자의 말이 어떤 영문인지 표준어라는 전제가 되어 있다 (그러나 실제로는, 요크셔의 광부의 말이 <하나의 방언>이라면, BBC 아나운서의 말 역시 또하나의 방언인 것이다). 사전이 전제하는 것은, 비특권적인 사람들은 자기네들보다 윗 사람들이 사용하는 말을 알고 싶어하지만 (알 필요가 있을까?), 그 반대는 일어날 성싶지 않다는 것이다. 자기보다 권위가 낮은 말 같은 것은 알 필요가 없다는 말이다. 즉 사전은 지배 계급의 편견을 반영하는 것이다.

이것은, 사전에 실린 (그리고 실리지 않은) 정의들을 보더라도 분명하다. 사전이란, 어느 경우나, 단어는 한정된 수의 의미를 가지며, 그것은 문맥으로부터 독립해서 리스트할 수 있다는 환상을 조장한다. 더욱 나쁜 것은, 사전에 기재된 의미는, 객관적인 것처럼 가장되었다 하더라도, 어떠한 이데올로기를 짊어지고 있다는 점이다. 이를테면 누구에게 *woman*이라는 단어는 <약하고 힘이 없는>이라는 의미를 가질 것인가? (<여자답지 않은 머리 *unfeminine hair*>에 사용되는 바와 같은) *unfeminine*의 정의가 <여자에게 특유하지 않은>과 같은 뜻이 되는 것은 사회의 어느 집단일 것인가? 크리토리스를 <페니스에 해당하는 여자의 기본적 성기>로 보는 여자가 있을 것인가? (이러한 모든 정의들은 현재 판매되는 보통의 사전에서 취한 것으로, 아마 학생이나 잡문을 쓰는 사람들 등이 현재 참고하고 있는 정의들일 것이다.)

사전이란, 겨우 일부 사람들을 위해서 만들어지는 것이며, 그 권위는 문법적인 것이 아니라 정치적인 것이다. 물론, 그렇다고 해서 사전의 가치가 없다는 뜻은 아니다. 교육 받은 중류 계급의 언어 사용을 동경하는 사람들도 참고할 책이 필요하니 말이다. 그러나 사전은, 스스로 내세우듯이 객관적이며 포괄적인 기록은 아니다. 우리가 교육이나 사전 편찬 같은 메타언어적 과정이나 실천을 더욱 콘트롤할 수 있게 되지 않는다면, 바람직스런 신조어나 언어 변화를 보급시키기는 커녕, 단어를 우리가 사용하듯이 정의하는 것조차 어렵게 될 것이다. 바꿔 말하면, 페미니스트의 언어 개혁자들은 이와 같은 규범적 제도의 보수적 체질에 의해서 불리한 입장에 놓여 있는 셈이다.

다시 젠더에 관해서 : 여자를 보이지 않게 한다

언어 속의 성차별에서 가장 잘 알려져 있는 양상은, 페미니스트 언어학자들이 <he/man 언어>라 부르는 것이다. 이것은, 남성형 대명사를, <그가 회피할 수 있다면 누구도 그러한 것은 하지 않는다 (No one would do that if he could help it.)> 와 같이 총칭적 또는 무지정의 단어로서 사용하거나, *man*이나 *mankind*를 인간 전체를 가리키는 데 사용하는 것이다. 이 분야에 제도적 변화를 일으키기 위해서 수많은 시도가 이뤄져 왔다. 많은 페미니스트들이, 이런 대명사의 사용법은 여자를 이차적 또는 주변적 존재로 인식시키는 잠재적 영향을 사람들에게 끼쳐주는 중요한 요인이라고 생각하기 때문이다.

밀러와 스위프트는 보편적 남성형의 잘못을 다음과 같이 요약하고 있다. <영어의 표준적 사용법이 남자에 관해서 지시하고 있는 것은 남자가 인간이라는 것이며, 여자에 관해서 지시하고 있는 것은 여자는 그 아종이라는 것이다.>[8] 언어학적 실험에 의해서 밝혀진 바는, 총칭적 *man*에 접한 여자들은 의식적으로 그 지시물에서 자기들을 배제하고 있다는 것이다. 여자들은 *man*을 명확히 남자를 가리키는 말로 포착하고 있다. 많은 평론가들은 이 사실에는 언어가 단순히 불쾌하다는 것 이상의 의미가 함축되어 있다고 생각하고 있다. 즉 언어는 그 화자에게 여자는 존재치 않는다고 생각하게

---

(8) Miller and Swift, *Handbook*, p. 4.

할 수 있다는 것이다. 이와 같은 잘못된 인상이야말로, 개혁자들이 비성차별적 언어에 의해서 시정하려 하고 있는 바인 것이다.

비성차별적 언어가 존재할 수 있다는 신화

비성차별적 언어란 여자도 남자도 배제하지 않는 언어이다. 그것은 모든 용어들이 중립적이 되도록, 단어나 문장을 고치는 것을 포함한다. 이를테면 비성차별적인 문장에서는, *mankind* (인류)는 *humanity*로, *craftsman* (장인)은 *artisan*으로, *spaceman* (우주 비행사)는 *astronaut*로, *forefathers* (조상)은 *ancestors*로, *chairman* (의장)은 *chairperson*이나 *chair*가 된다. *They*가 단수 부정형 대명사로서 사용되고 (<사람을 회피할 수 있다면, 누구도 그러한 짓은 하지 않는다. No one would do that if they could help it>), 총칭적 대명사는 문장을 고쳐 만들거나 (이를테면 <아기가 운다면, 그를 안아 주시오. pick up baby when he cries >는 <울고 있는 아기는 언제나 안아주시오. Always Pick up a cring baby로 고친다.), 복수형으로 하는 (<아기들이 울면 그들을 안아주시오. Pick up babies when they cry>)것으로 가능한 한 피하게 된다.

이런 종류의 언어에는, 이전의 언어처럼 불쾌함이 터놓고 나타나 있지는 않다. 그렇지만, 이와 같은 언어에서도 진정한 의미에서 도시 여자를 사람들의 정신적인 전경 (前景)에 오르게 할 수 없기 때문에, 효과적이 아니라고 생각하는 많은 이유가 있다. 언어 개혁파들은 *spaceman* 같은 단어는 편견을 나타내는 어휘 중에서도 특별한 위치를 차지하고 있다고 느낀다. *spaceman*에는 *man*이라는 단어가 포함되어 있고, *man*의 의미는 <인간>에서 <남자>에 좁혀진 (더욱 특수화 된) 것이므로 *spaceman*이 남자를 가리키는 정도가 강해졌다는 것이다. *spaceman*이라는 단어에 의해서 암시되어 있는 것은 여자는 르켓트를 날린다거나 달 위를 걷는다거나 할 수 없다는 것이다. 그러나 일단 언어적으로 표시되어 있는 남성형의 요소 *man*이 제외되면, 사람들은 이 단어가 남자만을 가리키고 있다고는 생각하지 않을 것이다. 이와 같은 논의가 계속된다. 그리하여 여자가 비성차별적으로 할당된 *astronau*t라는 새로운 구실을 수행할 가능성이 있게 될 것이다.

*astoronaut*라는 단어에는 남성성을 나타내는 뚜렷한 표시가 없음에도 불구하고, 사람들은 이 단어를 남자만의 의미로 사용하고 있다면 어떻게 될 것인가? 실제로는, 이같은 것이 언어적으로 성의 표시 없는 단어에 일어나고 있으며, 그것을 증명할 수 있는 수많은 재료도 눈에 띄는 것이다. 이를테면, 다음과 같은 신문 기사를 보자.

> 사실 주위에 건강한 젊은 성인 (able-bodied young adults)이 거의 없으므로, 갈수록 활기를 잃어간다. 그들은 모두 노인·장애자·여자·어린이를 남긴채, 일하러 가거나 일을 찾아 나선다.
>
> 선데이 타임즈

> 이웃으로부터 인종적 학대를 받은 한 유색 남 아프리카인이 낫을 들고 소란을 피워 이웃의 아내를 살해한 사건을, 어제 버밍엄의 크라운 재판소가 신문했다.
>
> 가디언

이런 예들에서는, 성에 관해서 명시적 언어 표시가 없는 두 구절 —건강한 젊은 성인과 이웃 — 이 남자만을 의미하는 것처럼 사용되고 있다. 첫째 사례에서는, 장애자·노인·어린이는 문구의 의미에서 생각하면 분명히 제외되어 있으나, 왜 여자도 제외되어 있는 것일까? 두번째의 사례에서는, 살해된 여성은 분명히 살해자의 이웃에 살고 있었는데, 어째서 <이웃 사람>이 아니라, <이웃의 아내>가 아니면 안 되었단 말인가?

여기서 분명한 것은, 많은 언어 사용자들이, 원칙적으로 어느 쪽의 성도 가리킬 수 있는 보통의 단어들은 여자도 기리키고 있다고는 생각하지 않는다는 사실이다. 단어는 표면적으로는 중립적일지라도, 하면 (下面)에서는 남성형인 것이다. 비성차별적 언어의 지침은, 단어의 의미는 바꿀 수 없는 채로 그 형만을 제도화했다는 점에서, 성차별 조례의 언어판과 같은 것이다. 그것은 여자에게도 정당하게 다룰 수 있다는 것을 보일 뿐, 실제로는 여자를 정당하게 다루지 않는, 순전이 표면적인 수단이었던 것이다.

언어 개혁파의 입장에서 말하면, 이것은 매우 이상하게 보이지 않을 수 없다. 지금까지 보아 온 바와 같이, 밀러와 스위프트 등도 비성차별적 언어는 음성 언어나 서사 언어를 더욱 명확히 해주는, 필요하고 오랜 동안 고대하던 교정책이라고 생각하고 있다. <중요한 것은, 의미 변화를 인식하는 편이 좋다는 것이 아니라, 명확히 표현하고, 또 이해되기 위해서도 의미 변화를 인식해야 한다는 점이다.>[9] 그러면 어째서, 이웃이나 성인처럼, 그 자체 오해를 불러일으키는 일도 없는 단어를 현실을 왜곡하기 위해서 사용하는 그런 비뚤어진 사람이 있다는 말인가?

문학의 사회학자들은 똑 같은 의문을, 이를테면 많은 여자들이 읽고 있는 로맨틱한 소설과 같은 대중 소설에 관해서 던질 수 있다고 지적했다.[10] 독자 거의 대부분은, 이런 소설들의 양식은 현실적이라고 말하겠지만, 주인공이 가지고 있는 것은, 실제 현실 생활에서 그녀들에게 해당되는 여자에는 주어져 있지 않은 것이다. 소설 속의 간호사나 비서는, 언제나 현실 세계의 급료로 생활하는 것보다도 훨신 좋은 생활을 유지할 수 있으며, 소설의 마지막에서는 자기보다 계급도 수입도 교육도 높은 남자와 결혼한다. 이것은 고의로 한 왜곡인가? 세계를 잘못 표현해서, 여자에게 그릇된 의식을 갖게 하기 위한 질 나쁜 줄거리란 말인가?

이 점에 관해서, 페미니스트의 논의는, 로맨틱한 소설의 선전적인 기능, 즉 그런 소설들이 성차별적 이데올로기를 유지하기 위해서 어떠한 구실을 한다는 것, 그리고 그런 소설들에는 여자를 잘못

---

(9) Ibid., p. 8.
(10) Cf. John Hall, *The Sociology of Literature* (Longman, 1979) 참조.

된 방향으로 인도하는 힘이 잠재적으로 있다는 점을 강조해 왔다. 그렇지만, 홀 (Hall)은 이같은 견해는 지나치게 순수하고 단순하며, 정치적으로 세련되어 있다고는 말할 수 없다고 생각하고 있다. 홀은 문학이란 현실적인 사태를 충실히 묘사하는 것은 아니라고 내비치고 있다. 문학이 표현하는 것은 현실 세계가 아니라, 그 현실 세계의 특정 부분에서 널리 믿어지는 신념 체계인 것이다. 그렇게 되면, 대중 소설은 현실 세계를 잘못 표현하기는 커녕, 독자의 이데올로기를 비춰내는 거울이라고 할 수 있다. 이 말을 기호나 표현 미디어 일반에 대해서 할 수 있다면, 언어가 현실 세계에서 일어나는 사태에 관해서 <오해를 불러일으킨다>라고 비판하는 것은, 전혀 엉뚱한 것이 되는 셈이다. 언어는 그것을 통해서 진실을 얼핏 볼 수 있는 투명한 풀이 아니라, <디스쿠르>나 <이데올로기>를 표현하는 방법이요 전달 수단인 것이다.

문화라는 것은, 실제로 일어나는 것과 진실이요 옳바르다고 믿고 있는 것과의 사이의 모순을 허용할 뿐만 아니라, 많은 경우 그러한 모순을 요구하는 듯하다. 이를테면 여자는 중노동 (중노동은 임금이 비싸다)은 할 수 없다는 생각은, 매일같이 무거운 어린이나 장바구니를 들고 있는 여자에게는 해당되지 않는 것처럼 여겨지만, 해당되는 것이다. 실금 (失禁) 노인의 뒤치닥거리를 하는 여자에게는, 불쾌하고 더러운 일은 여자에게 어울리지 않는다는 되풀이 말해진 생각은 해당되지 않는 것처럼 여겨지나, 분명히 여자들은 그런 생각을 받아들이고 있는 것이다. 오늘날 많은 여자들이 스스로 어린이를 키우는 것을 선택하거나, 어쩔 수 없이 키운다는 것은 누구나 알고 있는 바이다. 그러나 여자들은, 남자는 가족을 지탱해 가지 않으면 안 되기 때문에, 남녀 평등 임금을 좋다고는 생각하지 않는다는 것이다. 여자가 이처럼 사실을 오해하는 것은, 그릇된 성차별적 의견을 믿기 때문이라고 주장하더라도, 그것으로는 납득이 가는 설명은 되지 않는다.

밀러와 스위프트는, 언어 변화는 <사회적 관습의 광범위한 변화

---

(11) Miller and Swift, *Handbook*, p. 4.

를 경고하고 있기> 때문에 위협적이라고 생각한다.⁽¹¹⁾ 실제로, 언어 변화를 알아차리는 사람은 적지만, 언어 개혁, 즉 어떤 명확한 목적을 위해서 고의로 끼여드는 것에 대해서는 많은 사람들이 완고한 태도를 취한다. 그러나 이같은 개혁이 필연적으로 <사회적 관습의 광범위한 변화를 경고하고 있기> 때문은 아니다. 개발 도상국의 문화를 관찰한 사람의 보고에 의하면, 언어 변화는 사회 변화보다 뒤에 일어나며, 흔히 숙련된 <언어 계획가>가 필요할 정도라고 한다.⁽¹²⁾ 제도적 언어 개혁이 정말로 나타내는 것은, 새로운 <디스쿠르> 곧 사물을 이해하는 방법을 승인하려는 권력자 쪽의 일치된 생각이요, 그것은 이전의 <디스쿠르>나 이해 방식이 누려 온 불변의 진리에 도전하는 것이다.

언어 개혁의 요청에 반대하는 부르짖음이 빈번히 들리는 것은, 종래의 사물을 보는 방식에서 근본적으로 떨려나는 것이 싫기 때문이다. 이런 사람들의 수가 늘고 힘이 증가하면, 강한 보수 세력이 등장하고, 개혁은 성공하지 못하는 법이다.

이와 같은 보수주의의 원인은, 단순한 반페미니즘만이라기보다도, 사회적·정치적 대변동에 대한 두려움이다. 언어 변화에 대한 저항감은, 언어는 전체적 파악을 헛되게 하는 현상에 이름을 붙이고 (이름의 기본적 정당성은 역사에 의해서 보증된다), 그 자체 유동하는 경험 속에서 고정된 시점이 된다고 하는 인식 방법과도 관련이 있다. 그래서 인류학적 언어학자 서피어는 <주문의 마력을 가능케 하는 말과 사물의 …… 사실 상의 동일성>에 관해서 갈했던 것이다.⁽¹³⁾ 보수적 철학자인 로져 스크루턴(Roger Scruton)도 페미니스트의 언어 개혁의 제안에 관해서, <우리는 누구라도 언어를 앎으로 해서 많은 세대의 지혜를 계승한다. 인간 경험의 보고의 뼈대를 빼버린다는 것은, 우리의 가장 기본적 인식의 뼈대를 빼버리는 것이다>⁽¹⁴⁾라고 주장한다.

---

(12) Peter MühihUäusler가 이 점을 지적해주었다.
(13) D. Mandelbaum (ec.) *Selected Writings of Edward Sapir* (University of Califcrnia Press, 1949).
(14) Roger Scruton, 'How Newspeak Leaves Us Naked', *The Times*, 2 Feb. 1983.

이 책의 후반에서는, 언어의 특질 자체에 깊숙히 눈을 돌려서, 언어에 대안 위에서 말한 바와 같은 생각은 잘못이며, 사람들에게 안도의 숨을 내쉬게 하는 환상이기는 하지만, 언어 이론으로서는 지지할 수 없다는 것을 논할 것이다.

건설적인 언어

나도 다른 여자들과 마찬가지로, <he / man> 언어에 의해서 배제되어 있다고 느끼고 있으나, 지금까지 논의에서 분명한 바와 같이, 나는 세계에서의 나의 존재에 대해서 (글자 그대로) 입으로 말만 하는 비성차별적 언어라는 대안을 굳게 믿을 수는 없는 노릇이다. 그러면 내가 바라는 것은 어떤 종류의 변화란 말인가?

내가 유효하다고 믿는 전략은, 내가 이 책에서 사용하고 있는 것 — 즉 모든 부정 혹은 총칭적 지시대명사를 여성형으로 나타내는 일이다. 나 이외에도 몇몇 언어학자들이 항시 이런 실천을 하고 있다. 이것을 기묘하게 느끼는 사람에게는 건설적인 언어를 통한 적극적 차별을 실천하고 있다고 우리는 대답한다. 남자에게 he라 말하거나 쓰거나 하는 것이 자연스럽다면, 여자인 나에게 she라 말하거나 쓰는 것도 자연스러운 것이다. 비남성 중심적 세계에서는, 자신과 비슷한 인간을 떠올리는 것이 보통이 아니겠는가?

나는 이처럼 건설적인 언어가 세계를 바꿀 것이라느니 하는 그런 환상을 품고 있는 것은 아니다. 과학자가 she라 불려지게 되었다고 해서, 지금보다 많은 여자들이 과학을 전공한다고는 생각하지 않는다. 그러나 she라고 말하는 것에 대한 자기 자신 및 다른 사람들의 편견에 직면함으로써, 사람들의 의식을 높일 수는 있을 것이다.

여자가 건설적인 언어를 사용하는 데 곤란이 따른다는 것은 여전히 사실이다. (어떤 여성은 그녀의 전문이 신학인데, 에세이에서 이와 같은 언어를 사용할 수 없었다고 말한다. 신을 남자로 보느냐 여자로 보느냐 하고 다른 여성한테 질문을 받고서 <그 어느 쪽도 아닙니다. 나는 그를 절대적 지고의 존재로 봅니다> 라고 대답해 버렸다고 한다.) 엔지니어나 우주 비행사 거의 대부분이 남자라고 알고 있는데, *she*로 가리키는 것은 특히 기묘하게 느껴질 것이다. 그러나 마찬가지 모순이 *he*에 의해서 저질러져 있다는 것을 (이를테면 거의 대부분의 여자 교사나 환자에 *he*가 사용되고 있다) 우리는 알아채지 못하는 것이다.

영어에 새로운 성을 지정하지 않는 대명사를 만드는 가능성도 가끔 제안되어 왔다 (*E*나 *tey*나 *per* 등이 제안되었다). 이와 같은 대명사가 (실제로 보급되었다고 치고서) 어떤 식으로 사용되는가 하는 것을 생각해 보는 것도 흥미로운 일이다.

지금까지 보아 온 바와 같이, <중립적>인 말도 남자를 가르킨다는 것을 전제로 하는 경향이 있다. 그러므로 아마도 새로운 대명사도 남성형이 되고, 그것에 해당하는 여성형의 단어가 만들어질 것이다. 그렇지만, 더욱 가능성이 높은 것은, 새로운 대명사가 접미사 -person과 같은 길을 갈 것이라는 점이다. -person이 더터온 짧은 경로는 모든 개혁자의 참고가 된다. *chairperson* <의장 (*chairman*)의 비성차별적 대안>이나, *sportsperson* <*sportsman*의 비성차별적 대안>란 말은 *chairman*이나 *sportsman*에 대신하는 성적으로 중립된 말이 되는 것이다. 그러나 실제로는 이러한 단어들은 여자에게만 쓰이고 있는 것이다. 세실 퍼킨슨은 토리당의 *chairman*인데, 조안 루도크는 핵무기 반대 운동의 *chairperson*이란 식으로 말이다.

접미사 -*woman*에는 대단히 겸손해 하는 문맥에서 사용하더라도 독특한 분위기가 따라붙어 있기 때문에, -*person*은 -*woman*의 혹종의 완곡법으로 쓰이고 있는 것 같다. <물론, 만들어진 푸딩을 가장 충분히 만족해서 먹는 것은 *trenacherman* (대식가)이다. 여기서는 고의로 *trencherperson*이 아니라, *trencherman*이라는 말을 사용하고 있다. 왜냐하면 푸딩을 바꿀 수 있을 만큼 간단히 배를 넓힐 수

있는 여자의 trencherperson은 볼 수가 없기 때문이다> *(Sunday Times)*. 이 예에서는 화자는 페미니스트의 개혁을 거부한 뒤에 새로 제안된 말을 그 주지에 반해서 사용하고 있다. 남자가 *spokesmen*이고 여자가 *spokespersons*이라면, 여자의 존재는 명확히 사람들의 주의를 끌지 않고, 우리는 완패당해 버렸다고 할 수 있다. 만약에 언어의 교정이 가능해서 그것이 바람직하다고 여겨진다면, woman이란 말이야말로 교정할 단어의 리스트 최초에 들지 않으면 안 될 것이다.

많은 저자들이 제시한 바와 같이, 언어와 그 역사는 페미니스트들의 사회 분석의 귀중한 자료가 된다. 그러나 광범위한 개혁에는 더욱 많은 문제들이 수반되어 있으며, 그것이 언어의 작용 일반에 관한 단순한 이론에서 생기는 경우에는 특히 쓸모가 없다고 할 수 있다. 지금까지 보아 온 바와 같이 <비성차별적> 언어의 지지자들은 언어는 현실을 가능한 한 중립적이고 객관적으로 표현하기 위해서 존재한다고 믿고 있다. 그러기 때문에, 정확하게 표상하기 위해서는, 남성적 단어를 중립적 단어로 환치함으로 해서, 인류의 절반에 해당하는 여자를 포함할 노력을 해야 한다고 생각하는 것이다. 그러나 언어가 관계하고 있는 <현실> 자체가 성차별적인 이상, 이 현실에 중립적인 단어 같은 것은 존재하지 않는다. 단어란, 이것은 성차별적, 저것은 중립적, 또 저것은 페미니스트적이니 하는 식으로 언어의 국제연합이라고 할 수 있는 것에 최종적 판단을 바랄 수 있는 것은 아닌 것이다. 언어학자의 이론은 어떻든 간에, 말은 사용되었을 때에만 존재하는 것이다. 말의 의미는 각각 독립적으로 규정된 장면에서 화자와 청자에 의해서 (확실히, 어느 범위 안에서, 그러나 상당히 신축성 있는 범위 안에서) 만들어지는 것이다.

이것은 페미니스트들에게는 엄한 고언일지 모른다. 우리가 어느 단어는 좋은 의미를 갖는다 복권했다 등등 아무리 선언하더라도, 다른 사람들의 언어 사용에 영향을 끼치는 수단을 갖고 있지 않다면 (그것조차도 어느 정도까지만 가능하다), 좁은 페미니스트 세계 이외에서는 아무런 권위도 없게 되고 만다는 것을 그것은 뜻한다. 성차별자의 입에서 나오면 언어는 언제나 성차별적이 될 수 있는 것이다.

제6장 침묵·소외·억압

― 페미니스트의 언어 모델 (I)

제6장 침묵·소외·억압
─ 페미니스트의 언어 모델(Ⅰ)

…… 사고는 가장 신비스런 것이며, 사고에 무엇보다도 가장 큰 빛이 비취는 것은, 언어 연구에 의해서이다. 언어 연구는, 인간 사고의 형태가, 그 사람이 의식하고 있지 않은, 움직일 수 없는 패턴의 법칙에 의해서 컨트롤되어 있다는 것을 보여준다.

벤자민 리 워프

언어가 없으면, 사고는 애매하고 정리되어 있지 않은 성운과 같은 것이다.

페르디낭 드 소쉬르

성차별적 언어는, 언어를 사용하고 언어를 널리 퍼뜨리는 사람들이, 여자의 지위란 어떠해야 할 것인가, 즉 이류 시민이요, 보아주지도 들어주지도 않으며, 영원한 성의 대상물이며, 악의 권화라고 생각한다는 것을 가르쳐준다.

 내가 <이론적 개혁주의>라 이름붙인 관점에서 본다면, 성차별적 언어에 대한 우리 페미니스트의 반응은 분명하다. 이런 언어의 <잘못>을 폭로하고, 그걸 참고 계속 사용한다는 것을 거절하고, 필요하다면 중립적인 따라서 불쾌하지 않은 다른 언어를 제안해야 한다.

 그러나 5장에서 본 바와 마찬가지로, 이런 단순한 견지는 언어

이론으로서는 — 언어가 무엇을 하며, 어떻게 하는지에 대한 설명
으로서는 — 통용되지 않는다. 현재 많은 페미니스트들은 이론적
개혁주의를 넘어서서, 문화에 따라서 여자의 억압에서 하는 언어의
구실을 세련된 방법으로 분석할 필요를 느끼고 있다. 이런 급진적
이론가들에게는 중립적인 언어 같은 것은 존재하지 않는다. 언어의
모든 체계가 남자에 속하고 남자에 컨트롤되어 있으니까, 그것은
성차별주의에 속속드리 물들어 있는 꼴이다. 게다가, 남성 언어는
오월식 사고 컨트롤의 일종이다. 이들 급진적 이론가들은, 우리는
언어를 통해서 현실을 구축한다고 믿기 때문이다. 언어의 한계를
규정하는 사람들은 우리에게 자기들의 방법으로 사물을 보도록 할
수도 있다는 것이다.

 이러한 언어의 특질에 관한 한층 급진적인 견해는 여성 해방 운
동에 분명히 크나큰 영향을 끼쳐주게 되었다. 침묵이니 사물화니
소외니 하는 수사가 최근의 저서에 곧잘 나타난다. 언어, 아니 (비
남성적인) 진짜 여자의 언어가 없다는 사실은, 그녀들의 상황을 이
해하고 변화시키는 능력에 심각한 영향을 끼친다고 페미니스트들
은 확신한다.

 실제로 여자는 <나> (I)라고 말하는 순간, 말하는 일에서나 쓰는 일
에서 소외되어 있는 것이다. 여자가 말하거나 쓰거나 하기 위해서는
이 언어 속에 들어가지 않으면 안 된다는 사실에 의해서, 여자는 부
서지는 것이다. <I>가 부서지고 있는 이상, 통합적으로 알거나 느끼
거나 하는 능력인 <내적인 눈>(Inner Eye)도 부서진다. 이와 같이
해서 자기의 완결성을 표현하는 <내적 목소리>는 침묵하게 된다. 남
성 언어로 말하는 외적 목소리가 소외하는 언어가 되어서, 소외 속
에서 중얼거릴 따름이다.
 … 여자가 침묵을 넘어서는 것은 하나의 극한적 행위이다.[1]

 우리가 사용하는 언어라는 것, 그리고 언어도 우리를 사용한다는 것

---

(1) Mary Daly, *Gyn/Ecology : the Metaethics of Radical Feminism* (Women's Press, 1978) p. I.

을 예민하게, 불안스럽게 의식하면, 여자는 지금까지 집단적으로 한 번도 되돌리려고 한 일이 없는 물질적 자원을 손에 넣기 시작한다. … 언어는 도로나 개스관이나 전화 교환판이나 마이크로 전파나 방사선이나 클론 실험이나 원자력 연구소와 마찬가지로 실제로 존재하고, 우리의 생활에서 실질을 갖는 것이다. 우리가 가령 북 아메리카의 전 자원을 손에 넣었다 하더라도, 언어가 부적당한 한, 우리의 시야는 모습이 없는 채로이며, 우리의 사고와 감정도 옛 사이클 그대로 빙빙 돌 따름이다. 우리의 과정은 <혁명적>인지 모르지만, 그것이 더욱 변화할 가능성은 없는 것이다. [2]

이 장에서는 이러한 의견에 바탕을 둔 급진적 이론들을 검토하고 싶다. 특히 세 가지 어프로치, 셜리 아드너와 에드윈 아드너 Shirley and Edwin Ardner <지배자와 무언자> (dominant and muted) 의 모델, 데일 스펜더의 《남자가 만든 언어》의 이론, 라캉 (Lacan)에 이어서 발전한 정신분석 모델 (이것은 별도의 장을 마련해서 논의하겠다)을 다룰 것이다.
  이런 어프로치들은 모두 다른 것들이지만, 내가 지적하고 싶은 것은 혹종의 공통성을 지닌다는 점이다. 사실, 이런 어프로치들은 어느 것이나 전제로서 세 가지 기본 원리에 입각해 있다.
  첫째로 이 세 가지 어프로치는 모두 어느 정도까지 언어적 결정론을 드러낸다. 언어는 우리의 사고나 인식에 중요한 제약을 주어, 우리가 세계를 이해하는 기본적 수단이라고 여긴다. 둘째로 남성 중심 사회의 그밖의 모든 자원과 마찬가지로, 남자가 언어를 지배하고 있다는 것이 전제된다. 말이 무엇을 의미하며 그걸 사용할 권리가 누구에게 있는지를 결정하는 것은 남자인 것이다. 그것이 언어가 남자의 세계관 (그리고 여자에 대한 혐오)을 떠받드는 까닭이다.
  셋째로 급진적 이론가들은 여자가 말하는 사람이나 글쓰는 사람으로서 불리한 입장에 놓여 있다고 느낀다. 이런 불리한 입장은 두 가지 방식으로 나타날 수 있다. 한편으로는, 남자의 경험에 따라

---

[2] Adrienne Rich, 'Power and Danger', in *On Lies, Secrets and Silence* (Virago, 1980) pp. 247-8.

의미가 고정된, 남자에게 컨트롤되어 있는 언어를 여자는 사용할 것이라는 점이다. 그렇게 되면, 여자는 모든 것을 남자의 준거의 틀에 끼워서 표현해서, 여자 자신의 인식이나 경험을 속인다. 이것이 소외이다. 또 하나는, 여자가 진짜 여자의 방식으로 그 경험을 논하려고 할 터인데, 이 경우에는 바로 적당한 언어가 없다는 것에 직면, 침묵할 수 밖에 없게 된다.

그래서, 급진적 페미니스트는 여자를 남자가 만든 기호 우주의 국한된 범위 안에서 살고 말하고 하는 존재로 본다. 남성 언어로는 표현할 수 없는 여자의 경험과 언어적으로 정당화된 남자의 세계관 사이에서 생기는 분열에 여자는 대처하지 않으면 안 된다. 실제로, 언어가 현실을 결정하는 이상, 여자는 언어로부터 뿐 아니라, 그 언어가 표현할 수 없는 여자의 경험으로부터도 소외될 것이다.

나는 8장에서, 이러한 언어적 결정론이나 언어 지배나 언어로부터의 소외와 같은 법칙에 의지하지 않는, 커뮤니케이션을 중심으로 한 다른 이론을 제안할 예정이다. 그렇지만, 이 장과 7장에서 급진적 이론을 설명하고, 그 한계, 특히 사실상 해결되지 않은 문제를 지적하여, 그 바탕을 만들어 두고 싶다. 우선 언어적 결정론과 언어 지배라는 중요한 문제의 배경을 비판적으로 보아가기로 하자.

언어적 결정론

언어적 결정론 — 언어가 인식을, 따라서 현실을 결정한다고 하는 생각 — 은 현행 페미니스트 언어 이론의 중요한 부분을 차지하고 있다. 그렇지만, 언어학자의 관점에서 말한다면, 이 생각은 수많은 어려운 문제들을 일으키며, 그냥 전제로 삼아버리기에 앞서서 정당화하는 일이 필요하다. 다음 절에서는, 언어와 현실의 관계에 관해서 고찰하고 언어 이론에서 언어적 결정론의 기원을 추적한다.

언어와 현실

제6장 침묵·소외·억압 151

언어적 결정론에 관한 논쟁은, 현실이란 무엇인가 라는 물음에 대한 어떤 특정 견해와 관련해서 일어난다. 현실이랄까 세계를 단순히 <거기>에 존재하는 것으로 보고서, 인간은 그것을 이름이 붙은 일련의 이미지로서 수동적으로 기록한다고 생각한다면, 언어가 우리의 인식에 주는 영향이니 하는 문제는 거의 생겨나지 않을 것이다.

그렇지만 사실상, 근대 이론에서는, 인간은 <현실>을 만드는 데 한 구실 맡아한다고 생각하는 것을 당연시한다. 우리에게는 자그만치 몇 백만이라는 자극이 순간마다 주어지며, 만약 인간이 하얀 스크린처럼 모든 자극을 수동적으로만 받고 있다면, 인간의 마음은 미정리의 의미없는 혼돈으로 가득차 버리고 말 것이다. 따라서 세계를 이해하기 위해서는, 선택적으로 주의를 기울이고, 들어오는 자극들을 적극적으로 선택하고 분류하고 해석하는 일이 필요하게 되는 것이다.

언어학자에게 중요한 문제는, 이 해석이나 분류의 과정에서 도대체 그 사람이 배운 언어가 어떠한 구실을 하느냐 하는 점이다. 이것이 진짜 큰 문제임을 보여주기 위해서, 두 가지 대립하는 가능성을 고찰해 보자. 첫째는 언어를, 우리가 사용하는 도구이며 사고의 심부름꾼이라고 보는 생각이다. 환경이나 개인적·문화적 역사와 직업과 같은 요인들에 영향을 받으면서, 우리는 주위에서 들어오는 자극들을 사고 (더욱 엄밀한 말이 없으므로 사고라는 말을 사용한다)에 의해서 해석한다고 하자. 언어는 이러한 지각된 현실을 기호화한다. 즉 표현한다. 언어는 단순히 하나의 매체이다. 이 경우에는, 언어에 관해서 하등 큰 문제는 일어나지 않는다. 언어는 사회 상황을 반영하고 사회 변화에 대응해서 변화할 따름이다.

두번째 가능성은, 언어는 콜셋과 같이 움직이어서, 우리의 경험이 억지로 끼여들어가 있는 기성의 분류라는 생각이다. 그것은 겉보기만으로는 유혹적인 남성 중심 사회의 유리 구두 속에 들어간 신데렐라의 추한 언니의 발과 같은 것이다. 언어 사용자는 <진정한 현

실 세계〉를 상대하고 있는 것이 아니라, 이미 언어의 필터를 통하고 (언어가 권력 집단에 의해서 지배되어 있다는 것을 생각하면), 그 언어에 의해서 왜곡된 현실의 개정판을 다루는 것이다. 이 경우, 언어는 문제거리가 되게 마련이다. 언어는 실제로 우리의 현실 인식을 만들내며, 억압적이고도 일변도적인 현실의 그림을 낳을 수도 있다.

페미니스트들이나 그밖의 많은 진보파는 한 때 제1의 가능성보다 제2의 가능성 쪽으로 향하는 경향이 있었다. 그 이론들은 특히 라캉 (따라서 소쉬르), 워프와 서피어 같은 초기의 연구자들로부터 파생해 온 것이다. 이제 이 이론들에 눈을 돌려, 두 가지 문제를 제기해야 한다. 첫째는 각 주장과 그것에 반대 또는 찬성하는 어떤 논의들이 있느냐, 둘째는 이 이론들을 채용한 페미니스트들이 제창자가 의도한 의미와 정신을 어디까지 충실하게 반영하고 있느냐 하는 문제이다.

언어적 결정론의 뿌리 : 소쉬르와 라캉

소쉬르는 흔히 언어적 결정론파의 창시 멤버로 꼽힌다. 확실히 소쉬르는 《일반 언어학 강의》 속에서 언어는 단지 사상에 형식을 준다는 단순한 생각을 거절했다.

> 심리학적으로는 우리의 사고는 ― 언어에 의한 그 표현에서 떠나면 ― 단지 형태가 없고, 뚜렷이 분간되지 않는 덩어리에 지나지 않다. 철학자도 언어학자도, 기호의 도움 없이는 두 가지 사상을 뚜렷하게 일관성을 가지고서 구별할 수는 없다는 것을 언제나 일치해서 인정해 왔다. 언어가 없으면, 사고는 애매하고 정리되어 있지 않은 성운과 같은 것이다. 먼저 존재하고 있는 사고니 하는 것은 없으며, 언어의 출현 이전에 구별된 것은 아무것도 없다. 사고에 대한 언어의 특징적 구실은 사상을 표현하기 위한 물리적 음성 수단을 만들어 내는 것이 아니라, 사고와 음 사이의 연결의 구실을 하는 것이다.[3]

---

(3) F. de Saussure, *Course in General Linguistics*, trans. Baskin (Fontana, 1974) p. 112.

그러나 정말로 어느 정도까지 소쉬르를 언어적 결정론자라고 부를 수 있느냐 하는 것은 문제로 남는다. 언어가 없으면 사고는 형태도 없고 애매하며, (실어증자·농아자·문제 해결 능력이 있는 동물은 <생각할> 수 있는 것일까, 그들의 <사고>는 정리되지 않은 성운과 같은 것일까), 생득적으로 혹은 먼저 존재하는 사상이니 하는 것은 없다고 소쉬르가 주장하는 것이 사실이라 하더라도, 그가 말하는 것은 언어가 사고를 결정한다는 것이 아니라, 언어와 사고는 분리할 수 없다는 말인 듯하다.

라캉 같은 신소쉬르파는, 소쉬르의 언어적 결정론은, 기호는 자의적이며 기호 작용의 체계 속에서만 기능을 발휘한다는 그의 학설에 바탕을 둔다고 생각한다. 경험의 전 연속체는 언어의 기호 표현 (시니피앙)에 의해서 자의적으로 분절된다. 라캉에 의하면, 우리의 경험 세계에의 참가는 언어 학습에 영향을 받으므로, 이 자의적 분류가 우리의 현실이 된다는 것이다. 마르크스와 드 쿠르티브롱 (Marks and de Courtivron)도 말하는 바와 같이, 라캉파에서는 <의미란 발언자의 사고 속에 자리잡고 있는 것이 아니라, 기호 체계 그것 속에 있는 것이다>.[4] 우리가 그 속에서 사회화되는 그 세계는 사물 자체의 세계가 아니라, 언어 체계에 의해서 고정된 상징 질서인 것이다.

이와 같은 생각을 아무런 문제 없이 그대로 받아들일 필요는 없다. 언어 학습을, 다른 혹은 다양한, 결정인자들을 수반한 하나의 (언어적) 상징 질서를 전부터 있는 질서에 부과하는 문제라고 생각할 수도 있다. 언어학자 이안 그리피스 (Ian Griffiths)는 언어의 <지그소 법칙> (jigsaw principle) 활용이라는 것을 말한다. (즉 말은 인간이 현실을 이해할 때에 자연히 사용하는 패턴을 가로질러 분절되어 있으며, 그것은 마치 지그소 퍼즐을 만들고 있을 때에, 그림을 이유없는 방법으로 끊어가는 것과 같다는 것이다.) 그는 다음과 같이 말한다.

---

(4) E. Marks and I, de Courtivron (eds.), *New French Feminisms* (Harvester Press, 1981) p. xiii.

소쉬르파의 근본적으로 발상이 그릇된 구조 의미론적인 잘못은, 말이 무정형의 구별되어 있지 않은 현실을 나타내고 있다고 생각했다는 점이다. …… 지그소 법칙은 그 반대로, 직관적으로 고도로 구조화되고 미리 패턴화된 현실을 상정하며, 어휘적 질서는 이 패턴을 가로질러 현실을 분절한다고 생각한다.[5]

확실히 소쉬르는 의미를 개개의 언어 사용자 밖에다 자리잡아 주었다. 그에 있어 랑그란 집단적 현상이요, <개인의 밖에 있는, 발화의 사회적 측면이요, 개인은 홀로 랑그를 창조하거나 변경할 수는 없다.>[6] 그렇지만, 이 빈틈없는 정의로부터 나오는 함의 모두에 소쉬르가 동의했겠냐 하는 것은 분명치 않다. 라캉파의 이론이 크게 참고로 하는 이 의미와 개인의 엄격한 분리에 관해서는 뒤에 가서 다시 거론하지 않으면 안 된다.

언어적 결정론의 뿌리 : 서피어와 워프

언어학 내부에서는, 언어적 결정론의 학설은 소쉬르가 아니라 미국의 인류학적 언어학자인 서피어와 워프와 결부되어 있다. 실제로, 이 생각 자체가 흔히 <워프파> (Whorfian)라 일컬어지며, 전문적으로는 <서피어=워프의 가설> (Sapir—Whorf hypothesis)이라 알려져 있다.

서피어와 워프의 언어적 결정론은 소쉬르나 기호론자들과는 다소 다른 일련의 전제를 반영하고 있다. 그것은 각 언어는 차이의 체계라는 언어학적 가설이 아니라, 갖가지 문화들을 경험적으로 관찰하는 데서 출발하고 있다. 미국 원주민의 문화를 포괄적으로 연구한 서피어와 워프 두 사람에게는, 그들이 관찰한 사람들이 어째서 <같은> 현실을 두고 저렇듯 다른 방식으로 인식하는가 하는 문제가 생겨났던 것이다. 그들이 준 해답은, 언어적 차이가 세계관의 차이를 결정한다는 것이었다.

---

(5) Ian Griffiths, 'Speech, Writing and Rewriting' (미발표) p. 45.
(6) Saussure, op. cit., p. 14.

인간은 그 사회의 표현 매체가 되어 온 특정 언어에 크게 좌우되어 있다. …… <현실 세계>란 대부분 무의식 중에 그 집단의 언어 관습에 바탕을 둔다는 것이 진상이다. 같은 사회적 현실을 나타낸다고 여겨질 만큼, 아주 비슷한 두 언어는 존재하지 않는다. 다른 사회가 살고 있는 세계는 다른 세계이며, 다른 이름이 붙어 있는 같은 세계는 아닌 것이다.[7]

서피어가 <무의식 중에>라는 말을 사용하는 것은 의미심장하다. 화자는 자기 언어가 일으키는 왜곡을 의식하지 않으므로, 자기 자신의 언어 밖에서 세계를 재개념화하는 일이 대단히 어렵다는 것을 그는 암시한다. 워프 역시 개인에게는 자유가 없다는 것을 강조하고 있다. <절대적으로 공평하게 자연을 기술하는 자유를 가진 개인 같은 것은 없다. 스스로 가장 자유롭다고 생각할 때라도, 어떤 해석 양식에 구속되어 있는 것이다.>[8] 그러나 서피어는, 나중에 페미니스트의 언어적 결정론의 열광자들이 그런 것처럼, 무의식적인 것이 언제나 숨겨지고 흔들림이 없는 것으로 인식된다고는 느끼지 않았다. 그는 문법의 전제를 초월하는 지식 형태를 만드는 것이 진보된 문화의 표시라고 암시했다. <우리의 과학적 경험이 발전함에 따라서, 언어의 함의와 싸우는 것을 배우지 않으면 안 된다.>[9]

서피어=워프의 언어적 결정론은 소쉬르파의 것과는 다르다. 소쉬르파에게는, 언어란 사물의 세계와 환치되는 자립한 체계이며, 사람이 아닌 현실과 인간 의식 사이의 매개물이다. 그렇지만, 한 층 더욱 인류학으로 기울어진 워프파는 언어를 행동 양식으로 보고, 말이 곧 사물이 될 만큼 경험에 침투한 것이라고 생각한다.

또 워프파의 결정론은 소쉬르파가 관심을 가졌던 것과는 다른 것들을 강조한다. 이를테면 워프는 개개의 기호나 말의 의미보다도 문장 구조의 패턴이나 문법적 소사 (小辭) 등에 의해서 표현되는

---

(7) D. Mandelbaum, *Selected Writings of Edward Sapir* (University of California Press, 1949) p. 162.
(8) J. B. Carroll (ed.), *Language, Thought and Reality : Seleced Writings of Benjamin Lee Whorf* (MIT Press, 1976).
(9) Mandelbaum, op. cit., p. 10.

미묘한 구별을 더욱 문제삼고 있다.[10] 워프에게는 문법 쪽이 어휘의 의미보다도 훨씬 쉽게 언어 사용자의 의미를 피해 버린다. (포스트 촘스키파 언어학자라면, 이에 덧붙여서 통사적 언어 패턴 쪽이 더욱 엄밀하고 자의적이 아닌 방법으로 학습된다고 주장할 것이다.) 그렇지만, 소쉬르에게는 이러한 것은 파롤의 문제이며, 따라서 랑그와 같은 식으로 현실을 규정하는 것은 아니었을 것이다.

서피어와 워프는, 그들이 주장하는 언어적 결정론의 견해를 위해서 어떠한 증거를 들고 있는 것일까? 이미 말한 바와 같이, 그들의 연구는 주로 아메리카 인디언의 집단에 관한 것이었으며, 워프파 연구에서 가장 유명한 것은 워프 자신에 의한 호피 족의 연구이다.

워프가 제기했던 호피 족의 일들은 많지만, 그 중에서도 특히 유럽인들과는 매우 다른 그들의 시간 개념에 주목했다. (호피 족은 시간을 양화하거나 시간의 차원을 조각으로 끊는다는 생각은 하지 않는다.) 워프는 이 특수성을 시제 체계를 갖지 않는 호피 어에 관련시켜서 설명했다.

이 경우, 분명히 문제가 되는 것은, 언어학적 현상이라는 마차를, 시간의 개념이라는 말 앞에 갖다 놓는 본말전도를 워프는 저지르고 마는 것이 아닌가 하는 점이다. 바꿔 말하면, 아마 호피 족은 역사적·경제적 이유에서 유럽식 시간 개념과는 상관 없는 생활 양식을 발전시켜 왔기 때문에, 호피 족의 언어에는 문법적 시제가 결코 들어가지 않았던 것이다.

에스키모 (이누이트) 어에는 눈을 가리키는 수많은 단어들이 있다고 하는 유명한 관찰들을 예로 든다면, 이 주장점은 더욱 분명해질 수 있다. 무엇인가에 관해서 수많은 단어들이 있다는 것은, 그 미묘한 차이를 질서 있는 방법으로 인식하는 데는 도움이 되겠지만, 단어가 최초로 만들어졌던 때의 일을 생각하면, 그것은 분명히 이누이트 족의 생활 환경에 유익했고 필요했기 때문에 만들어진 것이다. 이 점에 관해서 논의하는 것은 생트집을 잡는 것이 아니다. 워프파의 견해는, 언어를 사고와 인식을 표현하는 투명한 매체로

---

[10] Carroll op. cit., p. 253.

제6장 침묵 · 소외 · 억압　157

보는 상식적인 언어관을 교정하는 데는 유익하다. 그러나 언어적 결정론의 한계를 규정해 두는 것도 중요하다.

특히 두 가지 점이 문제가 될 것 같다. 첫째로 만약 기호 표현이 개념 세계를 구획하는 방법이 언어에 따라 다르다면, 이것은 완전히 자의적인 분절인가, 그렇지 않으면 분명히 비언어적인 문화내의 사실을 반영한 것인가 하는 문제이다. (이 경우, 이누이트 어가 좋은 예가 된다. 그럴 것이 그들이 눈 대신 승마에 관해서 많은 단어들을 가지고 있다면, 누구나 깜짝 놀랄 것이다.) 둘째로 우리에게는 자기 자신의 언어의 범주화 구도 주변에, 눈을 돌릴 능력이 얼마만큼 갖추어 있는가 하는 문제이다. 자신의 언어의 범주에 반하는 해석을 하는 것은 비교적 간단한가, 그렇지 않으면 비교적 어려운 것인가?

이런 문제들은, 언어는 여자의 억압을 반영하는가, 그렇지 않으면 일으키는가 하는 페미니스트의 논쟁과 관련이 있게 된다. 언어가 비언어적인 문화 규범을 따라서 개념 세계를 분리하고 있다면 (이를테면 극단적인 성적 구별이나 여자의 격하), 언어는 세계관을 심고 있는 것이 아니라, 세계관의 지시 틀에 따르고 있는 것이 된다. 그리고 언어 속에 짜넣어져 있는 문화적 전제를 부정하는 것이 그다지 어렵지 않다고 한다면, 언어가 그러한 규범들을 보강하는 힘조차 제한되게 마련이요, 우리는 문화적 전제가 존속하는 이유도 비언어적인 것에서 구하지 않으면 안 된다.

서피어=워프의 가설에 대해서는 지금까지 많은 반론들이 정비되어 왔다. 하나는 언어의 보편성에 대한 신념이다. 모든 화자는 같은 심적 장치를 가지고 있기 때문에, 언어들도 모두 깊은 곳에서는 매우 유사하다고 생각한다면, 언어가 각색 집단의 다른 인식 방식을 결정한다고 인정해서는 앞뒤가 맞지 않는다. 언어의 보편성은 촘스키 이래 언어학의 신념으로서 승인되어 있으며, 그 결과 워프의 생각과 진지하게 맞선다는 것은 무너져 버렸던 것이다.

제2의 반론은, 반드시 언어의 보편성의 제창자들로부터 나온 것은 아니며, 번역과 언어 학습에 관한 것이다. 거듭 말하거니와, 어느 정도의 문화의 상대성이라는 것을 부정할 사람은 없다. 다른 언어의 화자는 의심할 나위 없이 어느 정도 다른 세계에 존재하고 있는 이상, 그들의 현실 해석의 방법도 당연히 다를 것이며, 때문에 어느 한 언어에서 다른 언어로 번역하는 과정도 복잡하게 되는 셈이다. 라이온즈는, 이 의견을 대표해서, <진정한 두 언어 사용이란 두 문화의 동화를 함의하고 있다)[11]라고 말한다.

그렇지만, 절대적인 언어적 결정론을 채용한다면, 번역과 제2 언어의 학습은 현실 이상으로 곤란하지 않으면 안 된다. 이를테면 영어를 배우는 호피 인의 경우를 생각해 보자. 영어 화자의 시간 개념을 이해하지 않으면, 영어의 시제를 올바로 사용할 수 없을 것이다. 그러나 완벽하게 워프적인 견해를 따르면, 영어의 시제 체계를 마스터하지 않으면, 시간 개념을 이해할 수 없는 셈이다. 이같은 역설에 사로잡히지 않기 위해서는, 언어적 결정론에 대한 신념에 어떠한 한계를 설정할 필요가 있는 셈이다.

마지막으로, 언어 변화를 일으키는 언어 사용자의 창조성에서 나온 반론이 있다. 분명 화자는, 상황의 변화에 따라서, 준거의 틀도 언어도 변경할 수 있으며, 사실 변경한다. 화자는 단순히, 지니고 있는 것에 새로운 요소를 더함으로써 이 일을 하는 것이 아니라, 옛 요소의 의미를 이행시키는 수가 많다. 이와 같이 언어의 분류 체계는 꾸준히 개조되고 있는 것이다. 아마도 그러니, 언어적 결정론자의 잘못은, 조지 오웰도 표현한 바와 같이, <언어는 자연히 성장하는 것으로, 인간이 자신의 목적을 위해서 형성할 수 있는 도구는 아니다>[12] 라고 믿어 버리는 데 있을 것이다.

언어 지배

페미니스트 언어 이론의 최초의 전제가 언어적 결정론이라면, 두번째 전제는 언어 지배이다. 언어가 사고를 결정하는 힘은, 언어를 정

---

(11) J. Lyons, *Introduction to Theoretical Linguistics* (CPU 1968) p. 434.
(12) G. Orwell, ˈPolitics and the English Languageˈ, in *Selected Essays* (Secker & Warburg, 1961) p. 353.

치적 목적 때문에 지배하는 특권 집단에 의해서 이용될 가능성이 있으며, 또 사실상 일상 이용되고 있다고 급진파는 믿고 있다. 이 언어 지배에 관한 논의는 엄밀하게는 두 가지 주장으로 표현될 것이다. 첫째는 힘있는 집단은, 이를테면 경제적 자원을 사물화하는 것과 마찬가지로, 그들이 언어를 사물화할 수 있다는 주장이다. 둘째는 힘있는 집단은, 그렇게 함으로써 종속 집단을 잠재적으로 지배하고, 자기네들의 힘을 유지할 수 있다는 주장이다. 이 두 주장에 관해서는 8장의 비판에서 포괄적으로 논의하게 될 것이다. 그렇지만, 이 시점에서 흥미로운 것은, 언어는 본질적으로 정치적 지배 수단으로서 기능을 떨친다는 생각이 우리의 문화에서 어떠한 성질과 위치를 차지하는가 하는 점이다.

언어학의 내부에서는, 언어 지배에 관해서, 언어적 결정론에 비교할 수 있을 만큼 논쟁이 이루어진 일은 없었다. (아마도 그것은, 언어적 결정론이 그다지 인기가 없는데다가, 언어 지배는 대부분 이 결정론에 바탕을 둔다고 여겨 버렸기 때문이리라.) 그 때문에, 언어학자의 견지에서 보면, 페미니스트 이론에서 언어 지배, 더욱 엄밀하게 말하면, 남자에 의한 언어 지배를 대전제로 한다는 것이 오히려 의외로 여겨질지도 모른다. 사실상, 물론 지배라는 생각이 자유주의 휴머니스트의 사상 속에서 충분히 옹호되어, 언어학으로부터의 정당화 같은 것은 필요하지 않다. 지배의 개념은 이미 당연한 것으로 받아들인 지혜의 영역에 들어가 있었다.

<언어를 통한 지배>의 논의는 보통 민주주의와 전체주의에 관해서 현재 이루어지는 논쟁 속에서 전개되어 왔다. 평론가들은 전체주의와 엄중하게 지배된 언어를 같은 것으로 본다. (그 중에는 <부패한> 언어가 전체주의를 낳는다고까지 생각하는 사람도 있다.) 그 반대로, 작가·비평가·철학가·저널리스트는 민주주의의 가치를 지키기 위해서 끊임 없이 언어를 옹호하는 입장을 취해 왔다. 이들 자유주의 휴머니스트들에게는, 전체주의의 상태는 단순히 말하고 싶은 바를 말하지 않는 쪽이 좋다는 것이 아니라 (이를테면 형무소

에 들어간다든가 철회를 강제당하기 때문에), 더욱 무서운 것은, 정부나 다른 제압 기관이 말하고 싶은 바를 표현하는 수단인 언어를 지배하기 때문에, 글자 그대로 말하고 싶은 바를 말할 수 없는 상태를 가리키는 것이다.

이런 종류의 논의의 좋은 예가 철학가이자 토리당의 학자인 로져 스크루턴 (Roger Scruton)이 타임지에 (금세기에 이 생각 전체를 일반에게 널리 퍼뜨린 오월의 조어를 인용해서) <새로운 언어는 어떻게 우리를 벗긴 채로 놓아 두는가> (How Newspeak Leaves Us Naked)라는 제목의 기사이다.[13] 이 기사는, 노보스티 출판사의 ≪정치 용어 요람≫이라는 소비에트 사전의 서평을 목적으로 한 것이며, 따라서 기본적으로는 정부의 언어 지배에 대한 공격을 하고 있다. 그렇지만, 스크루턴은 보수당 사람이기 때문에, 이 기사에서는 언어적 <제국주의>는 영국의 정치 그룹 특히 여성 해방 운동에도 기인한다고 주장한다.

스크루턴은 우선, 그가 언어적 결정론을 믿고, 극좌익이 언어를 의식적으로 숨기려는 음모를 믿는다고 말하는 데서 논의를 시작한다. <세계를 지배하고 싶으면, 우선 언어를 지배하라. 이것이 금세기 혁명적 정치 사상의 암묵의 공식이었다.> 그의 주요한 목적은 소비에트의 사전 편집자에는 <민주주의>나 <자유주의>와 같은 말의 <진짜> 의미를 남몰래 해치는 음모가 있었으며, 그 때문에 당의 교의 이외는 글자 그대로 말할 수 없는 상태가 되었다는 것을 보여 주는 데 있다.

그 목적은, 언어 속에 흔들리지 않는 교두보를 구축함으로써, 반론을 선수잡아 막는 일이다. 공산주의는 …… 정치의 언어를 확실히 공산주의의 교의를 표현하는 목적 때문에만 사용하려 들었다. 그것은 그 교의가 진실이기 때문이 아니라, 허위를 진실로 뒤바꿔 놓고 싶기 때문이다.

---

(13) Roger Scruton, 'How Newspeak Leaves Us Naked', *The Times,* I Feb. 1983.

제6장 침묵·소외·억압 161

스크루턴은 전형적으로, 언어 속에 흔들리지 않는 교두보가 존재한다는 것을 자명한 이치로 삼는다. 일단 그 체계를 부패시키면, 적의 자원을 모조리 손아귀에 넣게 된다는 것이다. <적 쪽의 모든 교의는 사물화되고 멸망한다. 적의 교의를 표현할 말은 존재치 않는다. 왜냐하면, 모든 말이 허위의 노예로 되어 있기 때문이다.>

페미니스트의 급진적 이론가라면, 아마 노보스티의 ≪정치 용어 요람≫에 대한 스크루턴의 의견을 맹렬히 반대할 것이다. 그러나 그렇게 하는 것은 자기네들의 이론적 근거도 두드러지게 위태로운 것으로 하고 만다. 결국 스크루턴의 예언적인 견해와 남자가 언어를 사물화하고 있다는 페미니스트의 신념과의 사이에, 어떠한 차이가 있느냐 하는 것이 되고 말기 때문이다. 진보파도 반진보파도 언어에 관해서는 같은 견해에 사로잡혀 있는 것이다.

반진보파가 진보파와 공유하는 또 하나의 전제는, 언어의 지고의 가치와 중요성이다. 스크루턴은 <공산주의가 언어에 대해서 행한 폭력에, 사람은 경악한다> 라고 말한다. 페미니스트들도 마찬가지로 언어를 지극히 영향력이 강한 중요한 것이라고 느낀다. <디스쿠르의 개혁을 수반하지 않는 혁명 투쟁 같은 것을 생각할 수 있을까?>[14] 언어가 중요하지 않다는 것은 아니다. 그러나 이와 같은 언어 숭배에는 무엇인지 무척 혐오스러운 것이 있다. 폭력은 언어에 대해서 행해질 수 있는 것이 아니라, 그 언어의 화자에 대해서 행해질 수 있는 것이다. 마르크스와 드 쿠르티브론은, 프랑스와 미국의 전통을 비교해서, <현실 — 여자의 억압이나 고뇌 — 을 언어로 환원하는 생각을 할 수 있는 영어권의 페미니스트는 거의 없다> 라고 말한다.[15] 언어를 중심으로 논의하는 급진파 페미니즘이 보급되고 있는 현재, 이 미국의 상식적인 태도가 가지고 있는 좋은 점도 생각해 볼 필요가 있을 것이다.

페미니스트의 언어 이론은, 언어적 결정론의 문제에 진지하게 맞붙어서, 결정론에서 나오는 곤란한 물음을 직시하고 해결해 가지

---

(14) Julia Kristeva, 'Woman Can Never Be Defined', (심리학자으 시인과의 인터뷰), in Marks and de Courtivron, op. cit., p. 140.
(15) Marks and de Courtivron, op. cit., p. 3.

않으면 안 되지만, 마찬가지로 언어 지배라는 개념과도 말붙어 가지 않으면 안 된다. 지금까지 제시하고자 했던 바와 같이, 언어란, 더욱 엄밀하게 말한다면 의미란, 반대 의견을 말살하기 위해서 교묘하게 조작할 수 있다는 생각이 대단히 깊이 침투되어 있으므로, 별도의 언어 모델이나 그 모델과 정치와의 관계를 상상하는 일조차 불가능하게 되고 마는 것이다. 그럼에도 불구하고, 페미니스트들은 이처럼 승인된 모델에 대해서 많은 의문을 던져야 한다. 남자는 어떻게 해서 언어의 지배를 달성하는가, 그것은 실천에 있어 어떻게 작용하는가? 한계는 있는 것일까? 언어 지배는, 다른 지배의 형태와 비교해서, 얼마나 중요한 것일까? 끝으로 남자의 언어 지배를 운운하는 데는 어떤 언어관이 전제가 되는 것일까, 그 언어관은 유지할 수 있는 것일까?

언어적 결정론과 언어 지배는, 여자의 억압·소외·침묵을 주장하는 페미니스트 이론을 뒷받침하는 쌍둥이 초석이다. 이제 앞서 든 급진적 페미니스트 이론들을 일부 보아 가거니와, 이어서 그런 이론들이 어떠한 언어 결정론과 언어 지배론의 형태를 가정하고 있는지에 주목하고, 지금까지 논의해 온 일반적 배경의 문제도 잊지 않으면서 거론해 가고 싶다.

지배자와 무언자 : 여자의 현실, 남자의 표현

인류학자 셜리 아드너와 에드윈 아드너 (Shirly and Edwin Ardener)에 의해서 제창된 <지배자와 무언자> (dominant and muted)의 모델은 큰 영향을 끼친 모델이었다. 이 모델 자체는 급진적 페미니즘에서 생겨난 것은 아니지만, 데일 스펜더나 셸리스 크라마레와 같은 급진적 이론가의 분석에 인용되어 있다. <지배자와 무언자> 모델의 기본적 전제는, 깊은 레벨에서는 사회의 모든 집단들이 현실에 관한 저마다의 사고를 만들어내고 있으나, <지정 양식>, 즉 커뮤니케이션의 회로가 지배자 집단의 지배 하에 있기 때문에 그 모든 것들이 표층의 레벨에서 표현될 수 있는 것은 아니라는 것이다. 남자와 여자의 경우, 여자가 이 비교적 표현의 부자유스런 입장에 있다. 양 아드너의 말을 빌면, 여자는 <무언자 집단 muted group> 이며, 여자의 현실은 표현되는 일이 없다는 것이다.

> 이 지배 모델은, 종속 집단이 소유하는 다른 세계관이 자유롭게 표현되는 것을 방해할 뿐 아니라, 아마 그와 같은 세계관의 생성 자체를 금할 것이다. 이런 의미에서, 지배당하고 있는 집단은, 자기네들의 세계를 지배자 집단의 모델 (단일한 경우도 복수의 경우도)을 통해서 조립할 필요가 있으며, 자기네들의 모델을 이 승인된 모델에 의거해서 될 수 있는 데까지 변형시키지 않으면 안 되는 것이다. [16]

아주 간단히 말하면, 여자는 독자적인 세계를 형성하고는 있으나 그것을 언어에 의해서 표현하는 수단을 갖지 않는다고 양 아드너는 믿는다. 여자는 남자의 지정 양식에 맞춰서 번역과 같은 짓을 수행하지 않으면 안 되는 셈이다.

양 아드너는, 실제로 언어적으로 침묵하는 것이 무언자 집단을 규정하는 특징은 아님을 지적하려 애써 왔다. <그녀들도 많이 말할 것이다. 중요한 것은, 말하고 싶은 것 모두를 말하고 싶을 때, 말하고 싶은 곳에서, 말할 수 있느냐 하는 문제이다.>[17] 요점은, 어떠한 이유이든, 여자와 같은 무언자 집단은 커뮤니케이션 회로를 생성하고 있지 않으며, 따라서 그 경험을 표현하려고 하면 누군가 다른 사람의 언어를 사용해야만 한다는 것이다. <침묵당하는 구조는 ≪거기≫에 존재하건만, 지배 구조의 언어에 의해서는 ≪구현≫될 수 없다.> [18] 셜리 아드너는 이 현상을 <다른 인식의 질서 ; differing orders of perception>라고 명명했으나, 이 현상에 대해서 한 양 아드너의 설명에서는 세 가지 점이 문제로 생길 것 같다. 이것들은 인류학자에게는 주변적인 관심거리에 지나지 않는 것인지도 모르지

---

(16) Shirley Ardener (ed.), *Perceiving Women* (Dent, 1975) p. xii.
(17) Shirley Ardener, *Defining Females* (John Wiley, 1978) p. 21.
(18) Edwin Ardener, 'Belief and the Problem of Women', in *Perceiving Women*, ed. S. Ardener, p. 22.

만, 언어학자나 페미니스트에게는 중대한 문제이다.

언어적 결정론의 문제

<지배자와 무언자> 모델은, 급진적인 언어적 결정론의 입장을 취하지 않음은 분명하다. 결국 <침묵당하는 구조는 거기에 존재한다>는 것이 자명해졌으며, 이것은 언어가 사고나 인식을 결정한다는 생각을 배제하는 것처럼 보이기 때문이다. 그러나 이 점에 관해서 양 아드너가 보여주는 애매함, 특히 셜리 아드너의 나중 논문 <사회에서의 여자의 특질> (The nature of women in society) 속에 있는 애매함은 흥미롭다. 이 논문에서 그녀는, <물론 들리지 않는 귀에는 끊임없이 들어오는 말도 마지막에는 말해지지 않으며, 생각되지도 않게 마련이다>라고 말한다.[19] 언어적 결정론의 암시가 더욱 강하게 나타난 것은 한 페이지 뒤에서 아드너가 다음과 같이 물을 때이다. <여자들은 지금대로라도 사고를 형성하기 위한 언어적 수단을 생성하는 권한이 있는 경우와 마찬가지 사고를 할 수 있을까?>[20]

여기에는 애매함이 있다. 심지어 모순이 느껴진다. 언어를 사람들의 사고를 형성하는 것으로 본다면, 여자가 생각하는 바를 표현하는 언어가 없다고 하는 이상, 침묵당하는 구조가 <거기>에 존재한다는 주장은 이상하기 때문이다. 남자에 의한 언어 지배는, 모든 사람의 모델을 동일한 것으로 하려는 것은 아닌지? 한편, 언어는 사람들의 사고를 결정하지는 않는다 (그러므로 이론적으로는 대신할 모델이 나올 정도로 가능성도 있다)라고 생각했다 하더라도, 그러면 왜 여자나 다른 무언자 집단은, 현실의 기저 모델은 생성할 수 있는데, 그것을 표현하는 커뮤니케이션의 회로는 생성할 수 없는가 하는, 상당히 까다로운 문제가 남는 것이다.

언어 지배의 문제

양 아드너의 모델 안에서 가장 중요하고 동시에 가장 다루기 어려

---
[19] Ardener, *Defining Females*, p. 20.
[20] Ibid., p. 21.

제6장 침묵·소외·억압 165

운 것이 이 언어 지배의 문제인 것처럼 보인다. 남자의 모델에서 독립해서 현실의 모델을 형성할 수 있는 여자가, 어째서 자신의 현실을 언어적으로 표현하는 독자적인 방법도 생성할 수 없는가 하는 문제에 관해서, 언어적 이유가 존재하는지 어쩌는지 분명치 않다. 실제로, 여자가 자신의 현실이나 여자 독자의 아이덴티티를 표현하는 언어를 생성하지 않는다는 것조차 분명한 것은 아니다. 사실, 에드윈 아드너는, 이 문제를 최초로 발표한 논문 속에서, 여자의 현실을 표현하고 있는 언어, 바크웨리 여성의 은어인 리엥 (해녀) 어의 예에 언급한다.[21] 그밖에도 실례들이 존재하며, 현재 성차가 조금씩 밝혀져 가고 있는 것도 여자들이 언어를 자기네들의 모델로 만들어내려고 의식적으로 노력하고 있는 것을 반영하는 것이리라

양 아드너의 언명에서는, 여자가 표현할 수 없는 것은 남자가 언어를 지배하기 때문이라는 함의를 읽을 수 있다. 그렇지만, 남자는 전혀 의미를 지배하고 있지 않다는 그런 별도의 생각을 할 수도 있다. 오히려 남자로하여금 귀를 기울이게 하는 가장 좋은 수단이기 때문에 남자가 이해할 수 있는 표현 양식의 사용을 여자가 선택한다고 생각할 수도 있는 것이다.

…… 어떠한 사회에서도, 그 안의 지배 구조에 의해서 생성된 지배적 표현 양식이 있다. 어떠한 상황에서도, 그 지배적 양식에 관계하는 집단만이 <듣게 되거나 귀를 기울이게 되거나 할 것이다.> <침묵 당하고 있는 집단>은 어떤 콘텍스트에서 커뮤니케이션을 하고 싶으면, 그녀들이 독자적으로 달리 생성한 양식이 아니라 이 양식에 의거해서 스스로를 표현하지 않으면 안 된다.[22]

따라서, 이 경우 문제가 되는 것은 여자의 언어의 개인적 또는 심리적 억압이 아니라 오히려 사회적 억압이다. 여자는 자신의 경험을 표현할 수 없는 것이 아니라, 그렇게 하는 것은 여자에게 사회적으로 비생산적이며, 정치적으로도 마땅치 않은 일인 것이다.

---

(21) E. Ardener, op. cit.
(22) Ardener, *Defining Females*, P. 20.

무언자 집단에 관한 여러가지 종류의 언어 데이터는, 그녀들이 실제로 언어 사용에 관한 특정 양식을 생성하고 있지만, 사회의 종속적 지위에서 기능을 발휘하기 위해서는 <코드 변환 code swtching>를 해야만 된다는 것을 시사하는 듯하다. 여자들도 서로 경험을 말할 수 있고 (바크웨리의 해녀처럼), 남자는 이해할 수 없고 사용하지 않는 그런 커뮤니케이션의 의식적 회로를 공유하는 일조차 있다. 그러나 남자와 함께 있을 때의 여자는, 셜리 아드너도 말하는 것처럼, <여자들의 견해를 남자가 받아들이는 모습으로 표현되지 않는 한 …… 제대로 귀를 기울여 주지 않기>[23] 때문에, 실제로는 번역을 하고 있는 것이다. 이것이 여자에게 대단히 불리한 것이라고 인정하지 않는 사람은 물론 한 사람도 없을 것이다. 이를테면 (양 아드너도 되풀이 지적하고 있지만) 여자는 하나의 코드에서 다른 코드로 번역하지 않으면 안 되므로, 언어의 주고 받음이 기본적으로 남자가 만든 규범이나 전통에 제어되어 있는 공적 분야에서는 핸디캡을 진다는 것은 분명하다. 그렇지만, 여자는 세계관을 언어로 표현하는 수단을 갖지 않기 때문에 사회 속에서 침묵당하고 있다고 주장하는 것과, 여자는 자기네들이 사용하는 언어가 남자에게 받아들여지지 않기 때문에 침묵당한다고 주장하는 것과의 사이에 있는 차이를 파악해 두는 것이 중요하다. 처음의 주장에는 여자에는 언어적 문제가 있다고 말하는 것이며, 두번째 주장은 여자의 문제는 언어의 문제가 아니라 힘의 문제라고 말하는 것이다.

힘의 문제

양 아드너는 힘의 문제를 피하는 듯하다. 지배자 집단이 지배하는 것은 거기에 무슨 이유가 있기 때문이라고는 생각하고 싶지 않은 모양이다. 셜리 아드너는 <…… 여기서 제안된 지배자 집단과 무언자 집단을 구별하는 모델은 …… 남자가 목적을 가지고 행동하는 것처럼 받아들여지는 ≪남자에 의한 지배≫라든가 ≪여자의 억압

---

(23) Ardener, *Perceiving Women*, p. ix.
(24) Ibid., p. xxi.

≫과 같은 용어를 통해서 말하도록 우리에게 의무를 부과하는 것은 아니다〉[24]라고 말한다. 자신의 연구에서 상세히 말하고 있는 사실에서 이처럼 눈을 뗀다는 것은 보매보다는 중대한 문제이다. ≪여자의 억압≫이 아니라 <지배의 구조>에 대해서 말한다는 것은, 침묵이 기술적·언어적 현상이며, 사회적 구조의 요인, 즉 언어 지배를 유지하는 지배자 집단의 능력에 의해서 야기된다는 생각과 일치한다. 그것과는 다르지, 여자의 침묵을, 남자가 여자의 커뮤니케이션 회로를 거절하기 때문에, 살아남기 전술로서 여자의 자기 표현에 과해진 부분적·상황적 제약이라고 본다면, 혹종의 억압, 즉 여자의 말하는 방식에 대해서 제한이나 부정적 가치 판단을 심는 수단이, 지배자 집단의 일반적인 권력 지위의 힘에 의해서 지배자 집단에 소유되어 있다는 것은 당연히 예상되는 바이다. 많은 문화에서, 여자를 침묵시키기 위해서 이용되고 있는 사회적 규칙이나 타부는 (Ardener,[25] Zimmerman and West[26] 참조), 이런 주장에 딱 들어 맞는다. <지배자와 무언자> 모델이 이런 사회적 규칙들이나 타부의 실천이 의미하는 것까지 언급해서 더욱 포괄적으로 다루지 않았다는 것은 유감된 일이다.

언어에의 발전 : 세리스 크라마레

언어학자 세리스 크라마레는 저서 ≪말하는 여자와 남자≫ *(Women and Men Spesking)* 속에서, 지배자와 무언자 모델에 바탕을 둔 언어적 가설을 정식화하고, 각 가설의 증거를 검토하려고 시도한다. 그녀가 양 아드너의 이론에서 나온다고 생각한 가설은 다음과 같다.

1. 여자는 (남자의 언어를 강제당하므로) 공적 장소에서 말하는 것에 어려움이 있다.

---

[25] Ardener, *Defining Females*, pp 22-3.
[26] D. Zimmerman and C. West, 'Sex Roles, Interruptions and Silences in Conversation', *Language and Sex : Difference and Dominarce*, ed. B. Thorne and N. Henley (Newbury House, 1975).

2. 남자가 여자의 말하는 바를 이해하는 것은 여자가 남자의 말하는 바를 이해하는 것보다도 어렵다. (무언자 집단의 멤버는 지배자 모델과 무언자 모델 양쪽을 알고 있지 않으면 안 되지만, 지배자 집단에는 그럴 필요가 없기 때문이다.)
3. 여자는 지배자 집단의 표현 양식에 불만을 품고 있으며, 별도의 것을 찾는다. [27]

크라마레는 여자는 공적 장면에서 남자보다 이야기를 서툴게 하는 (이것은 납득되지 않는 결론이라 할 것이다) 것이 아니라, 그렇게 보이는 것은, 아마도 여자가 여자의 모델에서 남자의 모델로 번역할 필요성을 채우기 위해서 뛰어난 기술을 발달시켰기 때문일 것이라고 결론을 내린다. 그밖의 두 가지 가설에 관해서는 더욱 단정적이며, 그 양쪽을 지지하는 증거가 있다고 느낀다. 단편적 에피소드, 사회학적 조사나 임상 실험 같은 것에서도, 남자는 언제나 여자가 생각하고 있는 것이나 바라고 있는 것을 이해할 수 없다고 계속 말한다. 여자가 남자에 관해서 그런 불안을 표현하는 일은 없다.

그러나 이 사실이, 특히 언어적인 이론에 대해서 어떠한 뒷받침이 될 것인가? 대부분의 여자들이 물질적·정신적 원조를 얻기 위해서, 남자가 바라는 것을 익숙히 알려고 든다고 생각하면, 이 주장도 별로 새로운 발견 같지도 않다. 그것이, 양성이 언어적으로 자신을 표현하는 방법과 어떠한 관계가 있느냐 하는 점에 관해서는, 확실히 크라마레는 거의 아무런 증거도 들고 있지 않다.

여자는 지배자 집단의 커뮤니케이션 양식에 불만을 품고 있으며, 별도의 양식을 모색한다는 최후의 가설에 관해서는, 크라마레는 현재의 여성 그룹의 태도들을 짙게 참고하고 있다. 그녀도 지적하는 바처럼, 페미니스트들은 보통 격식바른 회화 방식이나 전통적으로 남성 우위의 정치적 레토릭을 배제해 왔다. 여류 작가 역시, 여성 특유의 장르 (특히 소설이나 일기)를 만들어 왔다.

페미니스트들은 양 아드너의 지배자와 무언자 모델에서 많은 것

---

[27] Cheris kramarae, *Women and Men speaking* (Newbury House, 1981) p. 3.

제6장 침묵 · 소외 · 억압   169

들을 배울 수 있으나, 이 모델에도 애매하고 오해를 불러일으킬 대목이 많이 들어 있다. 양 아드너가 명확히 보여주는 것은, 남자가 만든 규칙이나 제도는 여자가 효과적으로 말할 수 있는 장면이나 상황을 제한한다는 것과, 무언자 집단은 지배자 집단의 발화 양식으로 번역할 것을 강요당하거나 전혀 무시당하고 있다는 것이다. 양 아드너는, 문제가 가장 많은 언어적 결정론에 언급하는 것을 회피하고, 많은 이론가들이 간과했던 점을 현실적으로 강조한 것이다. 즉 여자도 실제로 현실의 모델을 소유하고 있으며, 수동적으로 말 없이 침묵당하는 희생자는 아니며, 사실 자신의 경험을 다룰 의식적 회로를 발전시키는지도 모른다는 것이다.

이 모델에서 뚜렷이 증명할 수 없었던 것은, 무언자 집단에는 언어가 없고 지배자 집단은 모든 언어적 자원을 사물화할 수 있다는 주장이다. 여자는 여자끼리라면 적절하게 커뮤니케이션을 하지만, 공적 (남성적) 분야에서는 제도적 제한을 받거나 나쁜 화자라고 판단되거나 하는, 앞서 제안된 다른 생각 쪽이 훨씬 납득이 가는 것이다.

남자가 만든 언어 : 남성 중심 사회와 정의를 내리는 힘

여자와 언어에 관한 책 중에서 가장 잘 알려져 있는 ≪남자가 만든 언어≫ *(Man Made Language)*를 쓴 데일 스펜더는, 양 아드너보다 더욱 급진적이고도 직접적이다. 언어적 결정론이나 언어 지배에 관해서 양 아드너가 대부분 너비칠 뿐 애매한 채 설명하지 않고 흔히 끝남에 반해서, 데일 스펜더는 언어적 결정론에 대한 신념이나 남자가 언어를 지배하는 방법에 대한 자신의 생각을 두려움 없이 당당히 말한다. 스펜더의 남자가 만든 언어 이론은 내가 앞서 든 세 가지 점을 모두 예증한다. 데일 스펜더에 따르면, 남자가 모든 사람에게 남자의 세계관을 강요할 수 있는 것은 남자가 의미를 지배하고 있기 때문이며, 남자의 언어로 자신의 경험을 표현할 능력이 없

170 페미니즘과 언어 이론

는 여자는, 남자의 현실을 내재화하거나 (소외), 전혀 말을 하지 않거나 (침묵) 중 어느 것인가가 되고 만다는 것이다.

≪남자가 만든 언어≫에서의 언어적 결정론

데일 스펜더는 언어적 결정론에 관해서는 생각한 만큼 많이 논의하지는 않으나, 보통 문제가 되는 점은 상세하게 말하고 있다.

 언어는 우리가 세계를 분류하거나 질서 세우기 위한 수단 곧 현실을 조작하기 위한 수단이다. 언어 구조와 언어 사용을 통해서, 우리는 세계를 현실화한다. 언어가 본질적으로 부정확하면, 우리는 잘못된 방향으로 나아가고 말 것이다. 언어 체계나 상징 질서의 기저에 있는 규칙에 효력이 없으면, 우리는 날마다 당황한다.
 그러나 언어의 일부인 의미 규칙은 자연스런 것은 아니다. 의미는 이미 세계 속에 존재해 있어서 단지 인간이 발견해주기를 기다리는 것은 아니다. 그 반대로, 무엇인가를 발견하려면, 그에 앞서서 의미가 발견되어야만 한다. 의미가 없으면, 준거의 틀도 질서도 체계적 해석이나 이해의 가능성도 없기 때문이다. [28]

그러나 이 규칙은 맨 처음에는 발견되지 않으면 안 되지만, 언어 사용자의 세대가 바뀔 적마다 새롭게 고쳐 발견된다고, 스펜더가 생각하는 것이 아님은 분명하다. 이런 규칙들은 고정된 체계로서 존재하고, 어린이들은 사회화의 과정에서 그것을 배운다. <…… 이런 규칙들은 어떠한 오해에 바탕을 둘지라도, 그 자체로 정당화·영속화를 하는 특징을 가진다.>[29]
 스펜더가 생각하는 상징 질서에서는, 사람은 의미를 구축하는 것이 아니라 의미 속에 <들어가는> 것이다. 그리고 의미가 원래 남자에 의해서 만들어지고 남자의 세계관을 구현하고 있는 이상, 여자는 무의식적으로 남자의 세계관과 일치된 견해나 생각을 조립해

---
(28) Dale Spender, *Man Made Language* (Routledge & Kegan Paul, 1980) pp. 2-3.
(29) Ibid., p. 3.

가는 것이다.

우리는 어떤 레벨에서는 — 정치적 선택의 문제로서 — 남자 우위의 신화를 지지하거나 반박하거나 하는데, 반면 다른 레벨에서는 그 신화가 우리의 행동을 구성하고 우리의 세계에 한계를 설정한다는 것을 알지 못한다. 우리는 세계를, <+male (남자)>와 <-male (남자가 아님)>으로 분단하는 중대한 기저 규칙에, 남성 중심적 질서의 기초를 보는 셈이다. 우리는 상징 질서 속에서 깨어나는 것이며, 성장해서 사회의 성원이 되고, 그 기호가 나타내는 의미 속에 들어감에 따라서, 이런 기호들이 들어맞는 세계를 구성하기 시작하는 것이다. 우리는 남성 중심적 질서의 의미 속에 들어가는 것이며, 그 점에서 우리는 남성 중심적 의미에 실질을 부여하고 그 의미가 실현되는 데 도움을 준다.[30]

여기서는 스펜더가 언어적 결정론의 몇 가지 다른 흐름을 참고하고 있다는 것을 안다. 우리가 상징 질서로 들어간다는 개념은, 라캉파의 것이다. 그러나 스펜더는, 다른 곳에서는, 자신의 생각은 서피어와 워프에 힘입고 있다고 주장한다.

한편, 인간이란, 같은 물리적 사실에서 같은 세계관을 이끌어낸다고는 할 수 없다는 증거가 있으며, 다른 한편으로는, 그 차이는 언어에 의한다는 설명 — 서피어=워프의 가설 — 이 있다. 우리의 세계의 한계를 결정하고 우리의 현실을 구성하는 것은 언어인 것이다.[31]

그러나 스펜더는, 일견 언어에 의해서 부과된 제약으로부터 벗어날 수 없다고 생각하는 점에서, 서피어보다 훨씬 극단적이다.

인간은 공평하게 우주를 그릴 수는 없다. 그러기 위해서는, 우선 분류 체계가 있어야 하기 때문이다. 역설적인 이야기지만, 그러나 일단

---
(30) Ibid., p. 4.
(31) Ibid., p. 139.

그 분류 체계를 손에 넣으면, 즉 일단 어떤 언어를 손에 넣으면, 어떤 자의적으로 분절된 것 밖에는 보이지 않게 되고 만다.[32]

이 대단히 강한 언어적 결정론이, 데일 스펜더의 언어에 대한 모든 생각의 배경이다.

≪남자가 만든 언어≫에서의 언어 지배

그렇지만, 스펜더가 가장 주장하고 싶었던 것은, 남자가 언어 그리고 특히 의미를 지배한다는 점이다. 여자는 의미의 창조로부터 체계적으로 제외되어 있다. 이 주장은, 도로시 스미스 (Dorothy Smith)의 지식의 구축 방식에 대한 다음의 생각을 참고로 해서 설명되어 있다.

> 전통은 이렇게 형성된다. 사고 방식이라는 것은, 음성 언어뿐만 아니라 서사 언어도 매개로 삼아서 디스쿠르 속에서 발전해 간다. 이런 사고 방식에는 의문・해결・테마・표현 방법・기준・세계관이니 하는 것들이 포함된다. 이런 사안들은, 과거에 달성된 것 위에 현재의 것을 쌓아 올리는 고리로서 형성된다. 여자는 이 고리에서 제외되어 있다…… 여자의 경험을 표현하거나, 여자의 상황이나 이해를 정의하는 데 적절하고 적당한 사고 형태를 만드는 일에 참가하는 길을 빼앗기고 있다. 여자는 여자 속에서 전통을 낳거나 지식인들 사이에서 진행하는 논의에서 대등하게 행동하기 위한 물질적・사회적 수단을 손에 넣는 일이 없는 것이다.[33]

여기서의 주장은, 남자는 승인된 지혜로서의 전통 — 사실・이론・이해나 해석 방식 — 을, 자신의 공헌을 다른 남자와 서로 체크하면서 만들어 간다는 것이다. 이러한 즐거운 동료 중에 누구도, 여

---

(32) Ibid., p. 139.
(33) D. Smith, 'A peculiar elipsing : women's exclusion from men's culture', *WSIQ* 1, 1987, pp. 281-2.

제6장 침묵 · 소외 · 억압 173

자가 생각하는 것이나 여자에 관한 지식이 여자에게 공평하고 정확한 것이냐 아니냐 하는 것을 스스로 묻거나 서로 묻거나 하는 사람은 없다.

 이 주장은, 여자가 학문적 · 지적 영역에 참가하지 않는다는 것에 대한 설명으로서는 충분한 것이다. 어떠한 대학을 들여다보더라도, 어떠한 지적 TV · 라디오 프로를 보더라도, 이 즐거운 동료 중에는 다이아몬드만큼 귀한 수의 여자 밖에는 포함되어 있지 않다. 나아가서 최근까지도, 남자는 여자가 전문 영역이나 고등 교육에 들어가는 것을 규칙으로서 거절할 수 있는 데다가, 그 이전에는 교육을 받거나 단지 읽고 쓰는 것을 배우는 일조차 봉쇄당했다는 것을 잊을 수는 없는 노릇이다. 실제로, 여자가 남자와 대등하게 학문 세계에 참가할 수 있는 물질적 수단 (금전적 · 교육적 자원)도 사회적 수단 (남자의 박해나 조종으로부터 해방되는 것)도 존재한 적은 없었으며, 그와 같은 수단은 지금도 존재하지 않는다.

 그렇다고 해서, 여자가 자기네들 자신의 전통을 가진 적이 없다고 생각하는 것은 확실히 잘못이다. 이를테면 수많은 여자들이 마녀라고 해서 화형을 당한 것은, 바로 그녀들이 남자에게조차 허용되지 않았던 전통적 지식을 소유했기 때문이다. 어떻든 간에 여기서 문제가 되는 것은, 스미스가 말한 법적 규칙이나 경제적 고려에 의해서 규정될 수 있는 고도로 제도화된 <지식>이 아니라 언어이다. 지적 전통에서의 의미의 구축에 관한 스미스의 분석이, 언어의 의미가 일상적 관여 속에서 구축되는 방법의 모델이 되느냐 되지 않느냐는 전혀 밝혀져 있지 않다. 일상 언어는 지식인이 행하는 논의와는 별개의 것이며, 배치나 정당화에 관해서, 어떻게 이 양쪽의 경우에 같은 프로세스가 해당되는지를 스펜더는 설명할 필요가 있을 것이다. 이에 관해서는 다음 장에서 언급한다. 그럼에도 불구하고 스펜더 이론의 주장은, 남자만이 차이와 지배에 의해서 얻은 우위에 선 지위에서 의미를 정의하고 있다는 것이다. 스펜더가 모성 (mother-hood)이라는 말을 고찰함으로써 제시하려 한 바와 같이,

여자의 입장에서는 이렇게 정의된 의미는 잘못된 것이며, 여자를 소외하는 것이다.

스펜더에 의하면, 남자가 <모성>이라는 말에 <긍정적인> 의미만을 부여해 버렸기 때문에, 여자는 어머니로서 겪는 고통스러운 경험을 이야기한다거나 심리적으로 인식하는 것조차 불가능하게 되고 말았다. 남자가 정한 의미가 좋은 것 뿐이므로, <불행한 모성> 같은 것은 존재 자체가 모순하는 것이 되고 만다. 현실전의 모성에 관해서 아는 것과, <모성>이라는 말의 의미 사이의 충돌 속에서 여자는 침묵할 수 밖에 없다. 여자 자신의 의미는 언어의 규범 밖에 있다. 여자의 경험이 역시 비정상적인 것일까? 진실을 말하면, 그녀는 <불행한 모성>과 마찬가지 정도로 부자연스럽고 이상하다는 딱지가 붙고 말 것일까?

데일 스펜더는 모든 말을 이렇게 분석할 수 있다고 생각한다. 온갖 의미는 글자 그대로 남자가 만든 것인 이상, 언어도 여자의 경험과는 모순되는 남자의 관점을 표현하는 것은 피치 못할 일이다. 이것이 소외와 침묵의 근원이다. 남자가 만든 언어 속에서는, 여자는 남자의 눈으로 사물을 보든지, 존재하는 말을 거부하고 침묵하든지 할 수 밖에 없는 것이다. 남자는 언어 속에서 남자의 세계관을 표현할 뿐만 아니라, 남자는 여자보다 우위에 있다는 신념도 표현한다고 스펜더는 생각한다. 이것은, 여자에 관한 말에는 모두 열악한 의미가 붙게 되고 타락한다고 하는 의미 규칙을 광범위하게 적용함으로써 달성된다. 그리하여 여자도 남자도, 비단 남성성의 안경 뿐 아니라 여자 멸시의 안경까지 쓰고서, 세계관을 인식하는 것을 배우는 것이다.

이런 의미 모델 속에서 해답이 주어져 있지 않은 큰 문제는, 의미란 어떻게 만들어지며 어떻게 배우느냐 하는 문제이다. 남자가 사전을 만들고, 여자가 그 사전을 이용한다는 것으로는 대답이 되지 않는다. 우리는 사전을 이용해서 말하는 것을 배우는 것이 아니기 때문이다. 그러나 남자는 경험에서 직접 의미를 정의할 수 있다고

제3장 침묵·소외·억압 175

가정한다면, 이 이론은 여자에게는 그 가능성이 없다는 말이 된다. 반대로, 여자가 자기 경험에서 의미를 구축한다고 가정한다면, 여자는 말에 관해서 남자와는 대단히 다른 생각을 가져야 맞으며, 여자가 모순된 남자의 정의를 배우지 않으면 안 되고 그것에 의해서 남자의 세계관의 내재화를 강요당하고 있다고 하는 이 이론의 중요한 주장과 상반되어 버리는 것이다. 그러면 여자는 어떻게 의미를 배우는 것일까?

이 물음에 대해서, 정녕 스펜더는, 자신의 문화의 전통적 이야기를 배우듯이 고정된 상징 질서로서 사회 손에 이미 존재해 있는 의미 속으로 <들어간다>라그 하는 신소쉬르파의 개념으로 되돌아갈 것이다. 그러나 이것으로는 결국 문제를 되풀이 할 뿐이다. 그 상징 질서는 어떻게 구축되며, 누구에 의해서 구축되는가? <남자에 의해서> 라는 것이 스펜더의 궁극적인 대답이 되지 않을 수 없는데, 이에 대해서 설명하지 않으면 안 될 것이다.

≪남자가 만든 언어≫에서의 힘

왜 여자는 여자 자신의 경험에 바탕을 둔 의미를 표현해 오지 않았는가 하는 문제는, 스펜더가 여자는 정치적 전략으로서 곧바로 그렇게 해야하며 그렇게 하는 것이 가능하다고 생각하는 것과 아울러 생각하면, 갈수록 잘 몰라진다. ≪남자가 만든 언어≫의 광고에는 <일단 여자가 남자의 의미의 잘못을 폭로하고 여자 자신의 의미를 표현한다견, 언어와 사회는 새로운 형태를 손에 넣을 수 있게 될 것이며, 여자도 자율과 자기 결정 능력을 향해서 나아가기 시작할 것이다>라그 열광적으로 노래부른다. 스펜더의 저서에는, 여자가 언어적 차원이 없는 것은 여자에게 힘이 없기 때문인가 (이 경우, 여자는 자신의 지위를 바꾸지 않으면 언어도 바꿀 수 없다), 그렇지 않으면 여자가 힘을 증대하기 위해서는, 그에 앞서 언어적 자질을 소유할 필요가 있는가 하는 점이, 언제나 뚜렷하지 않다. 스펜더는, 남성 중심적 현실은 무엇보다도 남성 중심적 언어에 의해서 구축된다는 워프류의 생각에 상당한 비중을 두지만, 때로는 언어 체계를 순수히 추상적 구조라고 암시하곤 한다.

  <남성 우위의 잘못을 폭로하는 것은, 남성 권력에 대한 직접적 공격은 아니라 하더라도, 남성 권력을 전복시킬 간접적 공격은 된다. 사회 성원의 많은 사람들이 남성 우위를 묵인하거나 불문에 붙이는 것을 그만두면...... 남자의 권력도 옹호나 변경을 필요로 하게 될 것이다.>[34]

스펜더가 여기서 말하는 것은, 남성 우위가 곧 남자의 권력이 아니며, 남성 우위는 남자의 힘을 정당화하는 작용을 한다는 것이다. 언어는 권력 자체를 유지하는 수단이 아니라, 권력을 자연스럽고도 공평한 것처럼 보이게 하는 우위성을 유지하는 수단인 것이다. 언어를 전복시켜 버리면, 남자는 자신의 권력을 다른 방법으로 옹호하거나 그 성질을 변화시키지 않을 수 없게 된다. 남성 우위의 신화를 폭로하면, 이미 그 부자연스러움이나 불공평함이 폭로된 남성 권력에 대해서, 여자가 공격하는 것을 장려하게 될 것이라고 말하는 것이다.

이 주장은, 여자의 <의미>는 그 자체로 변화한다고 생각하는 리치 (Rich)나 식수스 (Cixous)와는 현저하게 다르지만, 왜 여자가 성차별적 제도뿐만 아니라, 문화적 편견도 제거하지 않으면 안 되는지를 날카롭게 설명한다. 그런데도, 권력과 그 권력을 정당화하는 신화를 사실상 혼동하는 그런 언어적 결정론을, 스펜더는 어째서 굳이 들고 나오는지 알기 힘든다.

이들 언어적 결정론·언어 지배·여자의 소외에 관한 워프류의 급진적 페미니스트판은 지적으로도 정치적으로도 앵글로 아메리카의 전통에 속한다. 다음 장에서는 여성성과 남자의 권력의 문제를, 언어란 무엇인가, 언어가 인간의 일사에서 맡아하는 구실은 무엇인

---

(34) Spender, op. cit., p. 1.

가 라는 근본적 개념과의 관계에서 위치를 잡아보려는 조금 다른 틀을 고찰해야 한다.

제7장 페미니스트의 언어 모델 (II)
— 기호학과 성별화된 주체

제7장 페미니스트의 언어 모델(Ⅱ)
― 기호학과 성별화된 주체

> 사람은 언어 속에서 태어난다. 언어는 우리에게 말을 걸어오고, 우리를 그 법에 따르도록 한다.
>
> 엘레느 식수스

> 서양의 모든 디스쿠르는 남성성과 유사한 형태를 갖추고 있다.
>
> 뤼스 이리가라이

근자에, 셜리 아드너나 데일 스펜더 및 그 동료 등 영어권의 언어학적·인류학적 전통에 대한 진지한 도전이 지금까지 이상으로 광범위하게 의식되고 있다. 이 도전은 내가 <기호학> (semiology)이라 부르고 있는 분야에서 발생하고 있다. 기호학이 프로이트, 마르크스, 소쉬르의 통합을 통해서 달성하려 하고 있는 바는, 인간이라는 주체 곧 남자 자신·여자 자신을 설명하는 일이다.

  기호학을 전문가가 아닌 독자에게, 특히 언어학의 실증주의적 주류와 관련시켜서 설명하려는 것은 무척 어려운 작업이다. 독특한 용어들이 많은 기호학이 복잡하고 알기 어렵기 때문만이 아니라, 그같은 설명을 이해하는 데 필요한 시점의 전환을 할 때에, 자칫하면 즉좌적으로는 파악하기 어려운 이론 쪽을 무의식적으로 불공평하게 평가하고 마는 수가 있기 때문이다. 기호학의 입문서를 몸소 쓴 카워드와 엘리스 (Coward and Ellis)도 다음과 같이 말하고 있다.

이 책에서, 아마추어도 알 수 있는 용어로 (즉 기호학과는 다른 세계관을 따르는 별개의 개념적 틀을 가지고 있는 사람도 알 수 있도록), 바꾸어 말하거나 쉽게 설명하거나 하는 대목이 많은 것은, 중립적 입장을 취하고 싶기 때문만은 아니다. 그것은 전통적 연구 영역이…… 종래의 방법론에 불만을 품고 지금까지 해결할 수 없었던 <문제>에 대처할 수 있는, 어느 정도 제한된 양의 새로운 개념들을 도입하고 싶다는 생각이 있음을 보여주는 것이다. 전통적 분야에서는 그 틈을 메꾸기 위해서, 이미 가지고 있는 개념들을 단편적으로 해당시킨다. 그러나 현실에 틈이 나 있다는 것은, 전통적 분야의 이론적 기반 자체에 약점이 있음을 증명하는 것이다. ……그 결과가 …… 전통적인 영국의 절충주의이다.[1]

카워드와 엘리스가 말하고자 하는 바는, 전부냐 아니면 전무냐가 될 수 밖에 없다. 독자는 기호학자의 세계에 들어가려고 노력하지 않으면 안 되며, 거기서 발견한 것을 기호학 밖에서 사용했던 것과 같은 기준에서 판단할 것을 기대할 수도 없다. 간단히 설명하려고 하면 언제나 지나치게 간략화하고 말 것이다. <아마추어도 알 수 있는 말로> 설명하면, 기호학의 틀에 정통해 있는 사람들로부터는 설명이 부족하다는 말을 듣게 될 것이다.
    그럼에도 불구하고, 기호학 이론을 어느 정도 설명하는 것은 필요하다. 기호학은 근자에, 주체가 성장하는 과정에서 성 (性)의 아이덴티티를 어떻게 구축하느냐 하는 문제에 관심을 가지고 있으며, 성의 아이덴티티 구축의 과정은 언어를 기반으로 한다고 주장하고 있으므로, 페미니스트의 관심사와는 대단히 관계가 있는, 시사해 주는 바가 있는 이론인 것이다. 그리고 실제로도, 페미니스트의 몇

---

[1] R. Coward and J. Elllis, *Language and Materialism* (Routledge & Kegan Paul, 1977) p. 153.

몇 유파들은 기호학을 채용해 오고 있다. 기호학의 발전에 눈을 돌리지 않고 페미니즘이나 언어 이론을 말한다는 것은 이제는 불완전하게 마련이다.

마르크스, 프로이트, 소쉬르에 바탕을 둔 난해한 이론들에 비교적 용이하게 접근하려면, 기호학 중심의 연구자와 앵글로-아메리카계 사회 언어학자 사이의 두드러진 의견 차이를 고찰하는 것이 좋을 것이다. 이들의 의견 차이는 마리아 블랙과 로절린 카워드 (Maria Black and Rosalind Coward) 가 잡지 ≪스크린 에듀케이션≫ (*Screen Education*)에 쓴, 데일 스펜더의 ≪남자가 만든 언어≫의 서평[2]에 자못 뚜렷이 나타나 있다. 언어나 여자의 억압에 대한 스펜더의 설명에 이의를 제창하면서, 블랙과 카워드는 기호학적 어프로치에 전형적인 전제들을 분명히 하고 있다. 그들은, 특히 스펜더가 힘의 개념을 <단순히> 규정하고, 경험적·기계적으로 의미를 해석하는 데 반론을 제기하고 있다.

힘

힘에 관한 논쟁은 아마 엄밀히 말해서 언어학적인 것은 아닐지도 모른다. 그러나 그것은 앵글로-아메리카계와 프랑스계의 연구자들이 매우 다른 페미니즘의 개념들을 가지고 있다고 하는 중요한 사실을 부각시킨다. 데일 스펜더의 것은 <급진적 페미니즘>이라 부를 수 있는 것이다. 그것은, 남자가 결혼에 의해서 물질적으로 여자를 먹이로 삼을 수 있는 권리를 쥐며, 실제로 또는 위협으로, 여자에게 육체적 폭력을 가하는 것이 제도적으로 인정되어 있는, 모든 남자가 모든 여자에 대해서 힘을 가지고 있는 사회 기구를 설정하고 있다.[3] 블랙과 카워드의 페미니즘은, 오히려 사회 기구란 이데올로기에 의해서 구조화되는 복잡한 현상이라고 생각하는, 후기 마르크스파 (특히 루이 알튀세르 (Louis Althusser)와 미셸 푸코

---

(2) M. Black and R Coward, 'Linguistic, Social and Sexual Relations', *Screen Education*, 39.
(3) Cf. Christine Delphy, 'A Materialist Feminism is Possible', *Feminist Review*, 4.

(Michel Foucault)의 생각)를 참고로 하고 있다. 여기서 말하는 이 데올로기란 분명한 억압에 호소할 필요없이 권력 관계를 구축하는 표현 형식 실천의 집합이다. 비록 성적 권력 관계는 남자에게 유리하게 구축되어 있지만, 모든 남자가 이 불평등한 관계의 구축에 관여하고 있다든지, 심지어는 모든 여자가 남자의 권력 행사의 피해를 입고 있다고는 블랙과 카워드 형 (型)의 이론가들은 생각하지 않는다. 그들은 항용, 우리는 모두 어느 정도 만들어진 것이며, 한 사회 안에서도 힘의 많은 다른 차원들이 동시에 작용하고 있다는 것을 강조했다. 스펜더의 <하나의 집단이 글자 그대로 또 하나의 집단에 대해서 힘을 갖는다>[4]라는 가정에 대한 블랙과 카워드의 반론은 이런 문맥에서 이해할 수 있다.

의미

데일 스펜더도, 양 아드너도, 여자가 경험하는 세계는 남자와 다르기 때문에 여자는 다른 의미를 생성한다 (또는 생성한다면 그 의미는 남자와는 다르다)라고 논하고 있다. 문제가 되는 것은 의미를 언어로 표현하는 과정을 남자가 지배하기 때문에, 언어가 여자의 <의미>를 제외하고 남자의 경험만을 표현하고 있다는 점이다.

블랙과 카워드로서는, 의미를 이렇게 마치 언어나 이데올로기에 관계 없이 경험에서 직접 생겨나는 것처럼 말하는 것은 단순히 앞뒤가 맞지 않는다는 것이다. 그들로서는, 의미란 언어 및 언어 구조에 의해서 가능한 것이며, 개인의 경험을 그대로 표현하고 있는 것은 아니다.

<의미>를, 확실히 구별된 집단의 다른 사회 경험에서 파생하는 것이라고 가정하는 (스펜더의) 언어관에는 문제가 많다. …… 의미는 개인의 현실 경험을 반영하고, 간단히 언어에 표현된다는 것이다. 의미가 공유되어 있는 것은 …… 구조적으로 유사한 경험을 갖는 개인들

---

(4) Black and Coward, op. cit., p. 70.

을 하나의 그룹으로 하는 결과라고 여겨지고 있다. [5]

블랙과 키워드는 반대로 <경험이나 아이덴티티는 의미의 기원이라 볼 수 없으며 의미의 출력이라>[6]고 생각하고 있다. 이것은 경험이나 개인 자체를, 제도화된 기호 체계의 산물이며 그것들에 의존한 것이라고 보는, 궁극적인 스쉬르파의 언어적 결정론이다. <언어는 물질적 실체를 가지고 있다. 언어는 우리의 가능성과 한계를 규정하고, 우리의 주관을 형성한다.>[7] 의미는 경험에서 생기는 것이 아니라고 하는 이 제안을 처음 들으면, 대부분의 사람들은 전적으로 상식에 어긋난다고 생각할 것이다. 그렇지만, <주체의 탈중심화>(decentre the subject), 즉 의미를 산출할 수 있는 경험을 갖는 독특하고도 부동의 인격·인간성 등속을 지닌 주체의 존재를 부정하는 기호학적 어프로치에는 없을 수 없는 부분인 것이다.

지금까지 보아 온 바와 같이, 주관이란 사회적 존재의 조건이며, 인간에게 타인과는 별개의 존재며 문화의 법을 인식시키는 것이다. 주체에 관한 현대의 이론에서는, 어린이의 주관이 발달하는 과정은 정신 분석 및 언어학의 관점에서 논의되고 있다. 그러므로, 다음에 라캉의 연구에서의 주체의 발달에 관한 정신 분석·언어학적 설명과 그밖의 연구자들에 의한 라캉 이론의 발전을 더욱 상세하게 살펴 보지 않으면 안 된다.

정신 분석

어째서 페미니스트 이론이 정신 분석의 개념을 참고하지 않으면 안 되는가 하는 의문을 가질지도 모른다. 실천으로서의 정신 분석이, 수동적이며 힘이 없고 성적으로 매저키즘적인 여성성이라는 스테레오타입에 <맞추도록> 여자에게 요구하는, 여자에게는 몹시 포악한 것이었음은 의심의 여지가 없다. 그렇지만, 이론으로서의

---
(5) Ibid., p. 72.
(6) Ibid., p. 72.
(7) Ibid., p. 81.

정신 분석은, 가족 관계에서의 자아의 형성과 무의식에 관한 설명을 통해서, 종속이 인격 깊이 내재화되는 과정을 이해하는 데 쓸모가 있어 보이므로, 근자에 페미니스트들 사이에 널리 퍼져 있다. 더구나 정신 분석은, 사람이 기성의 남녀 모습에 맞춰서 이루어지는 성적 아이덴티티의 형성, 그리고 정신 생활 전반에서의 성의 대단한 중요성을 중심적으로 다룬다. 이것도 페미니즘처럼 성을 강조하는 정치 전략에서는 중요한 의미를 띤다.

반휴머니즘과 프로이트파 무의식

프로이트파 기호학자에 의하면, 프로이트의 연구에 관해서 중요한 것은, 인간이란 무엇인가의 문제에 대한 혁명적으로 새로운 개념을 가능케 한 데 있다. 우리는 스스로를 경험·성격·성 등을 <가지고 있는> 안정되고 통합된 실체라고 생각한다. 그러나 프로이트는, 이런 기분좋은 <휴머니즘> 같은 것은 환상에 불과하다고 지적한다.

정신 분석가에 있어 인간 주체는 복합체이며, 의식은 그 작은 일부일 따름이다. 일단 이 생각을 받아들이면, 우리가 의식하고 있는 욕망이며 감각이 통합된 자기로부터 나오고 있는지 어쩌는지조차 논의하는 것이 불가능하게 된다. 우리는, 우리의 의식적 사고를 형성하고 있는 정녕 무한할 무의식의 과정들에 관한 지식은 하나도 가질 수 없기 때문이다. 그러니 리버럴 휴머니스트가 <자아>라 부르는 저 불안정한 집합체는, 다양한 구조가 서로 작용해서 만들어내고 있는 것이며, 의식적 사고란 그 다양성을 과도로 한정해서 표현한 것이라고 생각하지 않으면 안 된다. 이 다양한 구조에는 무의식의 성적 욕망·무의식의 두려움·공포 등 뿐 아니라, 이것들과 마찬가지로 우리가 의식하고 있지 않은, 상반된 물질적·사회적·이데올로기적 요인들이 포함되어 있다. 반휴머니스트가 주장하고 있는 것은, 주체와 그 경험을 낳는 것은 고도로 복잡한 이런 상반된 구조의 네트워크이며, 그 반대로 주체가 이 네트워크를 낳는 것은 아니라는 것이다.[8]

---

(8) Toril Moi, 'Who's Afraid of Virginia Woolf : Feminist Readings of Woolf', 1982. p. 1.

프로이트에 의한 무의식의 발견은 인격을 한몸진 것으로 보는 견지를 물리쳤으나, 마찬가지로 프로이트의 심리적 성 발달의 이성애는 자연스럽게 싹트는 것이라는 생각을 무너뜨렸다. 프로이트의 도식에 따르면, 어린기는 태어나면서 기본적 남성성이나 여성성, 그것에 부수한 이성애의 흥미를 가지고 있는 것이 아니라, 성장의 과정에서, 가족 관계의 위기를 겪으면서, 참으로 확실치 않은 구축물인 성적 아이덴티티를 서서히 만들어 간다는 것이다. 그리하여 프로이트는, 인간 주체란 통합되고 안정된 것이 아니라, 상극과 모순의 끊임없는 과정 속에서 만들어지고 다시 만들어지고 하는 것이라고 하는 급진적·유물론적 이론에의 길을 열었다.

그러나 이것이 언어와 어떠한 관련이 있다는 말인가? 그 관련은 <상징 질서> (symbolic order) 곧 문화를 규정하는 의미의 집합이라는 개념에 있다. 주체에 관한 현대의 이론에서 이 상징 질서는, 차이의 체계인 소쉬르의 랑그와 같은 식으로 이해될 뿐 아니라, 더욱 빈번하게는, 언어 자체와 같은 것이라고 이해되기도 한다. 카워드와 엘리스는 <사회 전체를 형성하는 모든 실천이 언어에 의해서 행해지고 있는 이상, 언어를 사회적 개인이 구축되는 장소라고 생각하는 것이 가능하게 된다>[9]라고 설명하고 있다.

그러면, 기호학자의 관심의 표적인 사회적 개인을 가리키는 <주체> (subject)라는 용어는 지적인 말장난인 셈이다. 왜냐하면, 사회적 개인은 자기 자신의 인식이나 기호학자의 연구의 <주제> (subject)일 뿐 아니라, 누군가의 혹은 무엇인가의 권위와 규범에 <복종> (subject)되어 있기 때문이다. 이 무엇인가가, 기호학 이론에 의하면, 바로 상징 질서 또는 언어인 것이다. 우리는 모두 태어나기 전부터 존재하고 있는 언어의 법에 복종하며, 어린 시절에 할 일은 말하는 장소를 확실히 얻기 위해서 상징 질서 속으로 자기를 끼워 넣는 일이다. 이 일에 실패하면 우리는 정신병이 되고 만다. 그러므로, 주체의 발달이란 어린이가 상징 질서에서의 장소를 획득하는

---

[9] Coward and Ellis, op. cit., p. 1.

과정인 것이다. 그리고 이 상징 질서는 <개인 밖에 있어서 개인이 몸소 창조하거나 변경할 순 없다>[10]는 소쉬르의 랑그를 연상케 한다.

라캉

라캉은, 2장에서 본 바와 같이, 프로이트의 이론에 소쉬르의 통찰을 덧붙여서, 어린이가 어떻게 상징 질서 속에 자리를 잡아가는가 하는 문제에 대해서 말하고 있다. 어린이의 발달은 몇 가지 단계로 갈라진 <분열>의 과정이라고 라캉은 단정한다. 맨먼저 어린이는 자신이 어머니의 몸과는 분리해 있다는 것을 배우지 않을 수 없다. 다음 경상 단계 (鏡像段階)에서는, 거울에 비친 자기 자신의 모습을 인식하고, 나아가서 자아와 타자의 범주를 내재화한다. 마지막으로, 화자로서의 자신 (<나>)과, 말을 듣게 되는 청자로서의 자신 (<너>)과, 타자의 회화에서 언급된 자신 (<그녀 또는 그>)를 분리하지 않으면 안 된다. 분명히 이 마지막의, 말하는 주체, 말을 듣는 주체, 언급되는 주체의 분열은 언어가 없으면 발생할 수 없다. 언어는 어린이가 자기를 자리잡는 데 필요한 규범과 방향을 가르쳐준다. 언어 학습이란 개체화의 과정인 동시에 사회화의 과정이기도 한 것이다.

페미니스트의 관점에서 보면, 라캉의 주장 중에서 가장 중요한 것은 남자 아이와 여자 아이는 다르게 상징 질서로 들어간다는 주장이다. 즉 그네들의 언어와의 관계가 다르다는 것이다. 이런 차이가 생기는 이유는 팔러스 (phallus ; 男根像)가 지니는 중요한 의미에 있다. 어째서 라캉이 상징 질서는 팔러스에 지배되어 있다고 보는지를 이해하기 위해서는, 심리적 성 발달에 대한 프로이트의 설명이나 문명에 관한 그의 생각으로 거슬러 올라가지 않으면 안 된다. 주지하는 바와 같이 프로이트는, 어린이는 나면서부터 양성애자 (兩性愛者 ; bisexuality)라고 믿었다. 그러나 문명이 존속하기 위해서는 생식적 성이 필요하게 되므로, 어린이가 자신을 남자 또

---

[10] F. de Saussure, Course in General Linguistics, trans. Baskin (Fontana, 1974) p. 14.

제7장 페미니스트의 언어 모델(II) 189

는 여자라고 규정하는, 즉 자기를 하나의 성과 동일시하고 (되도록 이면) 다른 편의 성을 욕구하는 어떤 과정이 필요하게 된다. 이런 사태는 어떻게 생겨나는가?

프로이트에 따르면, 그 해답은 어린이와 부모의 격렬한 관계 속에 있다. 그는 임상 관찰에 입각해서, 어린이는 어머니에 대해서는 성적 욕망의 감정을 가지며, 어머니의 애정에 관해서 라이벌인 아버지에 대해서는 분노와 질투의 감정을 갖는 발달 단계로서, <외디푸스 컴플렉스> (Oedipus complex)를 설정하게 되었다. 이 사태는 다음 단계인 <거세 컴플렉스> (castration complex)에서 해소되거니와, 팔러스가 중요한 상징적 구실을 하는 것이 이 단계이다. 남성 주체와 여성 주체의 구별을 달성하는 것이 거세 컴플렉스이다. 남자 아이의 어머니에 대한 성적 욕망은 아버지가 저를 거세할지도 모른다는 공포를 통해서 뛰어 넘는다. 그리고 이어서 자신처럼 팔러스의 소유자이자 법의 집행자인 아버지와 동일시해 나간다. 한편, 여자 아이는 자기가 이미 거세되고, 후에 아이를 가짐으로써 이 상실된 팔러스에 환치하도록 할 것임을 인식하지 않으면 안 된다. 어느 쪽에 있어서나 성별을 인식하고 이해하기 위해서 중요한 것은, 자기가 — 그리고 자기의 부모가 — 팔러스를 가지고 있느냐 없느냐 하는 사실인 것이다. 문화의 법 곧 상징 질서는 모든 주체가, 이쪽이냐 저쪽이냐, 소유하고 있느냐 소유하고 있지 않느냐의 어느 쪽 입장인가를 선택할 것을 강요한다. 그것은, <누구라도 자기가 해부학적으로 받은 성과는 반대의 성으로 경계를 뛰어 넘어 변경할 수 있다>[11]라는 비생물학적 발언에서도 마찬가지이다. 바꾸어 말하면, 거세 컴플렉스를 겪더라도, 언제나 <정상적> (normal)인 성 발달 (즉 해부학적인 성과 동일한 성 주체에의 발달)이 되지 않더라도 좋으며, 언제나 어느 한 쪽의 입장을 결국 취하지 않을 수 없다는 것이다.

라캉에 따르면, 거세 컴플렉스 이전의 어린이는 <상상계의 질서> (the order of the Imaginary) 속에 있다. 모자의 밀접한 관계는 어린

---
(11) J. Mitchell and J. Rose (eds.), *Feminine Sexuality* (Macmillan, 1982) p. 49.

이가 결여·불완전·부재·차이·채워지지 않은 욕망을 아무 것도 인식하고 있지 않다는 것을 의미한다. 이러한 일들은, 세번째의 팔러스가 거세 컴플렉스에 의해서 도입되면서 비로소 인식되는 것이다. 이 인식에 의해서 어린이는 상상계의 질서의 단계에서 상징 질서의 단계로 이행한다. 우리가 검토해야 할 것은 이 이행과 이행에서의 팔러스의 의미이다.

거세 컴플렉스에서의 팔러스의 기능을 보면, 이에는 두 가지 매우 강한 의미가 주어져 있음을 알게 된다. 하나는 결여로서, 팔러스는 어머니 몸의 상실을 상징하고 있다. 세번째 팔러스가 도입되면, 근친 상간의 금지와 거세에 대한 두려움이 나타나기 때문에, 그 이전에 존재하고 있던 모자 간의 긴밀성은 결코 다시 얻어지는 일이 없다. 팔러스의 또 하나의 <의미>는 남성 중심 사회의 법 곧 근친 상간을 금지하고 아버지에 의한 거세를 두렵게 생각하는 사회적 질서이다. 따라서 팔러스는 한편으로는 상실·결여·욕망을 상징하고, 다른 한편으로는 권력과 사회 질서를 상징한다.

라캉으로서는, 어린이를 재촉해서 언어에 향하게 하는 것이 바로 이 결여의 인식인 것이다. 말이 사물을 표현할 수 있다는 생각은 어린이가 무엇인가 결여되었거나 상실된 사물의 개념을 가져야 비로소 파악될 수 있다. 그리하여 모자의 일체감이 파괴되지 않으면 언어는 존재할 수 없으며, 언어는 팔러스의 투입에 의존하고 있다. 이것이, 상징 질서는 팔러스에 지배되어 있다고 주장하는 라캉의 이유이다.

해부학과 숙명

페미니스트들은 전통적으로 프로이트의 팔러스 중심주의에 대해서 몹시 비판적이었다. 그녀들은, 이를테면 어째서 어린이는 거세를 두려워하지 않으면 안 되는가, 그리고 페니스 선망과 사회에서 남자에게 부여된 권력에 대한 여자의 선망과를 동일시하지 않으면

제7장 페미니스트의 언어 모델(Ⅱ) 191

안 되는가 하고 물어왔다. 따라서 정신 분석의 이론에서의 거세 공포나 페니스 선망은 표리 일체를 이루고 있다. 팔러스를 가지고 있는 자 (사내 아이)는 가지고 있지 않은 자가 있다는 것을 인식하고 팔러스를 상실하는 것이 아닌가 하고 환상한다. 반면 여자 아이는 마찬가지로, 자기에겐 팔러스가 결여되어 있으며, 남자가 팔러스를 소유하고 있다는 것을 알아차리고서 남자 아이와는 정반대의 환상을 가진다. 팔러스라는 말은, 환상 속의 물체를 가리키는 의미로 쓰이고 있으며, 실제의 생식 기관을 가리키는 페니스와는 대립된다. 라캉파는 이 두 가지를 조심스럽게 구별하도록 주장하고 있다.

그럼에도 불구하고, 팔러스는 어느 의미에서 페니스가 아니라고 주장할 수는 없다. 거세 공포가 분명히 비현실적임을, 그것들은 무의식이었지 현실의 사회 생활에서 일어나는 것 (이를테면 아버지가 정말로 거세한다는 두려움)에 동기부여된 것은 아니라고 주장함으로써 <설명>할 수 있다 하더라도, 팔러스에 관한 차이나 무의식의 환상을 알아차리기 위해서 없어서는 안 될 현실 생활의 사건이 하나 있다. 그것은 눈에 보이는 차이를 인식하는 일이다. 어린이가 거세 공포나 페니스 선망을 품는 데는, 반대 성의 성기가 자기의 성기와 같지 않다는 것을 어떻게든 알지 않으면 안 된다. 어린이는 이 사실을 기억 속에 등록해 두고서, 거기에 어떤 첫 의의를 부여하지 않으면 안 된다. 이렇게 분석해 가면, 마지막에는 해부학적 성도 무시할 수는 없게 된다.

이 사실 자체는 페미니스트들에게는 문제가 되지 않는다. 결국 양성 간의 해부학적 차이를 부인한 사람도 없었으며, 그 차이가 장래의 성애적 경험을 결정하는 데 중요한 구실을 한다는 것을 부정한 사람도 없었기 때문이다. 문제가 될 성싶은 것은, 이 설명에서 여성의 성기에 준 특정 의미이다. 어째서 어린이가 여성 성기와 남성 성기를 비교하면서, 남자 아이는 여자 아이에게는 <결여>되어 있는 무엇인가를 <가지고 있다>고 결정해 버리는 것일까? 어째서 어린이는 이미 세계를 대립항의 집합으로 구축하는 <이항 대립>적

심리를 가지고 있는 것일까? 정신 분석 이론의 이같은 전제는 모두 팔러스 중심주의에 가담한 증거처럼 보인다. (실제로 뤼스 이리가라이는 그렇게 주장하고 있다. 그녀의 연구에 관해서는 이 장 후반에서 보게 될 것이다.)

라캉파의 평론가 자클리느 로즈 (Jaqueline Rose)는, 이런 필연성 없는 해석은 상징 질서 자체에 의해서 고정되어 있는 기호 표현 (signifier)으로서의 팔러스의 가치에서 생기는 것이라고 대답하고 있다. <…… 무엇인가를 결여하고 있다는 것은, 앞서 존재하고 있는 가치의 계층에 비추어서 비로소 알 수 있는 것이다. …… 여기서 관여하게 되는 것은 그 인식이 아니라, 그것에 이미 부여를 한 의미인 것이다……>[12] 그러므로, 설명은 차이에 의미를 유일하게 부여하는 언어와 상징 체계로 되돌아간다.

라캉파 언어학 : 상징 질서

지금까지 우리는 아이덴티티와 성에 관한 라캉파의 일반적 틀을 고찰해 왔다. 어린이가 언어에 이르는 것은 무슨 까닭인가 하는 문제에 관한 라캉의 신념, 그리고 왜 라캉이 언어의 체계를 팔러스 숭배적이라고 믿으며, 때문에 팔러스를 소유하지 않는 사람은 언어에 대해서 주변적이라고 생각했는지를 보아 왔다. 이제 우리는 언어 자체에 관한 라캉의 견해를 검토해 보아야 한다.

첫째로 상징 질서라는 개념에 관해서 일어나기 쉬운 가벼운 혼란에 주목하는 것이 중요하다. 라캉파의 책에서는 (라캉의 글과 동일한 것은 아니다), 때때로 상징 질서가 언어도 포함한 사회적·문화적 실천 전체의 의미로 쓰이는 수가 있으며, 다른 경우에는 상징 질서가 언어 자체의 의미로 환원되고, 다른 문화적 실천은 언어에 의해서 만들어진다고 일컬어지는 수도 있다. 이 두 가지 가능성으로부터는 다른 반응들이 나온다. (두번째 가능성이 첫번째보다 극단적인 언어적 결정론이기 때문이다.) 지금 당장은 이 문제는 놓아 두

---
(12) Ibid., p. 42.

지만, 상징 질서의 이 애매성은 유념해 두어야 할 것이다.

　기본적으로 말하면, 라캉의 견해는 소쉬르파의 견해이다. 즉 언어란 서로의 차이에 의해서 규정되는 기호의 체계라는 것이다. 그러나 라캉이 스스로 소쉬르와 다르게 하는 것은 기호 표현 (signifiant)이 기호 내용 (signifié)보다 중요하다고 생각하고 있는 점이다. 라캉에 의하면, 기호 표현은 그것과 일대일로 대응하는 기호 내용을 나타내고 있는 것이 아니라, 오히려 그 기호 표현과 구별되는 다른 모든 기호 내용을 가리키고 있다는 것이다. 어느 것이 무엇을 의미하고 있느냐를 문제로 삼는 것은, 이 연상의 고리에 관련시켜서 비로소 가능하게 된다는 것이다. 카워드와 엘리스는 다음과 같이 설명한다.

　　언어에는, 사전과 같은 빙빙 도는 어지러운 효과가 있다고 생각된다. 정의를 좇아서 일련의 동의어를 더터가면, 각 단어는 다른 모든 단어들을 가리키게 된다. 유의어 (類義語)에 의한 환치는 모두 공인되어 있다. 그 결과, 언어는 전혀 기호 내용에 관여되는 일 없이 순환론이 되는 것이다.[13]

　여기서 분면히 문제가 되는 것은, 그렇다면 어째서 화자가 단순한 자유 연상이나 전보 (電報) 게임이 아니라, 다른 사람이 해석할 수 있는 의미있는 발언을 하고 있다고 생각하는 것일까 하는 점이다. 라캉은 이 반론에 대해서, 끝이 없다고 가정된 기호 표현의 고리가 실제로 닫히는 시점 <꿰맨 점> (points de capiton)을 꺼내어 해답을 하고 있다. <꿰맨 점>이란 문맥적 현상이며, 그 순간·상황·관련하는 사회 규범이 만들어내고 있는 것을 가리킨다. 소쉬르의 용어를 사용하면, 그것들은 파롤에 의해서 랑그에 가해진 한계이다.

　그러나 이 설명은 당혹을 불러 일으킨다. 라캉은 (그밖의 많은 신소쉬르파와 마찬가지로) 하나의 기효 표현과 하나의 기호 내용 (즉 하나의 형식과 하나의 의미) 사이에 분리 불가능한 강한 결합

---

(13) Coward and Ellis, op. cit., p. 97.

관계를 상정하는 것을 부정하고 있으며, 의미란 문맥·언어의 연상 관계·사회 구조 등이 서로 관여해서 생겨나는 것이라고 결론을 내린다. 그러나 한편, 라캉은 언어 자체가 사회 질서를 구성한다고 주장하고 있으며, 나아가서 언어도 언어가 구성하는 사회 질서도 개인에 앞서서 존재하고 있으며, 개인의 아이덴티티나 경험은 모두 구성되어 있는 사회적 현실 속에 스스로를 삽입해야만 한다는 필연성에 맞춰서 만들어져 있다고 말한다.

　이 주장은 상징 질서의 팔러스 중심주의에 관해서 하나의 문제를 던지고 있다. 그것은, 팔러스의 권위, 더욱 일반적으로 말하면 남자의 권위가, 생득적·해부학적 우위성에 의해서 보증되어 있는 것도 아니며 언어에 의해서 보증되어 있는 것도 아니라면, 도대체 어디서 온 것일까 하는 문제이다. 팔러스가 모자 (母子) 일체감을 파괴하는 제3의 요소로서 언제나 언어 습득에 박차를 가하고 있는 것인지도 모른다. 그러나 그렇다고 해서, 어째서 상징 질서에서 팔러스에 이같이 중요한 뜻을 주지 않으면 안 되는 것일까? 분명히 라캉는 대답이 없다. 그가 주장하고 있는 것은, 상징 질서 (이 경우 사회적·문화적·언어적 의미 작용의 과정 전체를 가리킨다)는 남성 중심적이다 라는 우리 모두가 알고 있는 것 뿐이다. 자기 자신 문화 속에 끼여들어간다는 것은 남성 중심 사회에 복종하는 문제이다. 그러나 라캉의 언어나 성적 아이덴티티에 관한 이론에는, 어째서 상징 질서가 남성 중심적인가에 관한 설명이 없다. 라캉의 이론은 성차의 문제를 다룰 수는 있어도 성적 권력을 직접 논의할 순 없다. 물론 그런 것은 결코 의도되어 있지 않았는지도 모른다. 그렇다고 하면, 라캉의 이론을 채용한 페미니스트들 (이를테면, 식수스 (Cixous))는 이론의 중요성에 관해서 슬픈 잘못을 범해 온 셈이며, 이론의 정치적 유효성을 지나치게 높이 산 셈이다.

　실제로, 라캉과 라캉파 연구자들이 아무리 반론을 펴고 의미의 문맥성을 인식하고 있다고 주장하더라도, 나에게는 그녀들이 언어 체계에 의해서 (<빗나감>은 있다 하더라도) 고정된 의미를 상정하

제7장 페미니스트의 언어 모델(Ⅱ) 195

고 있는 소쉬르의 언어적 결정론에 암암리에 빠져들고 있는 것처럼 보인다. 라캉과 언어 습득 이론의 중요 개념은 이미 존재하고 있는 상징 질서에 자기 자신을 삽입한다는 것이다. 상징 질서와 그것에 의해서 만들어지는 의미를, 고정되고 안정된 것이며 개인 밖에서 만들어지고 인간 사회에 참가하기 위한 필요한 대가로서 개인에게 부과한 것이라고 상정하지 않는 한, 이 삽입의 작업은 불가능하다고 생각된다.

신소쉬르파는, 구현화되어 있지 않는 체계가 사회에 처음부터 존재한다고 하는 소쉬르의 생각을 거절하고, 그 대신, 이론의 중심에 실제로 말하는 주체를 가져왔다는 점에서, 소쉬르에서 진일보했다고 주장하고 있다. 그러나 이 주체도 사회에 처음부터 존재하고 있는, 구현화되어 있지 않은 체계 속에 자신을 자리잡게 함으로 해서만 구성되는 것이다. 인간은 누구라도, 언어가 만든 현실을 재생산한다. 말하는 주체로서의 인간도, 자기 자신이 만든 것이 아닌 고정된 상징 질서의 법칙에 복종한다. 블랙과 카워드가, 의미가 개인의 경험을 만들어낼 뿐, 그 역 (逆)은 아니라고 주장했을 때에 의도하고 있던 바는 이 상징 질서의 법칙에의 복종이다. 그리고 흥미롭게도 이 견해는 데일 스펜더의 견해와는 정반대임에도 불구하고, 의미는 어떻게 고정될 수 있는가, 그리고 언어는 현실을 결정하는가 그렇지 않은가 하는 아주 동일한 문제를 일으킨다.

많은 페미니스트들은, 라캉의 이론을, 여자의 억압을 설명하는 이론이라고 생각하고 있다. 여자는 남자의 기호 영역 속에서 구축되므로, 라캉의 말을 빌면, 여자는 <필연적으로, 즉 말이라는 것이 지니는 성질 상, 배제되는> ⁽¹⁴⁾ 것이다. 여자의 억압의 원인은, 다시 상징 질서로부터의 소외이며, 인간이 되는 것은 어떤 것인지를 한정하는 상징 질서 속에서 여자가 주변적인 위치를 취하도록 강요당하기 때문이라는 것이다.

언어적 결정론·언어 지배·소외의 일반적 문제를 언급하기에 앞서, 철학자이자 비평가인 줄리아 크리스테바나 정신 분석가인 뤼

---

(14) J. Lancan, *Le Seminaire X X : Encore* (Editions du Seuil, 1975) p. 68.

스 이리가라이와 같은 페미니스트들, 아니 적어도 (프랑스에서는 **페미니스트**라는 말은 남성 중심적인 남녀라는 이분법을 은연중 승인하고 있다고 보고 있으므로) 급진적인 여성 이론가들이 라캉파의 생각을 어떻게 취하고 있는지를 우리는 보아야 한다.

줄리아 크리스테바

줄리아 크리스테바의 연구는, 라캉의 비평이라기보다는 라캉의 이론을 더욱 발전시킨 것이다. 크리스테바는 여성성이 상징 질서에 들어가는 양식에 의해서 구축된다고 믿는다. 크리스테바의 연구 중에서 이 책의 주제에 관련이 있는 주요한 의의를 든다면, 그녀가 라캉파 언어학으로부터 나오는 해부학적 성이 곧 숙명이라는 생각을 분명히 거절하는 것이 지니는 의미를 명확히 했다는 점이다.

크리스테바는 언어 습득의 앞 단계에 있는 전 (前)외디푸스기 상상계에 관해서 흥미롭게 논의를 전개하고 있다. 크리스테바는, 상징 질서 이전의 단계로서 어린이의 구순 항문적 (口脣肛門的) 욕망에 결부된 원기호 질서 (semiotic order)를 상정한다. 이러한 욕망의 <욕동> (pulsions)은 일체가 되어서 코라 (chora) (대체로 용기를 뜻한다)가 된다. 나중에, 어린이가 거세 컴플렉스의 결과 상징 질서 속에 자리잡게 되면, 코라의 내용은 억압되고 말겠지만, 그 영향은 리듬 · 인터네이션 · 틈새 · 의미 없는 일반적인 텍스트의 파괴를 통해서, 언어적 디스쿠르 속에서 찾아볼 수 있다. 실제로 예술 · 시 · 광기와 같은 디스쿠르는, 언어의 상징 질서적 측면보다 원기호 질서적 측면을 이용한 것이다.

크리스테바에 의하면, 어린이가 주체로서 어느 위치 (상징 질서에 완전히 통합되어 있는 남자인가, 상징 질서에 대해서 주변적인 여자인가)를 취하는가에 관해서는 선택의 가능성이 있다. 이 선택은 생물학적으로 결정되는 것이 아니라, 모친과 부친 어느 쪽과 자신을 동일시하느냐에 따라서 결정된다. 이와 같이 상징 질서에 대한 주변성으로 정의되는 여성성은 여자뿐 아니라 남자에게도 가능한 것이다. 여성성을 갖는 주체의 위치를 선택한 사람은, 남자든 여자든, 전 (前)외디프스기의 모친상과의 강한 결합을 간직한 상태에 있으며, 코라의 영향이 현저한 언어를 사용한다. 이성적 디스쿠르를 깨뜨려, 이를테면 프랑스 근대시에 그 독특한 특징을 부여하고 있는 것이 이 코라의 능력인 것이다.

> 근대시에 엿보이는 돌연한 이행·생략·끊어짐·논리의 결여는, 그것이 신체의 리듬이나 무의식이 습관적·사회적 의미의 엄밀한 이성의 벽을 깨뜨린 결과 생겨난 글임을 보여주고 있다. 크리스테바는, 이와 같은 습관적·사회적 의미를, 상징 질서 전체를 — 즉 인간의 사회적·문화적 제도 모두를 — 지탱하는 구조라고 보고 있으므로, 크리스테바에 있어 근대시에서의 상징 질서적 언어의 붕괴는, 완전한 사회 혁명을 예시하는 것이 된다. [15]

여기서 우리는, 여성성은 비생물학적으로 정의된다고 하는 크리스테바 주장의 중요성을 이해한다. 그녀가 추켜든 시인 — 말라르메와 로트레아몽 — 도 남자이기 때문이다.

그러나 인간을 남성적 또는 여성적이게 하는 것이 그 사람의 상징 질서에서의 위치라 한다면, 이런 카테고리들을 생물학적 남성성이나 여성성과 동일시하는 것은 일종의 책략이 되는 셈이다. 여성성 (feminity)과 여자가 되는 일 (womanhood)은 같은 것이 아닌데도, 남성 중심 사회는 이것들이 같은 것이거나 한 것처럼 보이고 있다. 그리고 여자는 부정확하지만 틀림없이 여성적 주체와 동일시되고 상징 질서에 대해서 주변적인 위치를 얻고 있으므로, 상징 질서와 상상계의 혼돈의 경계를 표현하게 되는 것이다. 토릴 모이 (Toril Moi)는 다음과 같이 말하고 있다.

> 남자 문화가 어떤 때는 여자는 암흑과 혼돈 — 코라 또는 상상계의

---
(15) Toril Moi, op cit., p. 14.

혼돈이라 말해도 좋다 — 을 나타낸다고 말하면서 중상하고, 어떤 때는 여자가 남자보다 고상하고 순수한 특질을 대표하고 있다고 추켜올릴 수 있었던 것은, 이 여자의 경계적 위치에 의한 것이다.[16]

크리스테바는, 다른 종류의 페미니즘은 상징 질서에 대한 다른 견해를 체현하고 있다고 본다. 평등한 권리를 요구하는 리버럴파 페미니즘은, 여자가 상징 질서 속에서 주변적이 아니라 남자와 평등한 위치를 차지할 것을 요구한다. 급진파 페미니즘은 특히 여성적인 것을 격찬한다. 이것은, 상징 질서에 자리를 잡은 여자의 가치를 모두 거절하는 것을 뜻한다. 크리스테바가 <제3 세대>라 부르는, 다음 단계의 페미니즘은 남자 대 여자의 대립 자체를 형이상학적이라 해서 거절하고, 성이라는 개념 전체, 심지어는 일반적인 아이덴티티의 개념조차 공격할 것이다.

우리는 아직 급진적 단계를 넘어서고 있지 않으므로, 언어에서의 여성성을 개선하고 그것을 선언할 필요가 남아 있다. 그러나 남성성 대 여성성이라는 이분법 자체에 문제가 있다는 것을 알아차리지 않으면, 우리의 투쟁도 옛 카테고리는 그대로 둔 채, 단지 카테고리 속의 인간의 위치를 바꿀 따름인, 역전된 성차별의 영역을 벗어날 수는 없을 것이다. 크리스테바의 이론에서는, 언어는 사실상 <우리의 가능성도 한계도 규정하고…… 우리 주관을 구성하는> 것이기 때문에, 이 권위주의적이요 팔러스 중심적인 상징 질서에서 벗어나는 방법은 없다. 상징 질서에 대신하는 것은 정신 이상 뿐이다. 그러나 상징 질서도 내부로부터 뒤집을 수는 있다. 그리고 크리스테바에게는 이 전복은 혁명적인 행위이다.

뤼스 이리가라이

뤼스 이리가라이 (Luce Irigaray)는 라캉파의 틀 속에서 훈련을 받은 정신 분석가이다. 그렇지만, 그녀는 1970년대에 라캉에 대한 비

---

(16) Toril Moi, `Language, Femininity, Revolution : Julia Kristeva and Anglo-American Feminist Linguistics`, 미발표 강의, 1983, p. 23.

제7장 페미니스트의 언어 모델(Ⅱ) 199

판을, 특히 여성성과 언어에 대한 문제에 초점을 맞춰 가차 없이 행했다. 그리고 1974년에 ≪또 하나의 여자의 거울≫ (Speculum de l'autre femme)을 출판하고 라캉파로부터 추방되었다. 이리가라이의 라캉에 대한 주요한 반론은, 라캉의 이론이 성에 있어서나 (라캉에게나 이리가라이에게나 성과 밀접히 관련되어 있다고 생각되는) 언어에 있어서나, 복수성을 인정할 수 없다는 점에 향해진다. 라캉과 같은 이론에서는, 여자의 타자성이나 차이는 부정되고 단순한 대립만이 강조되고 만다는 것이다.

라캉의 유명한 선언, <무의식은 언어처럼 구조화되어 있다>에 대해서, 이라가라이는 <그것은 어느 언어인가>라고 묻는다. 라캉에 있어 언어는 단 하나 밖에 존재할 수 없으며, 여자는 그것에 대해서 부적격하게 관계붙여져 있다. 이라가라이에 있어서는 여자도 여자의 성이나 상상력에 관련한 자기네들 자신의 언어를 가지고 있다. 이 여성의 언어는, 크리스테바의 코라의 기호 표현처럼, 단지 억압되어 있는 것이 아니라 현실적으로 말살되어 있다. 즉 어떠한 레벨에서나 존재를 부정당하고 있다는 것이다. 이리가라이는 이 여성 언어의 말살, 따라서 언어의 문제가 남성중심 사회의 기본적인 문제라고 믿고 있다.

언어의 문제는, 여자의 성의 문제와 밀접하게 관련되어 있다. 왜냐하면, 나는 언어가 보편적이라든지 성차에 관해서 중립적이라고는 믿고 있지 않기 때문이다. 오직 남자만이 구축하고 유지해 온 언어를 앞에 놓고, 나는 감히 여성 언어의 특성이라는 문제를 제기한다. 여자의 …… 몸·성·상상력에 알맞는 언어 말이다. 사실은 남자만이 만드는 것인데도 마치 보편적이거나 한 것처럼 보이고 있는 언어야말로, 사회에서 그리고 사회에 의한 여자의 소외와 착취를 유지하는 것이 아니겠는가?[17]

라캉이 여자에게는 없는 것이라고 개념화한 것을, 이라가라이는 차

---
(17) L. Irigaray, 'Womens exile', Idology and Consciousness, 1, p. 62.

이로 보는 것이다. 여자의 언어가 혹 말살되어 있지 않다면, 남자의 언어와는 두 가지 주요한 점에서 다르게 마련이다. 첫째는 (이것은 페미니스트적 민간 언어학의 일부가 문장의 논리성이나 완결문을 거절했음을 상기시키지만), 통사적인 것이다. <그것은 우리가 여러 세기 동안 사용해 온 통사법, 즉…… 주어와 술어라든지, 주어·동사·목적어 같은 것에는 전혀 아랑곳하지 않는다. 여자의 성은 통합할 수가 없는 것이다.>[18] 둘째는 역시 여자의 성의 복수성을 반영하고, 또 의미에 관계되는 것이다.

여성의 언어에는, 항시 복수성이 존재한다. 그것은, 프로이트류의 <말맞춤> (pun), 즉 뜻이 겹쳐서 의미의 계층이 생기는 경우를 가리키는 것이 아니라, 순간마다 여자에게 있어 항시 적어도 두 가지 의미가 존재한다는 사실을 말하는 것이다. 두 가지 의미 중 어느 것이 보급되어 있다든지, 어느 것이 계층의 <위>요 어느 것이 <아래>에 있다든지, 어느 것이 의식되어 있고 어느 것이 <억압되어 있다>든지 하는 것이 결정되지 않는 데서 나오는 의미의 복수성을 가리킨다. 여성의 언어는 디스쿠르를 규정하고 있는 단어나 명사의 유일한 의미, 올바르다고 일컫는 의미를 취소해 버리기 때문이다. [19]

이와 같이, 의미가 결정되는 것을 거부하는 것은 (대단히 중요하므로, 다음 장에서 더욱 말하겠다) 라캉에의 도전일 뿐 아니라, 그 이상으로 중요한 의미에서, 소쉬르와 구조주의의 방법론 전체에 대한 도전이다. 단어가 하나 이상의 의미를 지니며 다른 의미보다 더 기본적인 의미니 하는 것이 없다면, 기호의 결합을 보증하는 기효 표현과 기호 내용 사이의 일대일 대응도 무너지고 만다. 이리가라이 자신도 여기서 자기가 얼마나 용감한 일보를 내딛고 있는지를 분명히 자각하고 있다. 라캉은 용두사미로 끝났다고 그녀는 언명하고 있기 때문이다. <나는 다시 일보 나아가지 않으면 안 된다고 생각한다. 그것은 언어 이론 자체 곧 구조주의에 대해서, 더욱 일반적으

---

(18) Ibid., p. 64.
(19) Ibid., p. 65.

로 말하면, 어떠한 형식주의에 대해서도 이른 (異論)을 제창하는 바이다.>[20]

 그래서 이리가라이는 라캉과는 달리, 유난히 언어적 결정론을 거절하고, 주체가 들어가는 고정된 의미의 질서 같은 것은 필요 없다고 주장한다. 그렇지만, 현재는 남자가 언어와 그 의미를 지배하고 있다. 그것은 꼭 비밀리에 이루어지고 있는 것도 아니다. 남자는 왕왕 (이리가라이 자신에게 일어났던 것처럼) 글자 그대로 여자의 연단을 빼앗음으로 해서 단순히 여자를 침묵시킨다. <여자는 말하는 일이 허용되지 않는다. 그렇지 않으면, 남자가 누리는 디스쿠르와 이론의 독점에 도전하는 판이다.>[21] 이리가라이는, 정신 분열 환자가 남자 여자 다른 행동들을 취하는 사실에, 여자의 침묵이 온통 똑똑히 드러나 있다고 주장한다. 남성 환자는 분석자가 치료 대상으로 할 수 있는 언어적 징후를 나타내지만, 여성 환자는 남자보다도 자기의 병을 말로 표현하는 것이 어렵고, 결과적으로 그것이 정신에 영향을 받은 신체적 고통의 모습으로 나타나게 되는 것이다.

여러 문제들 : 언어와 몸

이리가라이의 <여성의 언어>에 대한 관심은 프랑스의 많은 페미니스트들에게는 매우 전형적인 것이며, 영국이나 미국에서도 증가하고 있다. 이 여자들은, <여자는 본질적으로, 즉 말이라는 것이 지니는 본질 상 배제된다>라는 라캉파의 단언에 촉발되어서, 언어와 성, 언어와 몸 사이에 강력한 결합을 설정하고, 여자의 몸에 알맞는 기호 체계를 탐구하도록 비평가들을 몰아세워 왔다. 그와 같은 언어라면 여자의 경험을 표현할 수 있을텐데, 현재의 서양 디스쿠르는 모두, 이리가라이의 말을 빌면, <남성성과 유사한 형태를 갖추고 있다고 말할 수 있다>는 것이다. 그 슬로건은 <자기의 몸을 쓰자>는 것이며, 여성의 몸에 특유한 리듬이나 여성의 무의식 속에 있는 상호 모순된 힘들이 표현될 수 있는 글의 형식들을 발견하자

---

(20) Ibid., p. 69.
(21) Ibid., p. 71.

고 여자들에게 호소하고 있는 것이다.

따라서, 이 언어와 몸의 관계에 관한 생각의 유효성은 고찰해 볼 가치가 있다. 일부 페미니스트들 중에는, 반대로, 이런 생각이 남성 중심주의자의 손에 놀아나는 위험한 생물학적 절대주의라고 보는 사람도 있다. 프랑스의 사상지 ≪여성 문제≫ (*Questions feministes*)의 창간호에는 설득력 넘치는 이런 반론이 실려 있다.

<여성의 언어>를 주장하는 것은 …… 우리에게는 …… 착각처럼 보인다. …… 여성의 언어는 남자의 언어보다도 몸이나 성적 쾌락이나 직접적 감각 등에 더욱 가깝다고 때때로 일컬어지는 수가 있으나, 이런 주장은 몸이 특별한 매체 없이 그 자체를 직접 표현할 수 있음을 의미하는 것이며, 나아가서 몸이나 자연에 가까운 언어를 사용하는 것이 남자의 언어를 파괴하는 것임을 의미하는 것이다. 우리의 의견으로는, 그와 같은 몸과의 직접적 관계 같은 것은 존재하지 않는다. 신체와의 직접적 관계를 주장하더라도 남자의 언어를 뒤집을 수는 없다. 왜냐하면, 그것은 현실이나 사회적 매체의 힘을 부정하는 것과 같으며, 똑같은 요소들이 이미 여자의 몸 속에 존재해서 여자를 학대하고 있기 때문이다. 여자와 남자의 몸이 다른 사회화의 과정을 더튼다고 주장하는 정도라면 할 수 있을는지 모른다. 그러나 그 때에도, 올바르고 영원한 인간의 본질 같은 것을 탐구하지는 않는 것이다. 왜냐하면, 그와 같은 탐구는, 인간이 현재도 미래도 언제나 피할 수 없는 사회적·역사적 상황의 덫에 대한 효과적인 투쟁에서 우리를 멀리하게 하기 때문이다.[22]

또한 메어리 쟈코부스 (Mary Jacobus)도 간결하게 말하고 있듯이, <해부학적 성이 사람의 운명을 결정하는 것이 아니라면, 해부학적 신체가 곧 언어라는 것은 더욱 있을 수 없다.>[23]

---

(22) 'Variations on Common Themes', *New French Feminisms*, ed. E. Marks and I. de Courtivron (Harvester Press, 1977) p. 219.
(23) Jacobus, 'The Question of Language : Men of Maxims and the Mill on the Floss', *Critical Inquiry*, vol. 8, no. 2, 'Writing and Difference', 1981, p. 207.

그렇지만, 정신 분석적 틀 자체는, 이 언어와 몸의 문제를 제쳐놓고라도 몇 가지 심각한 문제를 안고 있는 듯하다. 이런 문제들 중에는, 셜리 아드너나 데일 스펜더의 연구에 관해서 지금까지 거론해 온 것과 같은 문제들도 있지만, 정신 분석의 콘텍스트에 특유한 다른 문제들도 있다. 물론, 프로이트의 견해나 연구를 온통 의심해 볼 수는 있다. 정신 생활에 곤한 언급 중에는, 성에 관해서, 그리고 무의식에 관해서조차, 프로이트와 같은 입장을 취하고 있지 않는 체계들도 많다. 그리고 유물주의 페미니스트인 크리스티느 델피 (Christine Delphy)도 말하고 있듯이, 어째서 누구나 <턱없는 정신 분석의 주장을, 주관을 해석하기 위한 하나의 체계가 아니라 마치 주관 그것이기나 한 것처럼 통채로 삼키지 않으면 안 되는가? 정신 분석의 이론에 반론하는 것이 곧 그 연구 대상에 관심이 없는 것과 마찬가지가 되는 것을 나는 인정하지 않겠다.>[24] 바꾸어 말하면, 프로이트의 이론은 이미 정당화된 것으로는 취하지 않게 마련이다. 우리는 그것이 올바른지 묻지 않으면 안 된다. 이와 같은 경험주의는 라캉파에게는 성질을 달리하는 것인지도 모른다. 그러나 자기 관찰의 올바름 여부가 그것을 정당화하기 위한 임상적 증거에 의해서 좌우되어 있던 프로이트에게는, 확실히 이질적인 것은 아니었다.

그렇지만, 라캉파와 프로이트파의 생각을 비판적으로 조상에 올려 놓고자 하면, 바로 두 가지 문제가 생긴다. 첫째는 어린이의 발달에서 차지하는 사회의 위치에 관한 문제이다. 왜냐하면, 남성성이나 여성성에 관해서 우리의 문화 속에서 계승되어 온 것을 구축하는 작업은, 단지 어린이의 사적인 정신 생활 내부에서 전개하는 드라마는 아니라는 것이 상당히 분명해 보이기 때문이다. 그것은 또한, 페미니스트가 오랜 동안 <조건부> (conditioning)라 불러 왔던 것에도 어느 정도 관여하고 있다. 여자 아이들과 남자 아이들은 태어났을 때부터 대단히 다른 취급을 받으며, 또 저마다 알맞다는 행동들을 명확히 배운다는 것은 많은 연구들이 거듭 제시해 온 바

---

[24] Delphy, op. cit.

있다. 이런 사회화는 성 자체와는 아무런 관계도 없는지 모르지만 (이것조차도 지나치게 단순화한 것임은 바로 뒤에서 말하겠다), 젠더라는 사회적 카테고리와는 크게 관련이 있다.

　이것은, 어린이의 발달에 관한 정신 분석적 설명보다 소박한 사회적 조건 부여의 모델 쪽이 낫다고 말하는 것은 아니다. 그 반대로, 유아기의 성이나 정신 생활 일반의 중요성은, 프로이트를 철저히 반대하고 있는 이론가라도 부정할 수는 없을 것이다. 어느 이론도 그것만으로써 모든 것을 설명할 수는 없다는 것이 요점이다. 사회화를 내버려둘 수는 없다. 우리는 사회화가 어린이의 발달에서 하는 구실이나, 사회화와 정신 분석이 기술한 신경적·성적 과정의 관계도 알 필요가 있다. 예를 든다면, 외디푸스 컴플렉스나 거세 컴플렉스는 인간에 보편적인 것인가, 그렇지 않으면 특정한 가족 구성 (이를테면 핵가족)에만 보이는 것인가? 혹 여자가 육아의 전책임을 지지 않게 된다면, 그래도 모친의 신체의 상실에 라캉이 부여한 지위는 유지되는가, 그렇지 않으면 여자가 아기를 낳는다고 하는 사실이 모자의 긴밀한 심리적 일체감을 항시 규정하고 있는가?

　둘째 문제는 언어와 관계가 있다. 우리는 이를테면, 언어 습득에 관한 라캉파의 설명이 언어학자나 심리학자가 한 언어 습득에 관한 연구와 어떻게 결부될 수 있는지를 알 필요가 있다. 현상은, 어린이의 언어 습득이 성에 의해서 심각하게 영향을 받는다는 증거는 거의 없다. 또는 여자는 말하는 사람으로서나 글 쓰는 사람으로서나 주변적이라고 주장되고 있는데, 이에 관한 증거도 별로 눈에 띄지 않는다. 이 문제에 관해서는 다시 뒤에서 언급하겠다. 미상불, 라캉파나 크리스테바파의 틀에서는, 여성 주체는 상징 질서에 대해서 주변적이라고 하는 주장을 평가하는 것 자체가 어렵다. 여성성이라는 것이 곧 주변성이라 정의되고, 글 쓰는 사람이 여성적이라는 확인이 써져 있는 것만으로 추론될 수 있다면, 이런 이론은 한없이 순환할 뿐, 체크할 수 없을 것 같다. (공평을 기하기 위해서, 라캉이나 크리스테바는 이것을 그녀들의 이론에 대한 반발이라고는 받아들이지 않을 것임을 지적해 둔다. 그네들의 이론은 반경험주의의 전통에서 오고 있기 때문이다. 그럼에도 불구하고, 나와 그밖의 많은 언어학자들에게는 그것은 큰 문제가 된다.)

 마지막으로 하나 명확히 정치적인 문제를 여기서 언급하는 것도 유익할 것이다. 지금까지 브아 온 바와 마찬가지로, 정신 분석적·반휴매니스트적 어프로치는 지금까지의 페미니스트 정치학의 중심이었던 (앵글로-아메리카계의 전통에서는 지금도 중심이다) <경험>이라는 개념의 지위를 격하해 버렸다. 그러나 페미니즘이 경험의 정치학이 될 수 있다는 것을 부정하는 가운데, 기호학자는 남녀 간의 중요한 차이를 간과했거나, 심지어는 고의로 숨겨 버렸다고 논할 수도 있다. 이것은 바로 남자에 의해서 성적으로 억압되어 있는 여자가 갖는 경험이다. 내 생각에는, 자기의 종속 (여자의 경우)이나 자기 힘 (남자의 경우)을 의식하는 것이, 그 사람의 성에 아무런 차이도 가져다 주지 않는다는 주장은 도무지 이치에 맞지 않는 것 같다.

 그러나 성적으로 힘이 있느냐 없느냐 하는 실제의 입장이, 중요한 인간 형성의 경험이 된다는 것을 우리가 인정한다면, 남자도 여성적 주체며 페미니스트가 될 수 있다는 도그마는 어떻게 된다는 말인가? 이 도그마는 바로 버리지 않으면 안 된다. 왜냐하면, 사회에서의 힘은, 남자와 여자 어느 쪽과 자기를 동일시하느냐가 아니라, 단순히 생물학적 성에 바탕을 두어서 할당된 기성의 사실이기 때문이다. 그리하여 억압자가 되느냐 억압당하는 자가 되느냐에 관해서는 선택의 여지가 없는 것이다.

 여기서, 최종적으로 말할 수 있는 것은, 내 보기에, 급진적 페미니스트는, 경험을 부당하게 평가하고 여자의 종속적 지위는 단지 여자라는 것 이외의 그 무엇에서 나온 결과라고 주장하는 이론들에 대해서는 강하게 의심하지 않을 수 없을 것 같다. 이런 이론들은 모두, 남자의 권력을 뒷받침하고 있는 남자의 구실을 감추기 위한 것이 아니면, 페미니스트 운동에 남자가 참여하는 변명으로 곧잘 둔

갑한다. 바꾸어 말하면, 젠더·성 등에 관해서, 전적으로 이론 일변도의 비생물학적인 개념 같은 것은, 자칫 양성 간의 실제의 권력차를 보이지 않게 하는 것이다. 다이애너 레너드 (Diana Leonard)는, 다음과 같은 날카로운 관찰을 하고 있다.

> 남자가 …… 사람이 어느 위치를 취하느냐, 그 사람이 억압을 행하는 사람이냐, 억압에 고통을 당하는 사람이냐가 아니라, 그 사람이 어떠한 가치관을 가지고 있느냐에 따라서 좌우된다고 하는 것을 들으면 언제나 웃어버린다. 그리고 성차별주의나 생물학주의에 대한 비난을 그러한 주의의 희생자에게 돌린다는 것은 흔히 행해지는 정석이다. 마치 억압자에 대한 적개심은 억압당한 자에 대한 적개심과 같은 것이기나 한 것처럼 말이다. 그리고 페니스 또는 팔러스를 가지고 있느냐 없느냐에 따라서, 사회는 <개인>을 다른 방법으로 다루는 그런 어리석은 생각을 발명한 것이, 마치 급진적·혁명적 페미니스트이기나 한 것처럼 주장하는 것이다.[25]

정신 분석학적 어프로치가 성차나 여자의 억압에 관해서 페미니스트의 논쟁에 자극적인 생각을 도입했음은 의심할 바 없으나, 이 어프로치를 평가할 즈음에는, 다이애너 레너드의 경고를 명심해야 한다.
양 아드너, 스펜더, 블랙과 카워드, 이리가라이, 크리스테바는 서로 중요한 점에서 다르기는 하지만, 전원이 어느 정도의 언어적 결정론과, 남자가 언어를 지배한다는 생각, 그리고 (특히) 여자는 남자와는 비교할 수 없을 만큼 언어로부터 소외되어 있다는 생각에 바탕을 두고 있다는 것은 이제 분명할 것이다. 그들은 모두 현재 진정한 의미에서의 여자의 언어가 기본적으로 결여되어 있다는 것, 여자로서 자기의 경험이나 성에 관해서 말하는 것이 곤란하다는 것을 강조하고 있다. 이러한 여자의 언어적으로 불리한 입장은 여자

---

(25) Diana Leonard, 'Male Feminists and Divided Women', in *On the Problem of Men,* ed. S. Friedman and E. Sarah (Women's Press, 1982) p. 161.

종속의 중요한 요인이라 하고, 상징 질서의 파괴 또는 진정한 여성 언어의 창조를 권장하고 있다.

  8장에서는, 여자·언어·억압에 관한 이러한 견해들에 관한 반론을 말한다. 남자가 여자에 대한 권력을 만들어내고 유지하기 위해서 도대체 언어의 자원이 어떻게, 그리고 어느 정도 이용되고 있는지 묻고 싶다.

제8장 소외를 넘어서

— 여자와 언어에 대한 통합적 어프로치

제8장 소외를 넘어서
— 여자와 언어에 대한 통합적 어프로치

> 나에게 중요한 것은 말하지 않으면 안 된다, 중
> 요한 것이 상처를 입거나 오해를 받을지도 모른
> 다는 위험을 무릅쓰면서도 말을 해서 다른 사람
> 과 나눠갖지 않으면 안 된다는 것을 나는 되풀이
> 되풀이 믿게 되었다. 말한다는 것은 다른 어떠한
> 효과보다도 나를 이롭게 한다.
>
> 오드리 로드

> 모든 커뮤니케이션의 중심적인 불확정성은 그
> 의미되어 있는 바의 불확정성이다.
>
> 로이 해리스

이 장에서는, 지금까지 보아 온 것과는 좀 다른, 언어에 관한 생각을 피력한다. 남자가 언어를 지배하고 언어가 우리를 지배한다고 주장하는 이론가들에 대해서, 정신 분석의 난해한 용어로 무장하고 있든 그렇지 않든 간에, 나는 비판적이다. 한편, 내가 보기에는 여자의 언어로부터의 소외나 진정한 여자의 언어의 결여를 주장하는 이론들은, 지금까지 존재한 일도 없었거니와 앞으로도 존재하는 일이 없을 언어적 유토피아에다 우리를 갖다 놓는 까닭에, 방향이 잘못 잡혀 있다고 할 수 있다. 다른 한편, 이런 이론들은 살아 있는 여자의 경험과는 거리가 멀며 실제로 경험의 정당성을 부정하고 있는 까닭에, 정치적으로 의심스럽다고 나는 생각한다.

데일 스펜더의 ≪남자가 만든 언어≫에 논의된 침묵이나 오해의 과정을 경험한 여자들로부터 무척 호의적인 반응을 받았던 책들을 나는 부정하지는 않는다. 나로 하여금 의문을 갖게 하는 것은, 침묵이나 오해를 설명하기 위해서, 소외·남자의 지배·부정적 의미 영역·상징 질서에의 부정적 참가·진정한 여성 언어의 결여 (이렇게 언어가 여자의 경험을 적절히 표현할 수 없다고 생각하는 것은, 지금 있는 화자로서의 여자를 부적격하다고 치부해 버리는 또다른 해로운 생각을 낳는다)· 삐걱거리기 시작한 언어적 결정론이니 하는 개념들에 의지해야만 한다는 생각이다. 이러한 개념들은 언어를 신비화하고 여자를 혼란에 빠뜨린다. 또한 그런 것들이 낳을 유일한 페미니스트 이론은 무미건조하고 지식인에게만 통용하는 희망 없는 이론이다.

마르크스와 드 쿠르티브롱도, 프랑스의 페미니스트 논문집 머리말에서, 기호학은 자극적이기는 하지만 정치적으로는 비생산적일지도 모른다는 것을 인정하고 있다.

<구조주의자의 견해에서는 …… 억압으로부터의 해방은 존재하지 않는다. 그러나 여자를 규정하고 억압하는 구조를 분석하고 탈신비화하려는 시도들에 의해서 풀려난 방대한 에네르기가 있다.>[1]

풀려난 이것으로 정말 충분할 것인가?

충분하지 않다고 생각하는 페미니스트들도 일부 있다. 1976년의 남성 중심 사회에 관한 회의에서, 라캉파 정신 분석의 소개와, 라캉의 이론과 페미니즘의 관계에 관한 논문이 발표되었다.[2] 이 회의에서 발표된 논문이 책에 수록되었는데, 거기에 나중에 달스턴 연구 그룹이 쓴 비평문도 실려 있었다. <남성 중심 사회에 관한 회의

---

(1) E. Marks and de I. Courtivron, *New french Feminisms* (Harvester Press, 1981) p. 30.
(2) R. Coward, S. Lipshitz and E. Cowie, 'Psychoanalysis and patriarchal structure', in *Papers on Patriarchy*, Women's Publishing Collective (PDC, 1978).

제8장 소외를 넘어서 213

는 [남성 중심적]이었던가?> 라는 제목이 붙은 이 비평문은 그 정신 분석의 논문이 회의에서 일으킨 적개심과 불만감을 강조하고, 그 불만감의 출처를 다음과 같이 지적했다.

<그래서, 여자의 회의장에 도착해서, 여자는 회의 같은 공적 스피치에는 부적당하거나 한 것처럼 부정적으로 규정된다고 느끼는 것은, 아이러니칼한 것이었다. 여자의 침묵이나 여자는 사회적 언어를 갖지 않는다고 주장하는 논문이 읽혀지는 것을 듣는다는 것 자체가 우리를 수동적으로 침묵시켜 버렸던 것이다.>[3]

달스턴 연구 그룹은 이 논문의 내용뿐 아니라, 논문에서 쓰이고 있는 언어에도 반론을 폈다. 그들은 여자가 가장 소외감을 느끼는 것은 바로 이와 같은 언어에 접했을 때라고 생각한다. 그 정신 분석의 논문의 필자들은, 학자들이 비특권 집단을 배제하기 위해서 흔히 이용하는 과정을 재생산했던 것이다. 달스턴 연구 그룹은 다음과 같이 표현하고 있다.

이 논문에서 사용된 언어어는 …… 많은 여자들에게 자신이 부적격하고 어리석다는 것을 느끼게 하고, 분노를 느끼게 하는 효과가 있었다. …… 그 과정은, 우리가 교육에서 사회화의 과정이라 부르는 것과 같은 과정이며, 종종 ㄷ자·흑인·노동자 계급이니 하는 집단에 지적 작업에 대한 불신감이나 회의감을 갖게 하고, 그녀들 자신의 언어의 힘과 능력에 의심을 품게 한다. 또한 이 과정은 부당하게 평가되는 이같은 집단의 일상 언어와 …… 빈약하고 비인간적인 지식인의 분석적 언어 사이의 골을 존속시키는 것이다.[4]

이 장에서 나는, 여자를 억압하기 위해서 인용되고 있는 언어적 메카니즘은, 7장에서 논의된 것이 아니라 여기서 내비쳐지고 있는 그

---

(3) Dalston Study Group, 'Was the patriarchy conference "Partriarchal"?' in *Papers on Patriarchy*, p. 76.
(4) Ibid., p. 77.

런 것이 아닌가 하는 가능성을 찾아보고 싶다. 우선 여자의 일상 언어와 그것을 격하하는 데 이용되고 있는 전략을 보아 가기에 앞서, 풀지 않으면 안 되는 다음과 같은 문제가 있다. 어째서, 지식인 특히 언어를 생업으로 하는 지식인이 체하면서 말하는 데는, 일상의 음성 언어나 일상의 커뮤니케이션에 관한 것은 거의 없느냐 하는 문제이다. 이를테면 이러한 것에 관해서 언어학이 별로 발언하는 일이 없다는 것은 자못 명백하다. (일상 언어의 격하는 랑그와 파롤, 언어 능력과 언어 수행 사이에 끼여서, 그 어느 쪽도 다루지 않는 곳에서, 제도화되어 있는 문제이다.) 이러한 언어학의 결점이 오해를 부르고 있는 것이며, 소외의 이론은 이 오해들 위에 성립해 있는 것이다. 따라서 언어를 통한 여자의 억압에 관한 나의 분석을 말하기에 앞서, 언어학자의 언어·의미·커뮤니케이션의 개념 등을 검토하고, 많은 점에서 그것들을 비판해 가고 싶다.

<언어>라는 말의 의미

<언어>라는 말에는 적어도 두가지 뜻이 있다는 것이 흔히 지적되어 왔다. 하나는 <인지>나 <감각 지각> 같은 인간의 일반 능력을 가리킬 수 있는데, 이 경우 <언어>는 상당히 일반적이고도 추상적인 용어로 사용된다. 또 하나는 <영어>니 <스와힐리 어>처럼, 어떤 특정 언어를 가리킬 수 있다. 아마츄어도 이론가도 언어에 관해서 말할 경우, 이 두 가지 뜻을 아주 엄격하게 구별하고 있는 것은 아니다.

이런 혼란에 덧붙여서, 연구자가 언어를 보는 견해에도 두 가지 방법이 있다. 한편으로는 <영어>를 제도로 볼 수 있으며, 다른 한편으로는 연구 대상으로 볼 수 있다.

언어가 제도라면, 연구자의 작업은 그 규칙을 사전 (발음이나 의미의 규칙)·문법서·문장법의 책·백과사전 등에 코드화하는 일이다. 일부 언어들은 다른 언어 이상으로 철저하게 코드화되어 있다. 이를테면 벨기에의 화란 문화성은 어느 단어와 문구조가 플란다스 인에게 올바른 사용법인지를 엄밀하게 표기해서 정기적으로 출판하고 있다. 공무원과 대학생은 언어 사용에 있어 정부의 지도를 따르기로 되어 있다. 영어는 이런 유의 중앙 집권적 권위의 대상이 되어 있지는 않다 하더라도, 제도에 의한 장식은 수두룩하며, 사전이나 표준 용법의 책 등속은 그 권위가 매우 높다.

언어를 제도로 보는 사람들은, <영어>란 문화적 인공물이요, 우리가 규정하고 남용 (이를테면 외국인이나 하층 계급 사람에 의한 저하)으로부터 지키지 않으면 안 되는 것이라고 확신하고 있다. 그들에게는, <언어>는 <올바른 언어의 사용법>이라든지, <가장 높은 교육을 받은 특권 계급 화자의 언어>를 짤막하게 말한 것에 지나지 않은 것이다. 커뮤니케이션은 저절로 되는 것으로 여겨지고 있다. 즉 사람들은 커뮤니케이션의 방식 같은 것은 이미 알고 있고, 다만, 품위 있게 커뮤니케이션을 하는 방법만을 가르쳐 주면 된다고 생각하는 것이다.

언어의 <제도적> 장식 (저널리스트용 글쓰는 방식의 편람이나 편집자용의 편람)을 표적으로 하는 밀러와 스위프트 같은 개혁파 페미니스트들도, 간결성·품위 높음·명확성과 같은 동일한 개념들에 호소하고 있다. 그녀들이, 신문에 나쁜 문장이나 혼란스런 말씨에 관해서 투고하는 사람들과 다른 것은, 무엇이 언어의 올바른 사용법인가 하는 점에 관한 생각뿐인 것이다. 그녀들로서는, 명확성은 여자가 포함되어 있다는 것을 뜻한다.

언어학은, 이와 같이 언어의 좋은 사용법과 나쁜 사용법을 분간하거나, 올바른 사용법을 결정하는, 따라서 일의 좋고 나쁨에 관한 주관적이고도 비과학적인 판단을 초월하고 있기나 한 것 같은 자세를 취하고 있다. 언어학자에게는, 언어란 제도가 아니라 연구 대상물이며, 관찰이라는 목적을 위해서는 사용되는 환경이나 사용하는 사람으로부터 추상화되어야 한다는 것이다. 그것이 단어는 서로의 관계 속에서만 가치를 지니며 그것을 떠나서는 아무런 가치도 지니지 않는다고 하는 소쉬르적 기호 체계이든, 변형 생성 모델의 이상화된 문법 규칙이든 간에, 언어학자가 생각하는 언어에는 언어 사용자도 없으며 실제로 사용도 되지 않는다. 언어를 에워싼 제도들은 무시되고, (이런 제도들을 규범 문법주의에 빠지는 일이 없이 연구한다는 것은 아주 바람직한 일인데도), 커뮤니케이션의 올바른 문제는 회피된다. 언어를 제도나 과정이 아니라 대상물로서 연구한 결과, 흥미로울 뿐더러 빠뜨릴 수 없는 많은 것들을 언어학은 제외해 버린다.

<의미>라는 말의 의미

커뮤니케이션은 언어학이 준비되고 난 후에 달라붙을 과제라 하더라도, 지금까지 정통파의 틀 속에서 커뮤니케이션에 관해서 계시적인 견해가 말해졌는지는 의심스럽다. 커뮤니케이션에 관해서 묻는 것은, 결국 청자가 화자의 말한 바로부터 어떻게 의미를 이해하느냐를 묻는 일이다. 그런데 언어학자는 무척 단순한 의미 개념을 가지고 있다.

시몬느 드 보봐르 (Simone de Beauvoir)는, 그녀의 자서전 속에서, 단어를 사용하려고 해도 불완전하게 밖에는 전달할 수 없다고 하는 개인 세계의 전언어적 경험에 관해서 기술하고 있다. (희다가 완전히 흰 경우는 드물며, 사악을 나타내는 까만 색도 조금 밝은 빛을 띠어 완화된다. 회색이나 중간색을 도처에서 보았다. 내가 단어로 나타낼 수 없는 빛깔을 규정하려고 하면, 바로 그 단어를 사용하지 않으면 안 되며, 사면의 네모진 개념의 세계에 둘러싸이고 마는 것이다.)[5] 그렇지만, 보봐르는 언어의 필요성을 인정하면서도, 부모나 친척에 의해서 자기에게 준 확고한 정의 이외에 의미 같은 것은 존재하지 않는다고 하는 정반대의 잘못에 빠져 버리는 것이다.

나는 언어를 사용하지 않고 생각하려고 했다가 실패했으므로……

---

(5) Simone de Beauvoir, *Memoirs of a Dutiful Daughter*, trans. Kirkup (Penguin 1963) p. 17.

제8장 소오를 넘어서 217

언어는 현실과 똑같은 등가물이라고 생각했다. 이 잘못된 생각을, 내가 절대적 진실의 유일한 보유자라 생각했던 어른들이 조장했다. 어른들은 사물을 규정할 때, 과일에서 쥬스를 짜내듯이, 그 사물의 실질을 표현하고 있었다. 그래서 나는 말과 사물 사이에 잘못이 끼여들 틈이 있다고는 생각해 본 적이 없었다. 그것이 내가 무비판적으로 단어에 굴복하고, 상황에서 생각해서 의심스러웠던 경우라도 그 의미를 검토조차 하지 않았던 이유이다.[6]

보봐르는 이 두 가지 생각을 어린이의 소박한 이론으로서 제시하고 있는데, 양쪽에 같은 잘못을 범하고 있다. 단어는 개인적 경험을 완벽하게 표현할 수 있으며, 단어의 의미에 관해서 이론을 내세울 수 없다고 가정해 버린다. 한편, 어른들은 실제로는 절대적 진리나 포괄적 정의 같은 것은 거의 믿지 않는다. 단어는 쉽게 거짓말을 하거나 진실을 왜곡하거나 하며, 막연하고, 애매하고, 때로는 부적당하다는 것을 알고 있다. 물론 어른들은 전달에 실패하면 언제라도 더욱 명확하게 하기 위해서 다른 단어들을 사용해 볼 수 있으나, 이것도 완전히 성공하는 일은 없을 것이다. 경험을 언어로 표현한다는 것은 불안정하고도 한쪽으로 치우친 것 밖에는 될 수 없다는 의미에서, 그것은 어정쩡한 행위인 것이다. 이것이 바로 언어학이 설명한 일이 없는 일상적 커뮤니케이션의 현실인 것이다.

서양 철학이나 언어학을 지배해 온 커뮤니케이션의 모델은, 로이 해리스 (Roy Harris)도 지적하듯이, 기본적으로는 의지 전달적 (telementationae)인 것이었다. 즉 언어란, 화자가 그 사고를 자기의 마음 속으로부터 청자에게 이행하는 수단이라고 보고 있는 것이다.[7] 이것이 가능하려면, 화자와 청자가 코드 (code) 곧 언어 형식과 의미의 일련의 일치를 공유해야 한다. 화자는, 무엇인가 전달하고 싶은 것이 있으면 그 개념과 결부한 언어 형식을 선택할 수 있다. 생겨난 발화는 같은 방식으로, 청자의 마음 속의 개념 — 화자와 같은 개념 — 과 맞춰봄으로써 해석된다.

---
(6) Ibid.
(7) Roy Harris, *The Language Myth* (Duckworth, 1981) pp. 87-8.

그러나 이것이 가능하려면, 언어 형식 (이를테면 단어)과 의미 사이에 정말 단 하나의 일대일 대응이 있어야 하며, 그 대응이 같은 언어를 말하는 사람들 모두의 마음 속에서 재생산되어 있지 않으면 안 된다. 이 대응이 없으면 청자에 닿은 청각 신호가 반드시 화자의 디스쿠르 속에서 그 신호를 산출한 개념과 같은 개념을 나타낸다고는 할 수 없기 때문에, 다른 사람이 말한 바를 정말로 이해하고 있는지 어쩐지 확신할 수 없게 된다. 언어학은 이러한 일대일 대응을 가정해서 각 언어에서의 언어 형식과 의미의 유일한 결합이 언어학자의 연구 대상이라고 생각했다. 그러므로, 소쉬르가 제안한 기호의 개념도 형식 (signifiant)과 의미 (signifié)가 서로 융합하고 저마다 구별하는 것이 불가능한 것이다. 전통적 언어학의 모델은 다음과 같은 입장을 취한다.

> 이상적 집단은, 모든 기본적 단위와 그 단위의 결합 방식이나 해석 방식을 결정하는 규칙이 모두 명확히 규정되어 있는 언어를 가질 것이다. 그렇지 않으면, 그 집단 전체를 위한 공통 코드표 같은 것을 만들 수 없게 되고 말기 때문이다. …… 언어 표현이라는 것은 <형식>에서나 <의미>에서나, 어느 정도 규정할 수 있는 것이어야 한다. 즉 어떠한 언어 표현이라도 올바로 해석할 수 있는…… 고정된 규칙이 있다는 말이다.[8]

해리스가 <언어의 신화> (the language myth)라고 이름 붙였던 것도 이러한 가정이다. 그것은, 시몬느 드 보봐르도 회상했던, 단어에의 무비판적인 복종을 낳는다. 즉 언어적 결정론과 기호의 전제를 낳는다. 다행히 이러한 의미 모델은 인간의 커뮤니케이션에는 부적당한 것이다.

해리스는 언어의 신화를 <탈신화화> (demythologised)해서, 지금까지의 것과는 근본적으로 다른 언어관과 의미 이론을 가진 <통합적> (integrational) 언어학으로 바꿔 놓도록 제안하고 있다. 통합

---
(8) Ibid., pp. 88-9.

적 언어학에서는, 언어에 관해서 두 가지 중요한 제안을 하고 있다. 첫째로 언어란 다른 사회 행동의 형태로부터 떼어내서 생각할 수 있는 것도 아니며, 그와 같은 행동 형태 모두가 관여하는 시간과 공간의 차원에서 추상화할 수 있는 것도 아니라는 것이다. 해리스도 말하는 바와 같이, <인간이 살고 있는 커뮤니케이션적 공간은, 언어와 언어가 아닌 것으로 깨끗하게 나눠지는 것이 아니다.>[9] 말한다는 사건을 시간과 공간 속에 자리잡아 준다는 것은 (이것은 소쉬르의 공시적과 통시적, 랑그와 파롤의 이분법을 버리는 일이다), 통합적 분석에 있어 대단히 중요한 것이다. 분석자는 회화가 행해지는 전상황에 주목함으로써, 언어 형식과 의미의 불변의 대응을 가정할 필요 같은 것은 없다는 것을 알아차리게 될 것이다. 그것은, 누구나 알고 있는 것, 즉 언어란 화자·시간·상황에 따라서 다른 방식으로 쓰이고 이해된다는 것을 인정하더라도 좋다는 것이며, 이와 같은 개개의 변화를 설명하기 위해서는 저마다 특정 상황에 언급하더라도 좋다는 것이다.

둘째로 언어를 사용한다는 것은 창조적 과정이라는 것이다. 인간이 만나는 새로운 상황에 따라서 커뮤니케이션이 요구하는 것에도 한이 없다. 이 요구를 채우기 위해서는 화자와 청자는 끊임없는 언어의 재생에 종사해야 한다. 그들은 유연하게, 혁신적으로, 흔히 노는 마음을 가지고 말을 사용하며, 다른 화자를 해석할 때에도 창조적이다. 해리스는 이같은 입장을 취하는 언어학에서는 <이미 화자와 청자를, 상자에 넣은 메시지를 기계적 규칙에 따라서 다루는 로보트와 같이 생각할 필요는 없게 된다>[10]라고 말하고 있다. 전통적 언어학의 의미에 대한 견해는 언어 사용자가 마음 속에 간직하고 있는 사전을 뒤적거리는 그런 것이었다. 통합적 언어학에서는 그 반대로, 언어 사용자는 각 상황에서 의미를 만들어내고, 커뮤니케이션의 목적을 되도록 충분히 다하기 위해서는 필요한 조정이나 타협도 한다고 생각하는 것이다.

실제로는, 구조주의자도 포스트구조주의자도 <탈구축> (decon-

---
(9) Ibid., p. 165.
(10) Ibid.

struction)이라는 개념을 사용해서 의미의 불확정성을 인정한다. 탈구축이란, 텍스트의 <진짜 의미> 같은 것에 도달한다는 것은 있을 수 없다고 주장함으로써, 지금까지의 기성 문학비평 형태에 도전하는 읽음의 방식이다. 탈구축은 텍스트에 복수의 의미를 낳게 하는 과정이다. 그 어느 의미도 다른 의미보다 기본적일 수는 없으며, 이 과정에는 끝이 없다. 이와 같이 의미 해석에 끝이 없다고 주장하는 것은 언어의 통합적 어프로치가 주장하는 바와 정확히 일치한다. 그러나 탈구축을 제창하는 연구자가 이러한 창조성은 상황에서 떨어진 고정된 기호의 집합인 랑그의 존재에 의해서 가능하다고 주장하는 것을 들으면, 통합적 언어학자는 곤혹을 느끼지 않을 수 없다. 이와 같이 경직된 언어 형식과 의미의 확실한 결합을 핵으로 하는 구조야말로 통합적 언어학이 버리고 싶은 것이기 때문이다. 이러한 구조를 가정하는 것은 모든 창조성을 부정하고, 나아가서는 인간 행동에 전형적인 커뮤니케이션을 전혀 이해 불가능케 하고 말기 때문이다.

  이 논쟁은 페미니스트들에게도 시시한 것은 아니다. 랑그라는 개념과 고정된 의미를 갖는 기호의 존재를 부정하는 것은 6장에서 말한 페미니스트의 입장을 부정하는 것이기도 하다. 거기에는 언어적 결정론도, 남자에 의한 의미의 지배도, 기호 표현으로서의 팔러스의 특권도, 따라서 소외도 존재할 수 없다.

의미 · 이해 · 소외

이제 시몬느 드 보봐르가 기술한 경험으로 되돌아가자. <회색이나 중간색을 도처에 보았다. 내가 단어로 나타낼 수 없는 빛깔을 규정하려고 하면, 바로 그 단어를 사용하지 않으면 안되며, 사면의 네모진 개념의 세계에 둘러싸이고 마는 것이다.>[11] 경험의 세세한 뉘앙스를 언어로 엄밀하게 표현할 수 없다는 이 앙달은 이미 여자들의 증언에서 본 것과 똑같은 것이다. <다른 사람과 말을 하고 있으면,

---
(11) Beauvoir, op. cit., p. 17.

정말로 말을 잃어 버린 것처럼 느껴지는 때가 있습니다. …… 내가 자기의 경험을 전하기 위해서 언제나 사용하고 있는 엄청나게 많은 단어들도, 정말로는 나의 경험 같은 것은 조금도 전하고 있지 않습니다.>[12] 시인 오드리 르드 (Audre Lorde)도, 우리는 자신의 경험이 <상처를 입거나 오해를 받을지도 모른다는 위험을 무릅쓰면서도>[13] 경험을 말하는 것이라고 말한다. 곧잘 적당한 말이 발견되지 않는다거나, 올바로 이해되기 힘들다거나 하는 것이 여자의 소외를 표시하는 것이며, 그것이 그 언어가 남자에 의해서 규정된 의미와 한계를 지니는 <억압자의 언어>인 증거라고 여자들은 주장한다. 그리고 그것을 해결하는 데는 여자가 여자의 의미를 표현하고, 그것을 이해하게 하는 새로운 언어를 만들어내지 않으면 안 된다는 것이다.

그러나 의미란 복잡하고 복수성을 지니며, 궁극적으로는 아마도 억누른다는 것이 불가능하다는 생각을 받아들인다면, 이 새로운 언어를 만든다는 해결책도 우토피아처럼 보인다. 언어를 고정할 수 없다면, 개인적 경험과 언어 표현이 완전히 일치하는 것도, 인간이 서로 완전히 이해하는 것도 있을 수 없을 것이다. 언어를 연구하는 사회학자라면, 회화를 하고 있는 사람도, 잘 생각하면, 결코 만족할 수 없는 정도로만 서로를 이해한다 하더라도 당연하다고 생각한다는 것을 옛날부터 잘 알고 있다. 그리하여 자기를 표현하거나 이해하게 하려는 문제가 결코 여자에 국한된 문제는 아닌 셈이다. 이런 문제는 인간의 모든 상호 작용에 관련이 있으며, 모든 화자에게 영향을 끼치는 것이다. 이것은 결코 여자가 남자보다 깊이 고심하고 있다는 사실을 부정하려고 하는 말은 아니다. 그렇지만, 여자의 문제를 해결하기 위해서도, 단지 추상적 상징 질서에서의 남녀의 상대적 위치를 문제로 삼는 것보다는, 남녀를 함께 포함한 사회 상황 전체를 문제로 삼을 필요가 있다고, 나는 생각한다.

완전한 상호의 이해 ─ 텔레파시 (telepathy) ─ 가 회화의 정상적인 결과도 이상도 아니라고 들으면, 놀라고 혼란에 빠지는 사람

---

(12) Camilla Gugenheim, 'Man Made Language?' *Amazon*, no. 4, 1981.
(13) Andre Lorde, *The Cancer Journls*, (Spinsters Ink, 1980) p. 19.

이 많이 있을 것이다. 그러나 의미가 불확정성을 갖지 않고, 우리가 텔레파시로 커뮤니케이션을 행해 버리면, 새로운 상황에 따라서 언어를 적응시키고 필요한 변화를 가하는 것도 불가능하게 되고 말 것이 분명하다. 불완전한 커뮤니케이션은 창조적이고도 유연한 상징 체계를 위해서 지불하는 희생인 것이다. 그러나 이 귀중한 통찰도 커다란 저항을 만나는 수가 적지 않다. 인간이 정말 서로를 이해하는 것이 불가능하다면, 우리는 사람과의 접촉의 바람도 끊어지고, 자신의 개인적인 세계에 사로잡힐 수 밖에 없지 않는가? 그리고 이것이야말로 소외의 궁극적 악몽이 아닌가?

이렇게 두려워하거나, 완전한 이해가 가능하다고 확신하고서 안심하는 경향은 대단히 깊이 침투해 있다. 이를테면 유사 이전의 유명한 신화에는 인간이 완전히 서로를 이해하던 시대에 관해서 말한 것이 있으며, 이러한 이해력이 인간에게 위대한 힘을 주고 있었다고 한다. 당연히, 신은 그 힘을 위협으로 보고 인간 언어의 통일을 파괴함으로써 그 힘도 파괴했다고 일컬어진다.

> 여호아께서 말씀하시기를 <백성은 하나요, 모두 같은 하나의 말을 가지고 있다. 그들은 이 일을 시작하였으니 이제 그들이 하려고 하는 것은 막지 못할 것이다. 자아, 우리가 내려가서, 거기서 그들의 말을 혼란케 하고, 서로 말이 통하지 않도록 하자.> 이리하여 여호아께서는 그들을 거기서 땅의 표면에 흩으셨다.)[14]

여기서는, <같은 언어를 말하는 것>의 귀결로 생각되는 완전한 이해가 어떠한 집단 행위에도 필요 불가결한 것이라고 간주되어 있다. 신은, 통일된 언어를 다양한 언어로 바꿔 놓음으로써, 바벨탑의 건설자의 힘을 쇠퇴시켰던 것이다. 페미니스트들도, 바벨탑의 이야기를 자기네들의 시점에서 해석한 것이다. 즉 남자는 여자의 언어·여자의 신체·무의식·욕망·경험을 표현할 수 있는 언어를 혼란시킴으로써 여자를 파괴했다고 느끼는 것이다. 여자가 함께 행

---

(14) Genesis. 11 : 6-9

동하기 위해서는 진정한 여자의 언어가 만들어지지 않으면 안 된다. 공통 언어가 없으면, 여자의 진정한 집단 행위도 불가능하다는 것이다.

그러나 나는, 여기서 제안해 온 바와 같은 의미에 대한 생각이, 여자의 집단 행위의 가능성을 배제해 버린다고도, 개인 사이에서 실제로 행해지고 있는 커뮤니케이션을 부정한다고도 생각하지 않는다. 오히려 이 생각이 말하고자 하는 바는, 집단 행위의 특질이나 인간 사이의 커뮤니케이션을 정말로 이해하려 한다면, 우선 이렇게 이해한다는 것은 스스로 곤란과 한계를 수반한다는 것을 인식해 두지 않으면 안 된다는 것이다. 커뮤니케이션이라는 것은 하나하나가 곤란을 극복해 가는 기쁨임을 인식하고, 완전히 서로 이해한다는 환상을 버리지 않는 한 커뮤니케이션을 연구하는 일 자체가 불가능하며, 이 문제를 피하거나 당연한 것으로 건드리지 않고 만족해 버리게 될 것이다.

이같은 생각은, 이 책에서 말해 온 언어와 억압에 관한 페미니스트의 이론들을 어떻게 발전시켜 갈 것인가? 나는 이 생각이 페미니스트의 세 가지 공리(公理), 언어적 결정론·남자의 언어 지배·여성의 소외에 대응하는 세 가지 제안을 우리에게 맡기고 있다고 생각한다.

1. 언어적 결정론은 신화이다. 언어에서는 의미가 확실히 결정되는 일이 없기 때문에, 결정론도 있을 수 없다. 언어나 언어 행위가 비언어적 행위나 사회 생활 일반과 통합되어 있는 이론에서는, 언어란 개인의 인식이나 경험을 결정하는 많은 요인 중의 하나에 지나지 않다. 이와 같은 결정 요인으로서의 언어의 작용은 매우 중요한 것이기는 하겠지만, 소쉬르파나 워프파가 부여하고 있는 특권을 언어에 부여할 일은 아니다.

2. 남자에 의한 의미의 지배 같은 것은 불가능하다. 언어 표현이 무엇을 의미하는지를 결정하는 힘을 가지고 있는 집단 같은 것은 존재하지 않는다. 왜냐하면 의미란 고정할 수 있는 것이 아니며, 의

미의 해석은 개인이 마음 속에 가지고 있는 대사전의 권위에 따라서 행해지는 것이 아니라, 과거의 경험과 현재의 상황에 비추어서 이루어지는 창조적이고도 궁극적으로는 개개의 해석에 고유한 행위이기 때문이다.

커뮤니케이션을 행하고 사회 생활에 참가해 가는 일은, 어린이라면 남녀을 가릴 것 없이 배워야만 할 일이다. 어린이는 자신의 주위 환경이나 그 속에 있는 사람들과 적극적으로 어울림으로써 이러한 것들을 배워 간다. 이와 같이, 어린이가 — 배운다기보다도 — 스스로 구축해가는 의미는, 상황에 대단히 좌우되고 환경이나 사람들에 의존하는 것이며, (환경과 마찬가지로) 다양하게 변하는 법이다.

이와 같은 학습 과정이 성에 따라서 다르다는 것은 당연할 것이다. 결국, 여자 아이와 남자 아이는 여·남의 성 구실 어느 쪽인가에 뚜렷이 사회화해 가는 것이다. 어린이는 개인의 경험이 다르므로 각자에 고유한 의미를 구축해 갈 뿐 아니라, 더욱 일반적으로, 남성 중심 사회에서 남녀에게 허용되어 있는 경험의 영역이 다르기 때문에, 다른 의미들을 구축해 가는 것이다. 이런 뜻에서라면 어느 정도, 남자의 의미와 여자의 의미를 문제로 삼을 수 있을지 모른다. 그러나 그것은 여자가 남자의 의미 속에서 사회화되어 간다든가, 양성이 함께 남성 중심적 의미 속에서 사회화되어간다는 말은 아니다 (어린이의 경험이 남성 중심 사회 하에서 살고 있다는 사실에 의해서 제한을 받고 있다는 것을 제외하고서). 의미는 개개의 언어 사용자가 구축하지 않으면 안 되는 것이며 (이런 뜻에서 언어는, 이를테면 민담이나 테블 매너와는 무척 다르다), 자기 자신이 세계와 관련을 맺음으로 해서 의미를 구축하는 일을 배우지 않는 어린이는 도시 언어를 소유하고 있다고 말할 수 없다.

3. 여자의 언어로부터의 소외가, 지금까지 보아 온 이론에 의해서 가정된 그런 형태로 존재해 있는 것은 아니다. (많은 여자들이 언어 사용의 혹종의 양식에는 대단히 소외감을 가지고 있다는 것은 이론에서나 실천에서나 부정될 일이 아니다.) 언어는 유연하고 재생

할 수 있는 자원이며, 여자 아이도 사회화가 진행됨에 따라서 언어를 자기의 것으로 해가지 않으면 안 되는 이상, 원칙적으로는, 언어가 남자의 경험을 표현하는 것과 같은 정도로 여자의 경험을 표현할 수는 없다고 생각할 이유는 없다.

 그렇지만, 이렇게 말했다고 해서, 나까지 말하거나 듣거나 할 즈음에 여자가 직면하는 실제 문제를 부정하고자 하는 것은 아니다. 남자가 언어를 통해서 여자를 억압하고 침묵케 하고 주변으로 밀어내기 위한 수단은 존재한다고 믿고는 있지만, 나는 이런 사안에 보통 주는 설명을 받아들일 수가 없는 터이다. 이제 침묵과 억압의 원인으로 눈을 돌리고 싶다.

언어의 억압 : 남자는 무엇을 지배하고 있는가?

언어에 대한 통합격 어프로치에서 나오는 하나의 결론은, 언어학자는 언어가 사회적으로도 정치적으로도 진공 상태에서 사용되는 것이 아니라는 사실을 진지하게 고려하지 않으면 안 된다는 점이다. 즉 언어학자는, 이 장에서 내가 이미 말해 온, 언어의 제도적 측면을 인식해야 한다.

 모든 사회에는 언어 (특히, 언어의 한층 공적인 양식)를 특정 방법으로 규정하는 법·의식·제도가 존재한다. 3장에서 보아 온 바와 같이, 이런 <메타언어적> 혹은 <디스쿠르적> 실천들을 언어 구조 그 자체로부터 구별한다는 것은 매양 용이한 일은 아니다. 이 두 가지 사이에는 끊임없는 상호 작용이 있기 때문이다. 통합적 관점에 서면 메타언어적 요소를 분리하려는 시도조차 필요없게 된다. 제도적 현상도, 언어학자가 문제로 삼아야만 되는 것의 일부이기 때문이다.

 언어에 관련해서 만들어지고 있는 이런 규정 기구 (規定機構)를 상세하게 보면, 그것들이 사회의 역학 구조와 꽤 밀접하게 연결되어 있다는 것이 분명해진다. 우리의 사회뿐만 아니라, 실제로 대부분의 사회에서 언어 사용을 규정하고 있는 제도들은 고의로 여자를 억압한다. 남자는 이런 제도들을 지배하고 있다. 비전 (秘傳)의 의미 규칙을 만들거나 중요한 기호 표현을 소유함으로써 의미를 지배하는 그런 신비스런 뜻에서가 아니라, 단지 경제적·정치적으로 힘을 가진 자에게는 중요한 사회 제도를 규정하는 특권이 있기 때문이다.

인간의 능력 및 커뮤니케이션의 회로로서의 언어 (language)는 모든 사람에게 주어져 있다. 언어가 인간의 인지나 발달에서 맡아 하는 중요한 구실을 생각하면, 그것은 사물화할 수 있는 것은 아니다. 그러나 특정 언어 (the language)·특정 제도·특정 의식 방식·가치 판단 등속은 모든 사람에게 평등하게 주어져 있는 것은 아니다. 소수 엘리트에 지배될 수 있는 것이다. 패트먼 (Trevor Pateman)도 다음과 같이 말하고 있다.

> 언어란 사회적으로 산출된 사고 수단임에도 불구하고, 사회적으로는 지배될 수 없는 것이다. 언어의 발달과 그 사용에 대한 지배는, 저널리즘이나 광고에서 보듯이, 매스컴이며 독점적 사기업도 포함한 국가 기관에 의해서 점점 장악되고 있다. …… 기호학자는 언어를 계급이나 다른 소수파에 의해서 지배될 가능성 및 그런 사실이 있다는 것을 올바로 평가할 수 없는 때가 있었다.[15]

언어의 제도적 지배의 중요성을 인정했을 때 중대한 문제가 되는 것은, 메타언어적 과정에 대한 지배가 어떠한 모습으로 나타나느냐, 그리고 그것이 여자에게 어떠한 영향을 끼쳐 주느냐 하는 점이다. 나는 지금 이 문제부터 생각해 보고 싶다. 그리고 나의 통합적 목적에 따라 언어적 현상만 국한해서 언급하지는 않겠다. 성의 구실이며 규정 기구 전체를 언급하지 않고서, 여자와 언어의 관계를 규정하는 언어적 실천을 이해한다는 것은 불가능한 것이다.

---

(15) Trever Pateman, *Language, Truth and Pollitics*, 제2판 (Jean Stround, 1980) p. 129.

<고급 언어>와 여자의 침묵

코라 캐플란이 짧지만 영향을 끼쳐 준 평론 속에서 주장한 것은, 지금은 언어적 제도에 의한 여자의 억압에 관한 견해로서 널리 받아들려지고 있다. 그녀가 주장한 바는, 특정 문화에서 가장 영향력이 있고 위신 있는 언어 사용역 (使用域)에의 접근을 여자는 부정당하고 있다는 것이다.[16] 다시 말하면, <고급> 언어라 규정되고 있는 것들 모두가 (이를테면 정치나 문학이나 연설이나 — 특히 종교적·법적·사회적 — 의식의 언어 사용역에서 쓰이는 언어) 역시 남자의 언어로 규정되어 있다는 것이다. 캐플란은 다음과 같이 말한다.

> 고급 언어의 지배가 지배 집단의 권력의 중요한 부분을 차지하고 있다는 것을 인식하지 않는다면, 계급 간의 상황에서 뿐 아니라 하나의 계급 안에서도 공적 언어에의 접근을 거부하는 것이 여자의 억압을 형성하는 주요한 수단임을 이해하지 않는다면, 여자에 대한 차별은 계속 존속할 것이며, 불합리한 채로 남아 있을 것 같다.[17]

여자가 언어적으로 불리한 입장에 놓여 있는 것이 여자와 고급 언어의 관계 때문이라면, 세 가지 문제를 고려해야 할 것 같다. 즉 남자가 지배하고 있는 것은 어떤 영역의 언어인가? 남자는 어떻게 이런 영역들의 언어를 지배하게 되고, 그 지배력을 유지하고 있는가? 어째서 남자가 언어를 지배하는 것이 여자에게 불리하게 되는 것인가? 나는 이런 문제들을 탐구하기 위해서는 특정 영역의 언어 사용이며 언어 지배에 초점을 맞추어 가는 것이 좋다고 생각한다. 우선, 서사 언어의 영역과 여자와의 관계가 있다. 이 영역의 조사는, 언어를 부정하는 것은 지식이며 혹종의 의식까지 부정하는 것이 될 수 있음을 보여 준다. 다음에 관료적·제도적 언어의 문제가 있다. 이인종 (異人種) 간의 커뮤니케이션에 관한 최근의 연구는, 종

---
(16) Cora Kaplan, 'Language and Gender', *Papers on Patriarchy* ('WPC/PDC, 1976).
(17) Ibid., p. 21.

속 집단을 부적격한 회화자로 규정하기 때문에 (그리고 그녀들을 부적격하게 느끼게 하기 때문에), 대단히 엄밀하게 컨트롤된 규범이 이용되어 있다는 것을 밝히고 있다. 마지막으로, 공적·의식적·음성 언어로부터의 여자의 배제를 검토하지 않으면 안 된다. 그러기 위해서는, 여성성이 수사의 분야와 어느 정도 양립되지 않는 것으로서 설정되어 있는지를 조사하지 않으면 안 된다.

여자와 읽기 쓰기 능력

읽기 쓰기 능력 (literacy)은 모든 언어에 부수적으로 자연히 일어나는 것으로 보일지 모르지만, 사실 이것은 비교적 최근의 기술이며 (인류가 문화를 영위한지 줄잡아 3만년이 지났으나, 읽고 쓰기를 시작한 것은 6천년 전의 일이다), 다른 대부분의 기술과 마찬가지로 그 역사를 통해서 남자에게 지배당해 왔다. 여자와 읽고 쓰기의 관계를 잘 설명한 연구는 아직 기다리는 단계에 있으나, 현재 입수할 수 있는 조사 결과만으로도 페미니스트들의 생각의 양식이 될 수 있다.

오늘날, 세계의 약 8억이 넘는 문맹자들 대부분이 여자들이다. 아닌게 아니라, 한 나라의 문맹률이 높으면 높을수록 여자와 남자의 차도 넓다.[18] 쓰는 능력이 곧 모국어로 쓰는 능력을 뜻했던 시대도, 선진 세계에서는 역사적으로 보아 거의 남성적인 현상이었다. 읽고 쓰는 능력이 래틴 어·고전 아라비아 어·산스크리트 어니 하는 고급 <학문적> 언어를 알고 있는 것을 뜻하던 시대에는, 이 능력은 실제로 남자에게만 한정되어 있었다.[19]

어째서 여자에게는 이토록 문맹이 많았단 말인가? 물론 짧막하게 대답한다면, 읽고 쓰는 것을 가르치는 교육이 누구에게나 자동적으로 (그리고 사실상 의무적으로) 시행되지 않는 경우에는, 여자는 교육을 받지 않기 때문이라고 할 것이다. 가난한 나라 가난한

---

(18) John Oxenham, *Literacy : Writing, Reading and Social Organisation* (Routledge & Kegan Paul, 1980) p. 3.
(19) Walter J. Ong, *Orality and Literacy* (Methuen, 1982) p. 113.

제8장 소외를 넘어서 229

가정에서는 장차 결혼해서 가사나 할 팔자로, 읽고 쓰는 것을 배워서 관료·상업·학문·과학의 일을 하는 것도 아닌 아이를 교육시킬 여유가 없는 것이다. 그렇지만, 이런 대답 이상으로 진짜 원인이 있어 마땅하다. 왜냐하면, 같은 논의를 노동자 계급이나 농부에게 해당시키면 (그들의 일이 여자 이상으로 읽고 쓰는 것을 필요로 하는 것도 아닌데도), 아내나 자매보다 읽고 쓰는 능력이 있는 경우가 많아 보이기 때문이다. 여자를, 교육 그리고 따라서 읽고 쓰기에서 배제하는 것은 단순히 경제적 환경에 부수해서 일어나는 것이 아니라, 여성을 그 자리 — 물리적으로나 심리적으로나 의존적이요 가정내적인 자리 — 에 비끄러매는 방법의 하나인 것이다. 읽고 쓰는 능력이 사람의 태도에 끼치는 영향에 관해서 한 전문가가 말하고 있는 것을 검토하면, 이 점을 더욱 분명히 이해할 수 있다.

　사람은 읽고 쓰는 능력이 있으면 있을수록 사회의 개선을 좋아라 받아들이고 그것을 위해서 노력한다. <개인 능력>의 의식이 증가한다. 즉 자기의 인생을 위해서 무엇인가를 할 수 있다는 자신을 획득한다. …… 자기 자신의 머리로 생각하게 되고, 권위자의 의견에 맹목적으로는 따르지 않게 된다. [20]

여자가 이런 능력을 몸에 붙이는 것은, 무엇이나 받아들이는 여성성을 존속시키려는 데는 위협이 됨은 분명하다. 읽고 쓰는 능력은 언제나 민주주의나 발전 도상국의 근대화와 결부되어 왔다. 지배 계급이 읽고 쓸 수 있는 프로레타리아트의 출현을 두려워 하고 있듯이, 남자도 여자가 이 중요한 민주화의 기술을 손에 넣지 못하도록 함으로써 자기네들의 권력을 지키는 것이다.
　서유럽 문화에서는 여자가 오랜 세월 동안 모국어로 읽고 쓰기를 해 왔다. 여자가 교육을 못받아 배울 수 없었던 것은 서양에서의 학문과 문화의 언어인 라틴 어이다. 이 사실이 결과적으로 여자를 많은 지식으로부터 격리시켰으며, 특정의, 특히 영향력이 강한 사고

---
(20) Oxenham, op. cit. p. 51.

방식으로부터도 고립시켰을 것이다. 옹 (Ong)은 다음과 같이 말한다.

> 쓰는 행위는 …… 알고 있는 사람과 알게 되는 바를 분리하고 거리를 두게 하는 데 한 몫 거들고, 따라서 객관성을 세운다. …… 학문적 래틴 어는 모국어에 깊이 파묻혔던 정서로부터 격리된 매체 속에서 지식을 만들어내고, 그리하여 인간의 생활 세계로부터의 간섭을 축소하고, 중세의 학문 교양이나 새로운 수학적 근대 과학 같은 다시 없이 추상적인 세계를 가능케 함으로써 더욱 더 객관성을 낳는다.[21]

이것은 물론, 과학과 수학이 남자의 언어 위에 세워진 본질적으로 남자의 디스쿠르라는 뜻은 아니다. 여자에게도 래틴 어나 과학에 능력이 있다는 것은 증명되어 왔다. 중요한 것은 이러한 디스쿠르가 역사적으로 보아 남성적인 것이며, 특히 여자에 대해서는 거부되었다는 점이다. 비록 간접적이고 애매하기는 하지만, 여자와 과학의 현재의 관계를 결정하고 있는 것은, 궁극적으로는 이런 역사인 것이다. 말하는 사람이나 글쓰는 사람이 역사를 전혀 의식하지 않는다고 가정한 점에서는 소쉬르도 잘못이었다. 거의 대부분의 사람들은 언어적 전통·습관·실천을 의식하고 있으며, 우리가 (또는 우리의 조상이) 고심해서 습득하지 않으면 안 되었던 이런 디스쿠르를 조심스럽게 실패를 거듭하면서 사용하고 있다고 할 수 있다. 이것은 언어 자체와는 아무런 관계도 없는 것이며, 모두 우리와 언어와의 관계가 어떻게 규정되어 있느냐에 관한 문제이다.

여기서 요약한다면, 여자에게 필요한 교육을 시키지 않았다거나, 여자에겐 교육이 필요없으며 거기서 얻는 것도 없다고 설득해서, 여자가 특정 영역 (서사 언어·학문적 언어)의 언어에 접근하지 못하도록 하는 것은, 여자의 지식 상태나 의식 상태 양쪽에 영향을 끼쳐준다. 남자에게 지배되어 있던 언어 사용역이 나중에 여자에게도 개방되었다 하더라도, 여자는 그 언어 사용역에서, 특히 문제의 언

---

(21) Ong, op. cit., p. 3.

어 사용역이 권위적인 것일 경우, 열악한 언어 사용자라는 규정을 받으며, 그 부정적 태도는 오랜 동안 지속할 것이다. (그리하여 오늘날 영국 여성들이 읽고 쓸 수 있다고 해서 놀라는 사람은 없지만, 그녀들이 시를 쓰거나 수학적 논문을 쓴다고 들으면 여전히 놀란다.) 부정적 견해의 영향력에 관해서는, 다음의 제도적·관료주의적 언어에 관한 논의에서 다시 생각해 보지 않으면 안 된다.

제도적 언어 : 도시 사회에서의 커뮤니케이션

읽고 쓰는 능력이 발전 도상국의 비권력자의 문제라 한다면, 근대 서양 도시의 비권력자의 주요한 언어적 두통거리는 관료주의이다. 언어학자 존 검퍼즈 (John Gumperz)는, 커뮤니케이션의 새로운 어프로치 《상호 작용적 사회 언어학》(*interactional sociolinguistics*)[22]를 제창하고 있는 두 권의 근저 속에서, 근대 산업 사회에서 정부나 다른 관료 제도 <이를테면 후생 시설·교육 기관·직업 안정소·세무서>의 발전에 수반해서 <커뮤니케이션의 기술>이 얼마나 중요하게 되었는지를 지적하고 있다. 개인은 점점 빈번하게 그날그날의 생활 속에서, 이러한 관료 제도와 언어적으로 관련을 맺으면서 교섭하지 않으면 안 된다. 그 결과,

> 다양한 커뮤니케이션의 상황에 적절히 대처하는 능력이 불가결한 것이 되어 왔다. 사소한 개인적·사회적 이익을 얻기 위해서도, 개인적으로 아무런 면식도 없는 사람들과 잘 어울리는 능력이 대단히 중요하게 된다. 권리나 자격을 얻기 위해서도 말을 하지 않으면 안 된다. …… 이리하여 커뮤니케이션의 자원은 개인의 상징적·사회적 자산에서 없어서는 안 되는 부분을 형성한다.[23]

개인은, 제도며 제도의 대표자와 효과적으로 어울릴 필요가 있다.

---
[22] J. Gumperz, *Discourse strategies* (CUP, 1982) and J. Gumperz (ed.), *Language and Social Identity* (CUP, 9182).
[23] Gumperz, op. cit., pp. 4-5.

대부분의 경우, 그 만남에서부터 무엇인가를 바라고 있는 쪽이 개인인 만큼, <효과적으로>란 <그 제도의 규범에 맞춰서>라는 뜻이 될 것이다. 제도 쪽이 받아들이는 (또는 최저한 이해할 수 있는) 방법으로 자신을 표현할 수 없는 사람은 불리한 입장에 서게 될 것이다.

검퍼즈 등은 <크로스토크> (crosstalk), 간단히 말하면, 아울림의 규칙이 다른 개인들 사이에서 생기는 오해에 관해서 많은 연구를 발표해 왔다. 그들의 연구는, 주로 갖가지 제도 쪽의 인간 (사회 복지가 · 판매계 · 인사 부장)과, 영어를 말하는 동양인과의 사이의 어울림에 초점을 맞췄는데, 연구에서 나타난 두 가지 중요한 결론은, 그밖의 소수 민족이나 혹종의 상황에서의 노동자 계급, 그리고 물론 남자와 말하는 경우의 여자에게도 해당될 수 있다.

첫째의 결론을 간단히 말하면, 사회적으로 접촉이 적은 개인들 (특히 인종에 의해서 격리된 사람들)은 회화를 구성하고 해석하고 하는 자못 미묘한 전략을 공유하고 있지 않으며, 그 결과 양자를 좌절케 할 수 있는 오해가 생기고, 직업이랄지 사회 보장을 얻으려는 동양인에게는 심각한 불이익이 된다는 것이다. 둘째의 결론은, 검퍼즈의 책에는 첫째의 것만큼 명확하게 제시되어 있지는 않으나, 제도 쪽 인간은 이런 이인종 간의 오해를 경험한 것을 이용해서, 동양인이 커뮤니케이션을 하는 사람으로서 결함이 있다든지 부적격하다는 이미지를 만들어내려 한다는 것이다. 이러한 이미지는 인종 차별적 스테레오타입에서 생기며 인종 차별을 조장한다. 여기서 중요한 것은 이미지나 스테레오타입을 만드는 권리가 양자에게 평등하게 있는 것이 아니며, 거기서 힘의 불균등이 심각한 결과를 낳는다는 사실이다. 동양인도 고아 (gore) (백인)에 대해서 아첨이라고는 할 수 없는 자신의 이미지를 가지고 있음에 틀림없다. 그러나 그것들은 힘이 없는 사람들의 이미지이다. 힘이 없는 사람들의 이미지는 행정 상의 수속이나 결정의 기반으로서 한 몫을 하는 일은 없으며, 상투적으로 매스컴에서 표현되는 일도 없다. 반면 제도 쪽이

제8장 소외를 넘어서 233

만든 동양인의 스테레오타입은 행정 상의 수속·결정·매스컴의 표현 방식에 **실제로** 스며든다. 일단 동양인이 언어 사용자로서 부적격하다고 규정되면, 그들은 **실제로** 부적격하게 되고 마는 것이다. (잔인하게도, 단순히 부정적 스테레오타입을 통해서 볼 뿐, 동양인이 실제로 말하고 있는 것에 귀를 기울이는 사람은 하나도 없게 된다.) 그리고 겁퍼즈도 지적하고 있듯이, 근대 산업 사회에서는 이것이 비참한 결과를 가져올 수 있는 것이다.

여자가 남자와 마찬가지로, <개인적으로 아무런 면식도 없는> 사람들과 어울리고, <다양한 커뮤니케이션의 상황에 적절히 대처하는> 능력이 있느냐의 여부를 묻는 것은 페미니스트들에게는 중요한 문제이다. 만약 여자의 능력이 뒤져 있다면, 그것은 어째서인가? 여자는 그녀들을 지배하고 있는 남자로부터 상투적으로 오해를 받고, 그것이 결과적으로 여자를 불리한 입장에 놓는 것일까? 남자는 여자를 커뮤니케이션을 행하는 사람으로서 부적격하다고 표현하고, 그리하여 남자의 귀중한 <상징적·사회적 자산>을 절약하려 하고 있는 것일까? 겁퍼즈의 두 동료 다니엘 몰츠 (Daniel Maltz)와 루드 보커 (Ruth Borker)는 이 남녀 간의 오해라는 문제를 추켜든 바 있거니와, 그들은 남녀의 차이도 동양인과 백인 사이의 하위 문화에 의한 차이어 평행하는 것이라고 믿는다.[24] 그녀들은 어린이들의 회화나 놀이의 패턴에 관해서 입수할 수 있는 문헌들을 이용하면서, 서양 문화에서 남녀는 사실상 서로 다른 하위 문화를 형성하고 있으며, 이것이 남녀의 어울림에 중대한 영향을 끼치고 있다고 논하고 있다. 남자와 여자는 회화에서 같은 것을 같은 방법으로 하려고 하지 않으므로, 화자가 의도하는 바와 그 반대 성의 청자가 이해하는 바와의 사이에는, 어느 편이냐 하면, 형편없는 일치 밖에는 보이지 않는 수가 많다는 것이다.

이 생각에는 많은 것이 포함되어 있는 것처럼 보인다. 몰츠와 보커는 내가 이미 (3장에서) 비판했고 그 자체 자못 의심스런 문헌에서 생기고 있는 경쟁적 회화 대 협조적 회화라는 스테레오타입에

---

(24) D. Maltz and R. Borker, 'A Cultural Perspective on Male/Female Miscommunication', in Gumperz, op. cit.

크게 입각해 있지만 말이다. 하위 문화적 성차에 관한 사회 언어학적 분석에 대해서 내가 주로 제안하고 싶은 것은, 이런 성차에 부가되어 있는 정치 구조에 대해서 더욱 많은 논의를 해야 한다는 점이다. 즉 몰츠와 보커는, 화자로서의 여자에 대해서 남자가 내건 정의에는 어떠한 힘이 있는지, 여자는 혹종의 언어 사용역으로부터 배제되고, 여자의 공헌을 격하하는 데 그 정의가 어떻게 이용되고 있는지에 관해서는 거의 아무 것도 말하지 않는다. 나머지 장에서는 이러한 빠뜨림을 메꾸어 보고 싶다.

디스쿠르와 언어 사용역

지금까지의 논의에서, 이미 여자가 서사 언어나 학문적 <언어 사용역> (registers) (즉 이를테면 <학문>·<법적 문서>·<종교>와 같은 특정 사용역에 알맞는 내용·문체·어조를 지닌 언어)에서 제외되어 있으며, 여자가 <언어>를 전혀 소유하지 않는다고 주장하는 것은 설득력이 없으나, 역사적으로 특수한 이유 때문에 여자는 특정한 시간·공간에서 혹종 영역의 언어 사용을 금지당할 수 있다고 주장한다면, 그것은 이치에 맞는다고 지적해 왔다. 역사적으로 보아 남자에 의해서 만들어진 언어 사용역은 빈번히 여자를 부적격이라느니 열등이라느니 표상하며, 여자가 그 영역의 언어를 사용하기 시작한 후에도 그렇게 계속하고 있다. (이미 이 책에서는 뉴스 보도나 사전 편찬의 언어 사용역에 관해서 본 바 있다. 한편, 이러한 영역들이 본시 남자에 의해서 시작되었다는 것은 의심할 바 없으나, 오랜 세월 여자에게도 문호가 열려 왔건만, 성차별이 눈에 띄게 감소되는 일이 없었다는 것도 검토한 바 있다.) 이런 보수주의는 부분적으로는 전통이나 제도 안에서의 <습관과 실천>을 중히 여기는 경향을 반영한다. 문장 궤범·규칙집·복무 규정·편집 요람에 성문화되어 있는 관습은, 글자 그대로, 전문가가 세대에서 세대로 계승해 가는 것이다. 그것들은 전문적 비법의 일부이며, 긴 역사 속에서 신비화되고 (이를테면 행정 사무나 정당 같은) 계급 조직에서의 관료적인 훈련이나 승진 수속에 의해서 빈번히 보강된다. 그렇지만, 다른 한편에서는, 이 보수주의는 더욱 일반적인 이데올로기적인 문제를 반영한다. 이 생각은 로랑 바르트 (Roland Barthes) (프랑스에서의 문학적 문체를 결정하는 이데올로기죠 요인에 관한 그의 연구는 이 생각을 제시한 고전이 되어 있다), 미셸 푸코 (Michel Foucault), 미셸 페쇠 (Michel Pécheux), 콜린 먹케이브 (Colin MeCabe), 마리아 블랙 (Maria Black), 로절린 카와드 (Rosalind Coward)와 같은 기호학자들에 의해서 무척 강하게 내세워진 생각이다.

기호학자들은, 내가 <언어 사용역> (registers)이라 불러 왔던 것을 <디스쿠르> (discourse)라 부르고 있다. (먹케이크가 대표적으로, 디스쿠르를 <언어 사용에서의 특정한 제도적 영역>에 바탕을 둔, 정식화된 발화의 집합이라 정의한다.)⁽²⁵⁾ 각 디스쿠르는 독자적인 규범과 (텔레비의 잡담 프로와 재판에서는 다른 언어적 규범을 보여 주고 있다) 사회에서 덜치는 그 기능과의 관계에서 이해될 필요가 있다.

마리아 블랙과 로절린 카와드는 내가 이미 거론한 데일 스펜더에 관한 논문 속에서, 페미니스트들이 집중적으로 노력을 기울이기에 알맞는 장소는 언어 (그들은 언어를 랑그의 의미로 사용하고 있다)가 아니라, 디스쿠르라고 명백히 말하고 있다.

언어 체계는 …… 서로 관계붙여진 발화 — 디스쿠트 — 의 생산과 해석을 위한 기초로서의 구실을 하거니와, 여자와 남자의 다른 범주화나 자리매김을 낳고 유지하는 것이 바로 이 디스쿠르인 것이다. 페미니스트의 분석이 초점을 맞추지 않으면 안 되는 것은 언어 일반이나 언어 체계가 아니라, 이런 디스쿠르 쪽인 것이다.⁽²⁶⁾

---
(25) Colin McCabe, 'The Dicursive and the Ideological in Film', *Screen*, 19/4.
(26) M. Black and R. Coward, 'L nguistic, Social and Sexual Relations', *Screen Education*, 39, p. 73.

디스쿠르의 규칙성 (이를테면 남성형 대명사의 총칭적 사용이나 강간의 공판 기록에서의 여자의 언어적 표상에 집중함으로써, 언어 사용과, 남자 뿐 아니라 수 많은 여자도 찬동하고 있는 남성 중심적 이데올로기와의 관계에 관해서 우리는 더욱 많은 것을 발견할 것이다.

기호학자의 어프로치와 언어 사용역에 바탕을 둔 내 자신의 어프로치 양쪽에서 강조되어 있는 것은, 연구 대상으로 삼는 언어적 실천의 구체성이다. 그리하여 언어적 유물론자는 데일 스펜더처럼, 역사적으로 편재하고 관찰 불가능한 조작을 가정해서, 그것에 의해서 남자는 여자를 나타내는 말을 타락시키는 기저적 의미 규칙을 통해서 의미를 지배한다고 생각하는 것보다도, 오히려 특정 언어적 실천이 일어나는 역사적 순간이나 상황을 고려하고, 그 언어적 실천을 개시하거나 유지하는 권위와 권리를 갖는 특정 집단에 관해서 탐구하는 것이다. 어떤 언어적 실천이 모든 남자에 의해서 시작되거나 지속되거나 하는 예는 드물며 (하나의 예외는 5장에서 논의한 프로노그라시아에서의 위협의 실천일 것이다), 그 언어적 실천이 모든 언어 사용역에 미치는 경우도 거의 없다고 할 수 있다. 여자와 <언어>나 <의미>와의 관계가 아니라, 가지각색 디스쿠르에 대해서 여자가 부정적으로 관계붙여져 있다는 것을 다룬다는 것은 변동적이고도 단편적인 사안이다.

그럼에도 불구하고, 궁극적으로는 이런 단편적인 언어 장애가 저마다 각양각색 문화에서 여자의 일반적 구실이나 표상과 결부되지 않을 수 없는 것처럼 보인다. 언어 사용의 모든 영역이 명확하고 의식적으로 만들어진 관습에 의해서 규정되어 있는 것이 아닌 이상, 우리는 여자를 침묵케 하고 여자의 말씨를 부적격하다고 규정하기 위해서, 민간 언어학적 가치 판단이나 성 구실에 대한 기대가 맡아한 구실에 눈을 돌릴 필요가 있다. 우리는 특히, 여자의 일상 언어는 여자들 자신한테도 경시당하고 있으며, 불리한 입장에 놓인 사람은 <자기 자신의 언어의 힘이나 가능성에도 불신감을 가지고 있

다>는 달스턴 연구 그룹의 주장을 검토해 보아야 한다. 여자의 언어는 실제로 힘이 세고 가능성이 넘치는 것일까? 그렇지 않으면, 억압되고 억제되고 쇠약한, 진정한 의미에서 여자의 언어라고는 할 수 없는 것일까? 여자는 어쩌다가 자기 자신의 언어를 억제하고 경시하도록 설득당해 버렸을까? 이런 물음들에 대답하기 위해서 우리는 여성성 자체의 창조와 규정을 고찰할 필요가 있을 것이다.

침 묵 : 여자의 영광인가?

남자에게 지배되고 있다는 것이 매우 뚜렷한 메타언어적 실천의 하나는 연설의 습관과 전통이다. 보통 공적인 집회나 공식적인 기회에서는 여자는 침묵할 것을 요구당한다. 다양한 문화에 널리 퍼져 있는 이런 현상을 푸는 열쇠는, 젠킨즈와 크라마레도 말하고 있는 바와 마찬가지로, 사적 혹은 가족적인 영역과 공적 혹은 수사적인 영역의 경계에 있다. <우리는 여자의 영역에 사적인 인간 관계가 포함되어 있음을 보지만, 수사적인 것을 보는 일은 거의 없다.>[27] 많은 사회에서 사적과 수사적과의 경계를 표시하기 위해서, 다른 사용역의 언어·방언, 심지어는 여러 언어들조차 사용하고 있다. 그리고 언어에 관해서 뿐 아니라, 일반적으로 말해서, 공적 영역에 대해서 사적 영역을 상징하는 것이 여자의 구실의 일부이다. (대부분의 자본주의 사회에서처럼), 이 구별이 사회를 조직하는 데 중요한 구실을 하는 경우, 여자는 사적 영역의 경계를 규정함에 있어 중요한 구실을 떠맡고 있는 셈이다.

우리 문화의 공적이고도 의식적인 음성 언어에 있어, 여성의 주변성을 예증하는 것은 결혼 피로연의 예법에 잘 나타나 있다. 피로연에서는 남녀에게 평등하게 할당되어 있는 명확한 구실이 수 없이 많이 마련되어 있다. 신부와 신랑, 어머니와 아버지, 신부의 둘러리와 신랑의 둘러리 등. 그러나 의식을 따르자면, 여자들은 언제나 침묵을 지키고 있게 마련이다. 신부의 아버지가 신랑 신부에게 축

---

[27] M. Jenkins and C. Kramarae 'A Thief in the House', in *Men's Studies Modified*, ed. Spender (Pergamon, 1981).

배를 들고, 신랑이 이에 답례하고, 신부의 둘러리에 축배를 들면 신랑의 둘러리가 이에 답례한다. 남자는 말하고 여자는 말을 듣게 되는 판이다. <보여는 주지만 들어 주는 일이 없는> 여자 입장의 축도가 여기에 있다.

이것은, 어린이가 <보여는 주지만 들어 주는 일이 없는> 것과 같은 것일까? 코라 캐플런은 <언어와 성> (Language and Gender)이라는 평론 속에서 같은 것이라고 주장한다.[28] 어린이는 어른이 동석하고 있는 곳에서는 음성 언어에 제한을 받기 쉽다. 그러나 남자 어린이가 최종적으로 공적 스피치의 권리를 인정받음에 반해서 (케플란은 이 시기를 사춘기 곧 어른의 시작이며 상징적으로는 남성기의 초기로 규정했다), 여자 어린이가 같은 방향으로 성장이 허용되는 일은 결코 없다. 여자 어린이가 정치적·문학적·공적 디스쿠르에 참가가 허용되지 않는 것은 어린이가 이러한 디스쿠르에 참가를 인정받지 못하는 것과 마찬가지라는 것이다. 그러나 이 견해에는 수많은 반론들이 예상될 것 같다. 주된 반론의 하나는, 여자의 말에 대해서 영향을 주는 제한은 어린이에 영향을 주는 제한보다 흔히 훨씬 엄하며, 분명히 성에 의해서 다른 통과 의례와 결부되어 있어 보인다는 것이다. 내가 여기서 생각하고 있는 것은 아드너와 스미스가 논의한 여자의 음성 언어에 대한 수많은 타부이다.[29] 여자가 결혼 후 일정기간 말하는 것을 금지당한다거나, 가정 밖으로 소리가 들리는 기혼 여성의 행동을 남자가 비난하는 예를 발견하기란 드문 일이 아니다.[30] 예법의 책이나 신부에 대한 충고를 보더라도, 기혼 여성은 아내다운 침묵으로 아내다운 복종을 강조하도록 경고하고 있다. 바꿔 말하면, 침묵은 말한다고 하는 남성적 특권의 결여라기 보다는 여성성의 일부인 꼴이다.

나는 여자라 익숙하지 않아서

공적인 화자로서의 여자는, 여자를 침묵케 하는 습관뿐 아니라, 여

---
(28) Kaplan, op. cit., p. 21.
(29) Shirley Ardener, *Perceiving Women* (John Wiley, 1975) ; Philip smith, 'Sex Markers in Speech', in *social Markers in Speech*, ed. K. scherer and H. Giles (CUP, 1979).
(30) Marielouise Janssen-Jurreit, *sexism* (Pluto Press, 1982) p. 284.

자는 효과적으로 말할 능력이 없다고 하는 모욕적 가치 판단에도 애를 먹고 있다. 어떤 문화에서는 공적인 장소에 알맞는 말을 하는 방식이 어떠한 것인지 규정되어 있어도, 여자는 그 방식에 서툴다고 일컬어진다. 여자의 자연스럽게 말하는 방식이 어떠한 것이라고 규정되어 있다 하더라도, 그 방식은 수사적 언어 사용에는 적당한 것이 아니라고 간주된다. 따라서, 이를테면 예스페르센도 간접적인 표현이 여자의 전형적인 말하는 방식이라 여기고, <여자는 직관적으로 조잡하고도 품위 낮은 표현을 피하고, 품위 높고, …… 애매하고 간접적인 표현을 좋아한다>[31]라고 말한다. <이 생기와 활기>의 결여가, 여자를 훌륭한 연설가로서는 걸맞지 않은 것으로 하고 있다는 것이다. 그렇지만, 마다가스칼에서는 사정이 자못 다르다. 거기서는 카바리 (Kabary)라 일컬어지는 의식적인 음성 언어에서 선호되는 스타일은 간접적이고도 암시적인 것이다. 그러나 여기서는, 여자의 말씨가 직접적이고도 힘찬 것으로 여겨지므로, 또 한번 여자는 공적 스피치에서 추방당하는 꼴이다.[32]

여기서도, 실제의 언어 사용과 민간 언어학적 스테레오타입 사이의 상호 작용을 최대의 주의를 기울여서 다룰 필요가 있다. 예스페르센이 지나치게 여자다운 스타일이라고 <기술>한 말하는 방식도 여자가 일관해서 사용해 온 것은 아닌 상싶다. 이것도 흔히 있는 편견과 바람이 뒤섞인, 흔히 있는 이상화인 것이다. 그러나 민간 언어학적으로 믿고 있는 바를 얕잡아볼 일도 아니다. 이런 종류의 신념이 반(反)페미니스트들의 논문·예법의 편람·문법서, 때로는 페미니스트들의 글 손에까지 모습을 바꾸어서 꼬리를 물고 나타나며, 여자가 자신은 어떻게 말하고 있는지, 어떻게 말해야 하는지를 생각할 때에 영향을 주고 있음은 확실하다. 말씨가 서밀하게 감시되고 있는 공적 상황에서는, 여자도 미상불 여자다운 말씨의 기준에 의식을 집중하고, 전통적으로 여자다움으로 되어 있는 말씨의 규칙 (침묵을 지킨다, 말을 가로각지 않는다, 악담을 하지 않는다, 농담을

---

(31) O. Jespersen, *Language : Its Nature, Development and Origin* (Allen & Unwin, 1922), p. 246.
(32) Elinot Keenan, 'Norm Markers, Norm Breakers in Explorations' in the *Ethnography of speaking*, ed. R. Bauman and J. Sherzer (CUP, 1974).

하지 않는다)을 따르고 있는지도 모른다.

가치

민간 언어학은 남녀 양성의 음성 언어와 서사 언어에 관한 중요한 가치 판단을 끈기있게 가르친다. 남자가 생각하는 여자다움과 일치하지 않는 여자의 발화를 모욕하는 굉장히 많은 어휘들이 존재한다. 잔소리를 하는 성가스런 여자 (nag), 불평을 말하는 여자 (bitch), 째지는 목소리를 내는 여자 (strident) 등. 여자끼리의 관계를 낮추어 보는 말은 더 많다. 여자의 지껄임 (girl's talk), 가십 (gossip), 쓸데없는 지껄임 (chitchat), 우물가 회의 (mothers' meeting). 이런 판단의 이중 기준은 결코 언어에 관한 문제에만 특유한 것은 아니다. 그것은 <반페미니스트의 디스쿠르 속에서는 여자가 남자보다 뒤져 있는 이상, 같은 디스쿠르 속에서 남자의 행동을 모방, 그 결과 이미 여자가 아니게 되고 만 여자처럼 우수꽝스런 것도 없다.>[33]라는 일반적 법칙에 따르고 있는 것이다. 이것은 말하는 일이나 글 쓰는 일 뿐 아니라, 여자의 치장하는 방식, 여자의 하는 일, 성적으로 행동하는 방식, 여자가 추구하는 레저, 여자가 좋아하는 지적 활동 등등 무한한 사안들에 해당될 수 있다. 여자가 명확히 여자가 아니라면 남자도 남자가 될 수 없는 이상, 성차는 온갖 수단을 구사해서 확고하게 유지되지 않으면 안 된다.

이러한 지상 명령이, 1762년에 루소가 요약하고 있는 바와 같은 여자의 교육 방식에 대한 생각과 결부되어 있다.

> 여자가 필요한 것을 손에 넣기 위해서는 …… 남자가 그것을 주지 않으면 안 된다. 남자가 여자에게 주고 싶다고 생각하지 않으면 안 되며, 남자가 여자는 그런 값어치가 있다고 생각하지 않으면 안 된다. 여자는 남자의 감정, 남자가 여자의 가치에 붙인 값, 남자가 여자의 매력이나 미덕에 부여한 가치에 의존하고 있는 것이다. …… 그

---

[33] E. Marks and I. de Courtivron (eds.), *New French Feminisms*, p. 5.

제8장 소외를 넘어서 241

러므로, 여자의 교육은 모두 남자와의 관계를 고려해서 계획되지 않으면 안 된다. 남자를 즐겁게 하고, 남자에게 쓸모가 있고, 남자의 사랑과 존경을 얻고, 어릴 적에는 남자를 키으고, 어른이 되면 뒷바라지를 하고, 남자의 상대가 되어서 마음을 위안하고, 남자의 인생을 쾌적한 것으로 할 것, 이것이 연령을 물을 것 없이 여자의 할 일이요, 여자가 어렸을 적부터 배우지 않으면 안 되는 일이다.[34]

이 악명높은 문장 속에서, 루소는 어째서 이런 종류의 여성성이 구축되지 않으면 안 되는지, (남자의 일생을 <즐겁고 쾌적하게> 하기 위해서 그것은 어떻게 구축되는지 (어린 시절부터의 교화에 의해서), 왜 여자는 그것에 만족하고 있는지 (여자는 자기가 필요로 하는 것들을 남자에 의존하고 있기 때문에)에 관한 설명을 하고 있다.

여자의 행동이 지니는 다른 모든 측면과 마찬가지로, 언어도 이 남자에 의해서 정의된 여성성을 염두에 두어 만들어지고 규정되어 있다. 부모의 꾸지람도 교실에서의 훈련도, 모두가 여자에게 여자로서 해야할 것을 인식시키도록 고안되어 있으며, 이에 대한 순응에 실패하면, 조롱, 애정의 상실, 경제적·육체적 고난에 의해서 처벌을 받을 것이다. 간단히 말해서, 그러므로 우리는 여자의 언어에 대한 제한을 더욱 일반적으로 제한되어 있는 여자 구실의 일부로서 다뤄야만 한다. 다른 사회들에서, 권력자가 어떻게 습관이나 제도를 루소의 분석에 일치시키고, 루소가 말하는 바와 같은 규정에 따르도록 이룩해나가는가를 검토하지 않는 한, 우리는 여자와 언어의 관계뿐 아니라, 여자와 그녀의 어떠한 문화적 현상의 관계도 이해할 수는 없다.

언어 지배의 한계

남자의 지배에 대한 이런 모델에 의하면, 언어 지배의 메카니즘에

---
[34] J.-J. Rousscau, *Emile*, quoted in J. O' Faolain and L. Martines, *Not in Gods Image*, (Fontana, 1974) p. 259.

는 여자의 회화를 제한하는 명확한 규칙과 주지의 습관이 있다는 것, 그리고 여자다운 말씨에 실패할 경우의 현실적인 불이익을 고려해서, 여자가 여자답도록 <자발적>으로 자기를 강제할 것, 이 양 측면이 있다는 것이 분명해진다. 이 메카니즘은 불변의 심적 혹은 무의식적인 구조에 자리잡고 있는 것은 아니므로, 언어 지배도 부분적일 수 밖에 없으며, 여자의 침묵에도 한계가 있다.

한층 급진적인 페미니스트 이론가들은 지배와 침묵에 한계를 인정하지 않았기 때문에, 왕왕 대단히 비관적이었다. 데일 스펜더는 다음과 같이 주장한다.

> 여자의 위험한 지껄임을 없애기 위한 간단한 수단은 …… 말할 기회를 제한해 버리는 것이다. …… 전통적으로 보아, 여자에게는 회화를 촉발할 수 있는 선술집과 같은 장소나, 축구 시합이나 조합의 집회와 같은 회화의 기회가 주어져 있지 않았다. 여자에게는 말을 할 공간도 장소도 없었으므로, 여자끼리의 디스쿠르에 가까이 갈 길도 빼앗겨 왔던 것이다.[35]

그녀는 분명히 잘못되어 있다. 만약 여기서 스펜더가 생각하는 것이 꼬마 어린이들과 함께 격리된 아파트에 혼자 있는 <사로잡힌 아내>라 한다면, 그것은 비교적 최근의 제한된 현상이다. 중류의 영국문화에서도, 여자끼리의 회화는 사회 조직의 중요한 부분이 되어 있으며[36], 직업적으로도 사회적으로도 남녀의 거리가 전제가 되어 있는 다른 문화에서는, 여자의 생활은 여자끼리 관여하는 가운데 움직이고 있다.

스펜더는, 여자끼리의 회화에는 현상을 타개할 가능성이 있다고 주장하고 있는 것이겠으나, 옛부터 있는 여자의 회화 문화를 무시해서는 (스펜더는 논의에 설득력을 지니게 하기 위해서 그럴 수 밖에 없었겠으나), 애매모호한 것을 우리에게 수용하도록 하는 결과가 되고 만다. 여자끼리의 회화 자체에 현상을 뒤엎을 힘이 있는 것

---

[35] Dale Spender, *Man Made Language* (Routledge & Kegan Paul, 1980) p. 107.
[36] Cf. Jenkins and Kramarae, op. cit., pp. 16-17.

은 아니다. 여자의 회화가 현상 타파의 가능성을 가지게 되는 것은, 여자가 여자끼리의 회화를 중요하다고 생각하고, 남자와의 어울림 보다도 우선하게 (의식 고양회의 경우처럼) 되었을 때이다. 남자가 여자끼리의 회화를 두려워하고 있기 때문이 아니라, 여자 자신에게 자기네들의 회화를 경시하도록 하기 위해서인 것이다. 여자가 여자끼리의 어울림 같은 것은 남자와 어울릴 수 없을 때의 가련한 대용품 정도로 느끼고, 남자의 회화의 심원함에 비하면 보잘 것 없는 것이라고 생각하는 한, 여자의 회화는 사실상 해를 끼치지 않는 것이 될 것이다.

여자의 회화 : 불모라는 신화

최근에 이르러서 페미니스트들이 여자의 회화를 조사하기 시작했다. 그 연구들에서 드러난 것은, 자기의 경험이나 감정을 표현하려고 몸부림치다가 나온 침묵이나, 제대로 말로 표현할 수 없는 여자의 모습은 아니다. 그 반대로 풍부한 언어 문화를 가진 여자이다.[37] 더구나, 그 문화에는 긴 역사가 있다. (그것이 뚜렷하게 인식되어 있지 않은 것은 역시 이 경우에도 역사로부터의 생략이라고 하는, 남자의 메타언어적인 실천에 당했기 때문이다.) 초기의 여류 시인이 침묵과 부재를 깨뜨리고 불완전하고도 아무런 권리도 없던 새로운 분야를 개척해 갔다고 하는 것은 타당하다 하겠으나, 여자끼리의 그룹 안에서 하는 일상적인 여자 화자를 이런 식으로 다룰 수는 없다.

사회 언어학자라면, 이러한 의외의 조사 결과를 앞에 놓고 바로 떠오르는 것이 있을 것이다. 1960년대에서 1970년대 초기에 걸친 유명한 성과에서, 흑인들이 자기네들끼리 사용하는 말을 애써 연구하고, 흑인 노동자 계급의 미국말을 정확하게 묘사한 것을 들 수 있다. 사회 언어학자인 라보프와 그 공동 연구자들이 특히 피험자의 협력을 얻으려고 긍리한 방법론을 사용해서 (3장 참조) 이 조사에

---

[37] See M. Jenkins and C. Kramer, 'Small group process : learning from women' *WSIQ*, 3, 1980, D Jones, 'Gossip : Notes on women's oral culture', WSIQ, 3, 1980.

착수하기 이전의 흑인의 미국말에 대한 평론가의 일치된 견해는, 미국 흑인이 침묵만 일삼아 표현이 서투른 것은, 양친한테서 말을 듣는 일도 적고, 말하라고 재촉당하는 일도 없는, 언어적으로 빈곤한 문화 속에서 자랐기 때문이라는 것이었다. 그들이 학교에 와서 말하는 언어는 <기본적으로 비논리적인 표현 행동의 형태>, 또는 번슈타인의 용어를 빌면, 제한 코드 (restricted code)라 불리워지고 있었다.[38]

번슈타인의 코드 이론은 (미국의 인종차가 아니라, 영국의 계급 구조를 염두에 두고 발전시킨 것이지만), 중산 계급과 노동자 계급에 각각 전형적인 두 종류의 사회화의 과정이 언어에 대해서 두 가지 다른 관계를 낳았다고 주장한다. 중산 계급의 어린이는 제한 코드 (대충 말하면, 감성적·비논리적·불명료·부정확하며, 집단의 연대나 감정을 표현하는 구실을 함)와, 정밀 코드 (elaborated code) (그 논리성이나 명시성에 의해서 고도의 인지적 조작을 용이하게 함) 양쪽을 자유롭게 사용할 수 있다. 한편 노동자 계급의 어린이가 사용할 수 있는 것은 제한 코드뿐이어서, 학교에서 요구되는 지적 작업을 할 능력이 제한을 받게 마련이라는 것이다.

이와 같이, 흑인의 어린이가 제한 코드만을 사용해서 커뮤니케이션을 한다는 주장은, 어째서 그녀들이 학교에서 학업 성적이 부진하게 되느냐, 백인의 어린이와 비교해서 성적이 나쁘냐 하는 현실을 설명하기 위해서 생각해낸 것이다. 이 주장에 따르면, 어린이들이 적절한 정밀 코드 (즉 백인 중산 계급의 영어)를 배우는 것을 보상하는 교육 계획이 세워지지 않으면 안 된다는 말이 된다. 사회 언어학자 라보프가 제시한 것은, 그 계획도, 그 기저에 있는 전제도, 기본적으로 잘못되어 있다는 것이다.[39] 첫째로 정밀 코드를 추종하고 있는 언어적 특징은 중산 계급의 습관 (이를테면 수동태나 대명사 one의 사용)의 혼합물에 지나지 않다. 정밀 코드 자체에 본질적인 가치가 있다고는 말할 수 없다. 오명을 뒤집어 쓴 흑인 영어의

---

(38) Basil Bernstein, *Class, Codes and Control*, vol. 1, (Routledge & Kegan Paul, 1970).
(39) W. Labov, *The Logic of Non-Standard English*, repr. in Giglioli, p. p. (ed.), *Language and Social Context* (Penguin, 1972) 재수록.

제8장 소외를 넘어서 245

언어적 특징도 표준 영어가 되려다 실패한 결과가 아니라, 그 자체의 체계성을 지닌 한 종류의 언어, 더욱 명확하게 말하면, 표준 영어와 같은 종류이기는 하나, 다른 하나의 방언인 것이다. 바꿔 말하면, 복잡한 사상이나 논리 관계 등을 표현할 수 없는 제한 코드와 같은 것이 본시 존재하는지 어쩌는지조차 근본적으로 분명히 되어 있지 않았던 것이다 (그것은 지금도 밝혀져 있지 않다.)

둘째로, 라보프는, 흑인의 어린이들이 독자적인 의례적 양식을 가진 대단히 자극적인 언어 문화 속에서 성장하고 있다는 것을 보여 주었다. 학교에서는 억눌려서 말을 않거나 서투른 어린이들이, 친구들 속에서는 말을 잘 하는 사람으로 변신하는 수가 흔히 있다. 라보프는 흑인 청년의 풍부한 언어 문화를 발굴하기 위해 고생을 단단히 치뤄야만 했다. 그들이 백인 국외자에게 좋아라고 그것을 피력하려고 들지 않았기 때문이다 — 이상은 그 이전의 면면히 이어온 연구들이 침묵과 말의 서툴음 이외에 아무 것도 이끌어내지 못했던 이유이다. 라보프는 젊은 흑인의 현지 조사자들을 사용해서 광범위한 데이터를 이끌어내고, 데이터의 분석에 당해서는 교육을 받은 중산 계급으로서 자신이 지닌 올바름이니 정식성 (正式性)이니 하는 개념을 고의로 버렸다. 라보프는, 흑인 어린이가 학업 성적의 부진에 빠지는 것은 좋은 성적을 받고자 하는 동기부여가 없다는 것이 주된 이유라는 결론을 내렸다. 흑인 어린이들은 지배적인 백인의 가치관에 대립하는 가운데 자신들을 규정했으며, 친구들 속에 완전히 녹아드는 일원이 되기 위해서는 정식 교육에 대한 경멸감을 표현해야 했다.

비표준적 언어 사용자 (이미 지적한 바와 같이, 제한 코드라는 용어를 사용하는 것은 사태를 언어의 문제로 하고 말 염려가 있다)에 관한 다른 연구들이 강조하는 것은, 언어의 문제는 있으나, 사람들이 그것에 주는 오명에 값할 만큼 언어 자체의 문제는 아니라는 것이다. 바꿔 말하면, 코드 이론도 근본에서부터 따진다면, 정치적으로 뻔한 얼굴로 환원되고 만다는 것이다. 즉 지배적 엘리트의 언어를 말하지 않는 사람이 성공하기란 어려울 것이라는 말이다.

내가 번슈타인의 코드 이론에 관해서 상세하게 말한 것은, 여자의 경우와 평행하는 부분이 있다고 생각하기 때문이며, 페미니스트도 코드 이론에 의해서 야기된 논쟁에서 많은 것을 배울 수 있다고 생각하기 때문이다.

여자의 입장이 노동자 계급이나 흑인 화자의 입장과 아주 똑같은 것은 아니다. 여자의 언어와 남자의 언어의 차이는 노동자 계급의 언어와 중산 계급의 언어나, 흑인 미국말과 백인 미국말의 차이 만큼 뚜렷하지 않으며, 차이가 화자의 의식 레벨에 떠오르지 않는 수가 많다. 여자가 남자와 다른 말씨를 한다는 것이 대량의 학업 부진자의 원인이라고 주장한 사람은 아직 없었다. 그렇지만 많은 점에서, 여자의 언어는 제한 코드의 일종처럼 다루어져 왔다. 그리고 이러한 평가는 페미니스트 (여자와 여자의 문화에서 침묵과 말의 서투름을 문제로 삼고, 여자가 부적당한 언어로 자신을 무리하게 표현당해 왔다고 주장하는 페미니스트)와, 해묵은 생각을 가진 한량이나 남성 절대주의자 양쪽에서 왔다. 이를테면, 예스페르센은 여자의 말씨의 전형적인 특징은 빈곤한 인지 기구에서 생겨난 것이라고 주장했는데, 거기에 들어 있는 결점은 번슈타인이 제한 코드의 화자의 묘사에서 상술된 것과 놀라울만큼 유사하다. 제한 코드와 여자의 언어를 인정하는 언어적 특징조차 같다. 복잡한 삽입문보다 연결문을 선호하고, 끝이 똑 떨어지지 않는 문장을 좋아하고, <명확한> 통사적 고안보다도 인터네이션에 강하게 의존한다는 것이다.[40] 요컨대, 이런 연구자들은 여자의 언어로는 적절히 표현할 수 없는 다양한 것들이 있다는 점에서 일치하는 것이다.

나는 이 주장을 모든 커뮤니케이션에 해당될 수 있다는 점 이외에는, 잘못된 위험한 생각이라 본다. 아마도, 현재 소 그룹에서 행해지는 여성의 민간 전승이나 문화에 관한 조사에 의해서, 여자도 풍부하고 복잡한 언어 자원을 가지고 있다는 것이 제시되고, 여자의 말씨에 대한 민간 언어학적 의견이 부정확하다는 것이 증명되어

---

(40) Jespersen, *Language*, ch. 24.

왔으므로, 이러한 생각도 무너질 것이다. 민간 전승을 다루고 있는 연구자들이 초점을 맞춰야할 대상은, 내가 이 책에서 시도하고 있는 것처럼, 페미니스트의 민간 언어학적 신념과 반페미니스트의 민간 언어학적 신념 사이의 관련성과 유사성이며, 말하는 사람 · 글 쓰는 사람으로서의 여자를 애먹이고 있는 불이익을 만들어내고 있는 가치 판단의 중요성일 것이다.

역시 중요한 것은, 화자로서 불리한 입장에 놓여 있는 여자와, 인종적 소수 민족이나 노동자 계급과 같은 다른 종속 집단을 불리한 입장에 놓는 상황과의 관련을 분명히 하는 일이다. 이같은 종속 집단들도 언어와 정치 문제를 경시하는 데 반대하는 여성 해방 운동의 자세에서 확실히 배울 점이 있을 것이며, 한편 여성 해방 운동도 양자를 관련시킴으로써 혹종의 이론적 지나침을 재평가하는 방향으로 움직여 갈는지도 모른다.

달스턴 연구 그룹도 말하듯이, <이민이나 노동자 계급의 사람들도 영국 문화에의 참가가 불리한 면을 가지고는 있으나, 이 현상을 페니스나 팔러스 (penis/phallus)에 관련시켜서 설명한 사람은 없다.[41] 언어가 정치적으로나 개인적으로나 중요한 자원이라면, 페미니스트는 여자가 화자로서 어떻게 억압당하고 있는가만을 설명하는 이론 가지고서는 부족할 것이다. 역시 <자기 자신의 언어의 힘과 가능성>을 확신시켜 주는 이론이 없어서는 안 된다.

커뮤니케이션의 본질에서 생각한다면, 남자가 의미를 사물화하거나 여자의 언어 사용을 완전히 지배하는 것은 있을 수 없건만, 남자 (혹은 일부 남자)가 중요한 제도와 언어적 실천을 지배하고 있다. 이런 지배의 결과, 남자는 여자에 대해서 혹종의 권리를 갖게 되고, 제약과 신호에 의해서 여자를 속박한다, 그 메카니즘은 여자가 공적 · 의식적 기회에 발언하는 것을 저지하는 명확한 규칙에서 여자의 언어를 타락시키고, 여자의 언어 문화를 덮어 감추는 민간 언어학적 신념이나 가치 판단에 이르기까지 광범위에 걸쳐 있다. 이러한 규칙 · 규범 · 신념은 한편으로는 여성성 일반에, 다른 한편

---

(41) Dalston Study Group, 'Was the patriatchy "patriarchal"?' *Papers on Patriarchy*, p. 77.

으로는 다른 억압된 집단의 언어적·문화적 종속에 관계붙일 수가 있다.

 언어적 결정론·남자에 의한 언어 지배·언어로부터의 여성 소외를 믿는 근년의 페미니스트의 생각에서는 투쟁이며 해방에 대한 전망을 거의 기대할 수 없으나, 특정 사회의 여자의 아이덴티티나 구실에 관련되어 있는 메타언어적·디스쿠르적 과정에 주목하면, 더욱 희망적인 성과를 기대할 수 있을 것이다. 이러한 과정들은 랑그·의미·소외니 하는 추상화된 개념들보다도 훨씬 용이하게 그리고 효과적으로 다룰 수 있다. 결론에서는, 언어적 실천과 페미니스트의 전략을 주제의 하나로 거론하고 싶다.

제9장 결론 : 페미니즘과 언어 이론

― 문제와 실천

제9장 결론 : 페미니즘과 언어 이론
— 문제와 실천

> 인간 언어에 의한 프로젝트를 계속 믿는다면, 단순히 거침없이 <힘을 떨치기> 위한 지배의 수단으로서의 디스쿠르라는 언어관을 넘어서지 않으면 안 된다. …… 그리고 대화가 해방에의 노력이요, 사회 이해와 자기 이해로 향하는 움직임의 일부라고 보는 방향으로 나아가야만 한다.
>
> 쟝 베스케 엘시타인

나는 페미니스트의 이론에서 언어를 다루는 솜씨를 사정하기 위해서 이 책을 쓰기 시작했다. 결론으로서 이 장에서는, 드러난 문제들의 모든 흐름을 간추려 지적하고, — 무엇보다 중요한 — 이러한 연구들이 급진적 페미니스트의 언어적 실천에 대해서 시사하는 사안을 검토해야겠다.

 지금까지의 논의에서는, 나는 광범위한 문제에 대해서 정치적·언어적·철학적인 수많은 관점들과 맞붙어 온 다양한 이론가들을 다루어 왔다. 이를 하나로 간추릴 때 일어나는 문제는 첫째로, 이 모든 견해들을 하나의 일관된 이론적 틀로 간추릴 수 있느냐, 그리고 그렇게 하는 것이 바람직한 일이냐 하는 문제이다. 의심할 나위 없이, 이 분야의 어프로치가 다양하다는 것을 문제라고 생각하는 사람들은 많다. 사회과학의 모든 영역으로부터 틀을 가져다가 조사를 하거나 (크라마레)[1], 취사선택한 어프로치를 이어붙여서 이용하고 있는 연구자 (스펜더)[2]를 보면, 이런 문헌의 서평가들도, 언어와 성에 관한 문제에 대해서 확고한 이론적 분류 방법이 결여되어 있다는 것을 한탄하는 수가 적지 않다. 한 서평가는 최근 <성적 젠더…… 와 언어와의 상호 작용이라는 연구를 가능케 해주는 일관된 이론이 필요하다>[3]라고 주장하고 있다. 그러나 그렇게 주장하는 것은, 현재로서는 어떤 일관된 이론이 없으며 또한 슬픈 일이라는 것도 은근히 내비치는 것이다. 별 문제가 되지 않는다고 페미니스트는 생각할는지 모른다. 그녀들은 본시 어느 이론도 비웃는지도 모르겠으나, 비교적 가능성이 높은 것은, 포인트 없는 순수주의처럼, 이론을 차용하거나 이어붙이는 사람들이 내비치는 비판이라고 거부하기 때문이다. 많은 페미니스트들은 다양한 이론이 존재하는 것이야말로 건전하고 자극적이라 생각하는 반면, 유일한 정통 이론 같은 것은 의기를 소침케 한다고 생각할 것이다.

그럼에도 불구하고, 사태는 단지 혼란할 뿐, 다양한 이론이 존재하는 것은 아니라고 말할 수도 있다. 모든 견해나 틀을 하나로 통합하는 것은 불가능하다 하더라도 (개혁파와 급진파, 경험주의와 주체 이론 사이의 긴장을 생각하면, 불가능한 것이 당연한 것처럼 보인다), 복수 이론의 존재를 받아들일 수 있다면, 의견의 일치를 보지 못한 이론가들이 대화를 시작하는 것쯤은 가능하겠기 때문이다. 그런데, 현상은 이러한 대화가 간단히 이루어질 수 있는 상태가 아니다. 어느 부분이 의견의 일치를 보지 못하고 있는지도 아직 충분히 해명되어 있지 않으며, 이론가들도 도대체 무슨 문제가 걸려 있는지 상세하게 설명할 수 없거나 설명하고 싶어하지 않는다.

내가 생각하기에, 페미니스트의 언어 이론이란 언어와 성을 두 가지 방법으로 관계붙이는 이론이다. 한편으로는, 언어와 젠더 아이덴티티의 관계를, 다른 한편으로는, 언어와 여자 억압의 관계를

---

(1) Cheris Kramarae, *Women and Men Speaking* (Newbury House, 1981).
(2) Dale Spender, *Man Made Language* (Routledge & Kegan Paul, 1980).
(3) Suzette Handen Elgin, Review of *Women and Men speking, Language* 58, 1982.

설명하는 이론이다. 따라서 유익한 대화를 가지려건, 모든 페미니스트 언어 이론가들은 다음 네 가지 기본적 문제에 관해서 자기가 어떤 입장에 서 있는지를 분명히 해야 한다. 첫째, 언어에 관해서 말 할 경우, 우리는 무엇에 관해서 말하고 있는가? 둘째, 여자의 언어 (혹은 남자의 언어)라는 말로 우리는 무엇을 의미하고 있는가? 즉 언어와 젠더의 관계를 어떻게 이해하고 있는가? 셋째, 언어와 현실의 관계는 무엇인가? 네째, 언어와 화자가 놓여 있는 불리한 입장, 특히 (그것만은 아니지만) 여자의 경우에서의 관계는 무엇인가? 등이다.

이 네 가지 문제에 대한 명확한 대답은 서로 다른 이론적 흐름들 사이에서 유익한 논의를 하기 위한 기초를 마련해 줄 것이며, 음성 언어나 서사 언어의 페미니스트적 실천을 전개하기 위한 기초를 마련해 줄 것이다. 따라서, 결론으로서의 이 장의 나머지 부분에서는, 이 네 가지 문제를 더욱 상세하게 검토하고, 특히 지금까지 개관한 이론들로는 만족한 해결을 얻지 못한 여러 문제들에 초점을 맞춰가고 싶다.

언어에 관해서 말할 경우 우리는 무엇에 관해서 말하고 있는가?

언어에 대해서 쓴 페미니스트의 저작 중에서 가장 파악하기 어려운 용어는 믿음직스럽지 못하게도 <언어> (language)라는 간단한 단어 자체이다. 이 단어가 거의 아무런 의미도 없다고 할 수 있을 만큼 일반성을 수반해서 많이 사용되고 있기 때문이다. 이를테면 어떤 페미니스트는 여자는 언어에 의해서 억압되어 있다고 쓴다. 그러나 그 다음 문장은, 그녀가 예술과 신화에 관해서 말하고 있다는 것을 분명히 한다.[4] 거기엔 이 용어를 글자 그대로의 의미로 사용하는 경우와 은유적 의미로 사용하는 경우가 분명히 구별되어 있질 않다.

마찬가지로 우리는, 페미니스트의 글에서 <도덕적 디스쿠르의

---

(4) Mary Daly, *Gyn/Ecology* (Women's Press, 1978) p. 3.

문법>이니 <이론의 언어>니 하는 것에 관해서 읽을 수 있다.[5] 그러나 무엇에 관해서 말하고 있는 것일까? 이를테면 <이론의 언어>라 했을 경우, 그것은 <이론 속에서 사용되고 있는 종류의 말>인가, <이론적인 글에서 사용되는 통사법>인가, 아니면 그냥 <이론 속에서 말해지고 있는 바>인가? 여자가 이론적 언어로부터 배제되어 있다는 것은 이론을 쓰는 사람의 어휘의 정의에 여자의 견지가 배제되기 때문인가, 혹은 이론을 씀에 있어 통상적인 습관이 여자의 사고방식에 익숙치 않은 것이기 때문인가. 이론이 주장하고 있는 바에 여자가 반대하고 있기 때문인가, 아니면 여자가 이론적 디스쿠르에 참가하는 것은 여자답지 못하다고 간주되어 있기 때문인가. 그리고 이런 모든 가능성은 한결같이 <언어>의 문제들인가?

보통은 이러한 구별을 뚜렷이 하기가 불가능하므로, 써져 있는 바를 그대로 신용하고 깊이 생각하지도 않은 채, <언어>라는 말을 사용함으로써 제안되어 있는 바를 받아들이려는 경향이 있다. 그러나 <언어>라는 말에 의해서 단어를 나타내는지, 통사법을 나타내는지, 내용인지, 습관인지 등등에 따라 그 함의도 가능한 공격 방법도 매우 달라진다. 바꿔 말하면, 어느 정도의 언어학적 엄밀성을 가지고 언어 비판을 정식화하지 않으면, 실제로 어떻게 투쟁을 전개해야 할 것인지를 말해 주는 이론은 되지 않는다는 말이다. 지금까지 우리가 해 온 것이 있다면, 남성 중심적 언어를 탈신비화하는 대신에, 더욱 신비화를 조장하는 그런 분석을 낳은 데 지나지 않은 꼴이다.

나는, 언어 이론은 마땅히 예술이나 신화나 언어 사용을 규정하는 메타언어적 습관을 배제해야 한다고 주장하는 것은 아니다. 문제는 단순히 우리 모두가 무엇에 관해서 말하고 있는지를 파악하고 있지 않으면 안 된다는 말이다. 이론을 만드는 일은 용어를 정의하는 메타언어적 기술이 관여할 뿐만 아니라, 매우 중대한 의미를 지닌 활동의 모범 예이다. 우리는 <언어>의 정의를, 일상 회화에서 하고 있는 것처럼, 닥치는 대로의 문맥에 맡겨 둘 수는 없다. 우리

---

(5) Jean Bethke Elshtain, 'Feminist Discourse and its Disontents', *Feminist Theory*, ed. N, O. Keohane, M. Z. Rosaldo and B. C. Gelpi (Harvester Press, 1982) p. 128.

가 하려 하는 바는, 그날그날 주고 받는 엇갈리는 회화처럼, 운을 하늘에 맡기는 것은 아니기 때문이다.

또한, 이 정의의 문제는 이론에 관해서 일견 더욱 골치아픈 문제들과 실제로 관련을 맺는 듯하다. 이를테면 언어와 현실의 문제도 대부분은 <언어>라는 단어를 확대 해석하는 데서 생긴다고 논할 수도 있다. 우리가 다른 사회 현상에 대해서 배우고 이해하기 위해서는 언어를 사용하지 않으면 안 되므로, 이들 모든 사회 현상은 결국 언어로 환원되지 않을 수 없다고 하는 그럴듯한 주장이 나온다. 그러나 <언어>라는 말로 우리가 무엇을 뜻하는가를 생각하기 시작하는 순간 이 주장도 좀 불안스럽게 보인다. 정의를 음미해 봄으로써, 가설에 대한 건전한 문제 제기가 가능한 법이다.

또 하나, <언어>라는 용어의 의미에서 대매해진 중요한 구별에, 음성 언어와 서사 언어의 다름이 있다. 이 건에 관해서 언어학자들은, 규범 문법주의나 객관성과 마찬가지로, 독단적 신념을 가지고 있다. 즉 서사 언어보다도 음성 언어 쪽이 기본적이며, 서사 언어는 음성 언어를 문자로 표시한 것에 지나지 않다고 하는 신념을 가지고 있는 것이다. 그러나 언어학에서의 실천이나 사람들의 언어 사용을 보더라도 현실은 전혀 다르다.

실제로, 언어학자들은 음성 언어를 서사 언어의 불안정한 도방인 것처럼 다루고 있다. 이 사실은, 자연스런 음성 언어에는 완전한 문장 같은 것은 거의 포함되어 있지 않은데, 언어학자들이 분석의 표준 단위로서 오랜 동안 차용해 온 것이 완결문임을 보아도 알 수 있다. 그리하여 이상적인 언어에서 일탈해 있는 실제의 음성 언어를 설명하기 위한 복잡한 <교정 규칙>이 설정되어야 하며, 실제로 언어학자의 귀에 들어오는 말 대부분은 <비문법적>인 것으로 간주되고 마는 것이다. 강세・리듬・인터네이션이니 하는 운율적 특성은 주변적인 것으로 치부된다. 이런 모든 점들을 감안하면, 서사 언어의 존재는 단지 이차적 표기라기보다 숨은 기준이라는 것이 분명해진다 (사실상 서사 언어는 음성 언어를 표기한 것에 지나지 않다는 주장은 서사 언어와 음성 언어를 실제로 비교하면 바로 잘못이라는 것을 알게 된다.) 그런데, 여자의 언어에 대해서 찬성의 주장이든 반대의 주장이든, 그것이 기호학자의 것이든 언어학자의 것이든, 많은 주장들은 음성 언어는 <실제로> 서사 언어를 다른 형태로 나타낸 것이라는 편견에 바탕을 두고 있다. 크리스테바가 운율적인 것 곧 리듬·강세·인터네이션을 원기호적 질서에 분류하고, 논리적 통사법을 상징 질서에 분류한 것을 생각해 보라. 이러한 분류는 음성 언어로서는 전적으로 인공적인 구별이다. 우리가 말하고 있을 때에는 운율적 방법에 의해서 많은 통사적 기능을 달성하고 있으며, 서사 언어에서는 감정적인 것과 논리적인 것을 이와 같이 결합시킬 수 없으므로, 서사 언어 쪽이 훨씬 빈곤하다고 말할 수도 있는 것이다. 운율적인 것을 커뮤니케이션에 통합되어 있는 것이 아니라 여분의 것으로 주변으로 밀어낼 수 있는 것은, 음성 언어가 아니라 서사 언어를 언어 사용의 기준으로 보고 있기 때문이다. 일단 이것이 확인되면, 여자는 문법보다도 인터네이션을 사용한다는 주장에는 의미가 없다는 것이 분명해진다. 여자의 언어에서는 완결문의 문법이 고려되지 않는다는 뤼스 이리가라이의 주장에 대해서도, 마찬가지 운명이 떨어지지 않을 수 없다. 이리가라이도, 자기가 말하고 있는 것은 여자다운 서사 언어에 관해서라는 점을 분명히 하지 않으면, 누구의 언어도 완결문의 문법 같은 것에 따르고 있지 않다는 분명한 반발이 되돌아 올 것이다. 완결문이란 서사 언어의 규범에서 생긴 것으로, 전적으로 인공적인 것이다.

그렇지만, 여자다운 <언어>에 바라고 있는 조건을 검토해 보면, 페미니스트들이 고려하고 있는 것도 실은 서사 언어뿐이라는 것이 이내 분명해진다. 왜냐하면, 페미니스트들이 그리고 있는 종류의 여성다운 언어라는 것도, 쓸 수는 있을지 몰라도 글자 그대로 말하는 것은 불가능하기 때문이다. 페미니스트들이 제안하고 있는 언어에는 철자나 구두점이나 문자 위에 붙이는 부호를 이용한 것말이 포함되며, 그 구조는 복잡하게 얼크러져 있어서 표현하는 데도 이해하는데도 상당한 시간이 걸린다. 서로 관련이 없는 디스쿠르의 단편들이 주의 깊은 읽음을 요구하는 방식으로 늘어놓여 있는 수도 있다. 메어리 데일리가 사선을 이용해서 어원이나 단어의 구조에 의문을 던지는 것과 같은, 형식적으로는 한결 용이한 전략도, 그것을 사용해서 말한다는 것은 까다롭거나 아주 불가능한 일이다.

  물론, 실제로 말할 수 없다고 해서 텍스트적 전략을 거부할 필요는 없다. 반대로, 언어라는 매체도 나름대로 모두 가치가 있으니, 연구되어 마땅하다. 그러나 언어에 관해서 말한다고 허 놓고 실은 서사 언어만을 뜻한다는 것은 일종의 사기가 아닐까? 언어에 관해서 일반화를 행할 즈음에 (크리스테바나 이리가라이처럼), 언어 사용자나 언어적 사건의 태반에 해당되지 않는 모습으로 하는 데 문제는 없을까? 유감스럽게도, 이러한 비판은 크리스테바류의 기호학뿐 아니라 언어학에도 해당되는 것이다. <정서주의 (正書主義)> — 서사 언어와 비교해서 음성 언어를 경시하는 편견 — 는 서양의 전통에 깊이 뿌리내려 있는 것이며, 언어과학 속에서조차 발견될 만큼 커뮤니케이션의 특징에 대해서 심각한 오해를 낳고 있는 터이다. 어떠한 급진적 언어 이론도 정서주의의 경향과 정서주의가 낳고 있는 부정확성에 대해서 경계하지 않으면 안 된다.

언어와 젠더 : 여러 이론을 관계붙인다

이론에 있어, 어떤 현상이 <언어>로 간주되고 있는지가 일단 확실해지면, 다음에 <여성의 언어>라는 말로 우리는 무엇을 뜻하고 있는지, 사람들이 언어를 사용하는 방식이 어떻게 여자 혹은 남자로서의 아이덴티티를 전달하고, 아이덴티티와 상호 작용하고, 혹은 부분적으로도 아이덴티티를 구성하는지를 검토해 갈 수 있다. 사실, 어떤 이론가도, 명시적이든 암시적이든, 여자의 아이덴티티와 여자의 지위는 언어에 관계붙여져야 된다는 주장을 고려할 틀을 전제로 하고 있다. 지금까지 보아 온 갖가지 연구자들이 이용하고 있다고 여겨지는 틀을 짐짓 명확히 하면, 우리는 세 가지 주된 흐름을 구별할 수 있다.

1 하위 문화와 젠더의 구실

첫째의 어프로치에서 중요한 생각은, 여자와 남자는 별개의 하위 문화를 형성하고 있다는 것이다. 그리하여 양성 (兩性)의 다른 말씨는 저마다 다른 구실의 기능으로 여겨진다. 이 다른 말씨는 특정의 성격적 특징 (이를테면 영국 문화에서는 남성적 능동성과 여성적 수동성)이나, 노동의 성별 분업에서 파생한 아이덴티티의 표시를 포함하는 사회적인 남성성 또는 여성성과 결부된 복잡한 요인의 복합체 전체에서 생겨나고 또 그것을 표현한다고 여겨지고 있다. 이 견해의 지지자에는 양 아드너, 몰츠 (Maltz)와 보커 (Borker), 스미스, 후기의 세리스 크라마레 (Cheris Kramarae)가 포함된다.

2 지배의 계층

두번째 어프로치는, 여자의 구실의 특정한 한 측면에 초점을 맞추고 있다. 그것은 남자의 구실과 비교했을 경우의 무력함이다. 따라서 여자의 말씨는 사회적 요인의 복합체나 특정한 여성적 구실의 아이덴티티를 표현하고 있는 것이 아니라, 단순히 사회적 계층에서의 낮은 지위를 표현하고 있는 것이다. 여자는 본질적으로 힘이 없는 말씨를 사용하는데, 그러나 이것은 여자에 특유한 것은 아니다. 비교적 힘이 없는 입장에 있는 사람이라면 누구나 이런 말씨를 사용할 것이다. 헤이덴 엘진 (Haden Elgin)은, 이 생각을 대표해서 <특별히 여자의 언어라 부를 그런 것은 존재하지 않는다. …… 오히려, 지배적 언어 양식과 종속적 언어 양식이 있으며, 여자는 종속 집단이기에 종속적 양식을 사용하는 것이 빈번히 관찰되는 것이다>[6]라고 주장하고 있다. 로빈 레이코프도 이 <지배 계층>파에 속해 있으며, 여자의 언어는 여성성 자체와는 아무런 관계가 없으며, 모든 것은 여자의 종속적 지위와 관련되어 있다는 입장을 취하고 있

---

(6) Haden Elgin, op. cit.

다.

3 성과 신체
마지막으로, 언어가 신체나 성적 욕망과 밀접하게 결합되어 있다는 데서, 언어는 성의 아이덴티티와 관계가 있다고 생각하는 이론가들이 많이 있음을 우리는 보아 왔다. 이 견해의 지지자들은 (엘레느 식수스와 뤼스 이리가라이가 가장 강하게 제창하고 있다), 그녀들이 말하고 있는 바와 같은 여성의 언어는 아직 존재하지 않는다고 보통 주장한다. 그런 언어는, 기술 가능한 현실이라기보다는 이상향적인 목표라는 것이다.

언어와 젠더의 관계에 관한 이 세 가지 대조적인 설명은 대단히 다른 정치적 실천을 함의한다. 만약 언어와 젠더의 관계를 젠더의 구실 (인격·직업격 특징·성별에 관해서 사회적으로 조건지워진 가치관이나 신념의 복합체)이라 한다면, 여자의 말씨를 재평가하는 것이 적절한 대응이 될 것이다. 언어가 여자라는 긍지를 가지고 있는 여자의 아이덴티티를 나타내는 뱃지라 할 수 있는 셈이다. 한편 언어와 젠더의 관계를 상대적인 힘이라 한다면, 여자의 힘없는 말씨가 여자의 힘없는 지위를 보강하고 있다는 악순환을 끊는 것이 우리의 책무가 된다. 여자는 누구나 설득법의 훈련을 받아 남자처럼 말해야 될 것이다. 혹은 만약 여자와 젠더의 관계가 정말로는 성이나 여자의 신체의 리듬이라 한다면, 우리는 현재 있는 음성 언어의 모델을 모두 거절하고, 아직 존재하지 않는 새로운 디스쿠르를 향해서 노력해야 할 것이다. 이런 세 가지 주장들은 많은 점에서 크리스테바가 분류한 페미니즘의 세 가지 흐름과 대응하고 있다. 레이코프는 자유주의 페미니즘 (여자와 남자를 평등하게 한다)을, 크라마레는 급진적 페미니즘 (여성성에 특징적인 것만을 재평가한다)을, 식수스는 혁신적 페미니즘 (현재 있는 분류를 거두한다)을 각각 대표하고 있다.

대부분의 페미니스트들에게 언어가 신체와 성적 욕망에 접근하

고 있다는 생각은 아직 문제가 있으며, 불가능하거나 시와 같은 <
고도의> 언어 속에서만 발견되는 것으로 이해되어 있는 듯하다. 그
렇지만, 힘이냐 역할이냐 하는 문제는 더욱 뚜렷하다. 여자는 수동
적 피해자 이외에 아무 것도 아니라든가, 여자가 문화적으로 생산
한 것은 오직 진짜 무력함만을 표현하고 있다든가, 여성의 언어는
다른 모든 억압된 집단과 마찬가지의 것이라고 주장하는 데는 분
명 의미가 없으나, 한편, 여자의 무력함이라는 현실에 대해서 아무
런 설명도 하지 않고 여자의 아이덴티티를 정식화한다는 것은 공
평하지 못하다고 해야 되기 때문이다. 힘이 없다는 것은 여자의 인
생이나 여자가 만들어내는 아이덴티티에서 중요한 요인이다. 그러
니 이론적으로는 <지배>의 이론이냐 <하위 문화>의 이론이냐의
선택을 강요하는 것은 잘못된 것이며, 실천에 있어서도, 현존하는
여자의 언어에 대한 거부와 재평가의 선택이 뚜렷한 것은 아니다.
따라서 결론은 음성 언어나 서사 언어를 여자로서의 여러 면을 지
닌 아이덴티티와 더욱 복잡한 방법으로 결부하는 이론을 우리는
필요로 한다고 말할 수 있다.

언어와 현실

언어와 현실의 문제 — 언어적 결정론의 문제 — 가 이론적 개혁파
와 급진파 사이의 논쟁의 중심임은 이미 보아 온 바와 같다. 그렇지
만, 이 문제 자체는 미해결인 채로 남아 있으며, 이에 관해서는 논
의를 요한다. 대부분의 이론들은 언어와 현실의 문제에 관해서 극
단적인 입장을 취하고 있다. 한편에서는, 아무런 의문도 없이, 언어
를 무엇인가 다른 것 — 보통은 애매하게 규정된 <사회 기구>나 <
사고> — 을 반영하고 있다고 생각하며, 다른 한편에서는, 마찬가지
로 아무런 의심 없이, 언어는 심적 또는 사회적 현실의 원천이라고
보고 있다. 더구나 논쟁에서 사용되는 용어들이 이 두 극단적인 생
각 사이에 해답을 찾아낼 수 없는 그런 방식으로 설정되어 있다. 언

어적 결정론에 반대하는 사람들은 상식이며 자유 의지의 개념에 호소하고, 이것들을 부정하고 있다고 급진파를 비난한다. 한편, 언어적 결정론자는 반대파가 너무나도 소박하며, 인간의 특징이나 경험에 관해서 부정확하고 시대에 뒤져서, 아무리 보아도 부르조아적인 본질주의적 개념에 달라붙어 있다고 규탄한다. 그러나 양 극단 이외에는 정말로 아무것도 없는 것일까? 근본적인 의미에서, 본질주의도 언어적 결정론도 아닌 이론은 존재할 수 없을까?

나는 언어가 첫째 원인이라고는 믿지 않는다. 그리고 의미는 직접적인 상황뿐만 아니라, 우리가 경험이라 부르는 것으로부터도 파생한다는 주장에 아무 잘못이 없다고 생각한다. 그렇지만, 나는 인간의 특질에 혹종의 중심적 핵이 있다고 생각하는 것도 아니며 (인간의 신체나 뇌의 특질에 의해서 규정되는 인지 능력이나 이성이라는 핵은 설정할 수도 있지만), 사회적 요인에서 유리된 정신 세계가 존재한다고 믿고 있는 것도 아니다. 미리 존재하는 순수무후한 주체가 있고, 그 위에 이데올로기의 층이 겹쳐 간다고도 생각하지 않는다. 그 반대로, 나는 우리의 <인격> · 욕망 · 욕구 · 행동 양식은 세계와의 상호 작용 속에서 구축되어 간다고 하는 기호학자나 모든 반휴머니스트의 주장에 찬동한다. 이러한 구축된 요소들이 우리의 진정한 자아이며, 간단하게 벗겨내버릴 수 있는 속임수의 의식 같은 것도 아니다. 인간은 자기 자신의 행동조차 충분히 이해할 수 없는 복잡한 생물이요, 전혀 의식하고 있지 않은 요인들의 영향을 받고 있다는 생각도 역시 나는 인정한다.

그렇지만, 내가 받아들일 수 없는 것은 이 구축의 과정에서 언어에 부여된 특권적 지위인 것이다. 물론 언어도 어떠한 구실을 맡고는 있다. ― 그것은 단지 다른 것들의 반영은 아니며, 크게 우리 경험의 기반이 되어 있기 때문이다. ― 그러나 다른 것들도 역시 중요하다. 아마 언어보다 더욱 중요할 것이다. 다른 것들은 우리 인생에 있어 언어보다 먼저 나타나며, 언어처럼 그 자체가 사색이나 해결의 대상이 되기 어렵기 때문이다. 나는 지금 사회 가족적 관계 · 사회를 규정하고 있는 노동의 분업이나 경제 기구·물리적 환경·개인의 유전적 성질에 관해서 생각하고 있는 것이다. 이런 모든 것들이 서로 관련을 맺고, 우리가 어쩌다 만나는 환경과 서로 작용해서, 우리가 경험이라 부르는 것, 즉 복잡한 방법으로 행동을 결정하는 세계와의 관계나 상호 작용의 기반을 만들어내는 것이다. 이러한 경험의 습득과 해석은 끝나는 일이 없는 과정이다.

인간 사회의 조직을 이해하려 하는 사람들이라면, 이 과정을 하나의 생성 법칙으로 환원시키고 싶은 유혹과 싸우지 않으면 안 될 것이다. 생산 관계·부자 및 부부 관계·언어와 같이, 하나의 변항을 기본적인 것으로서 설정하는 것은 언제나 단순한 사고라 할 수 있다. 모든 현상에 하나의 원인을 구하려 드는 것은, 무엇이 먼저인가, 닭이 먼저인가 계란이 먼저인가를 묻는 것과 같은 것이다. 다행스럽게도 언어의 문제에 대해서는 비록 무엇이 먼저인가 라는 물음에는 영원히 대답할 수 없다 하더라도, 어떻게 닭이 계란을 낳고 계란이 닭이 되는가를 묻는 것은 가능하다. 흑백 논리적인 논의는 페미니스트의 언어 이론에서도 마찬가지로 결실이 없는 짓이며, 진정으로 필요한 것은 의미의 생산에 관해서 양측이 자명한 이치로 삼고 있는 개념들을 근본적으로 묻는 일인 것이다.

언어와 여자가 놓여 있는 불리한 입장

어떠한 페미니스트 언어 이론도, 언어와 억압, 언어와 여자의 불리한 입장이 어떤 모습으로든 관련되어 있다는 것을 반드시 전제로 한다. 언어가 권력자의 원천이요 (혹은 적어도 그렇게 사용될 수 있다), 억압의 잠재적인 도구임은 의심의 여지가 없다.

그러나 이 책 전체를 통해서 예증해 온 바와 같이, 사람들에게 일어나는 것을 그 사람들이 사용하는 언어 탓으로 돌리는 그런 이상한 경향에 대해서는 되도록 반대하지 않으면 안 된다. 이것은 한 때 대단히 널리 퍼진 설명이었다. 노동자 계급이나 흑인의 어린이가 학업이 부진하게 되는 것은 그들의 언어가 부적당하기 때문이며, 공산주의가 승리를 거둔 것은 러시아 어가 부패했기 때문이며, 여자가 사회의 주변적·부정적인 존재임은 여자의 언어가 비효과적이고 진짜의 것이 아니기 때문이라는 것이다. 그러므로, 언어를 개혁하는 것은 기회 균등에서 민주주의나 진리에 이르기까지, 좋은 것 모두에 통하는 열쇠라고 간주되는 것이다.

그러나 도대체 어떻게 언어 자체가 화자가 놓여진 불리한 입장의 원인이 될 수 있을까? 확실히 그렇다고 믿으면, 간단하고 편리하다. 학업 부진한 어린이에게는 <보충 수업>을 해 주고, 여자는 설득력의 훈련을 받고, 동양인은 상대에 따라서 언어 사용을 바꾸는 것 (코드 변환)을 배우고, 소련의 사전을 유엔이 편집하면 되는 것이다. 특권 계급에 있는 사람은 누구나 무엇인가를 바꾸거나 단념하거나 할 필요가 없다. 적절한 언어의 사용법과 부적절한 언어의 사용법을 정하는 기준이라는 문제에 애먹을 필요도 없으며, 본시 어째서 그런 기준이 있는지를 생각할 필요도 없다. 그리고 무엇보다도 사회 제도가 가난한 사람·흑인·여자를 단지 가난하고 흑인이고 여자라는 이유만으로 불리한 입장에 놓고 있다는 것을 인정할 필요도 없게 되는 셈이다. 언어를 바꾸면, (또는 교육을 하면, 혹은 기회 균등법을 만들면) 충분하다는 시늉을 계속할 수는 있다. 내가 보기에는, 이러한 것이야말로 언어학자가 폭로할 책임이 있는 대단히 해로운 기만이다. 여자를 억압하기 위해서 언어적인 메타언어적 자원을 이용하고 있는 것을 보고도 못본 체할 수는 없는 노릇이다. 그러나 그와 동시에 언어 이외의 현상을 대상으로 하지 않는 억압의 이론의 한계도 인정해야 한다.

여자의 언어적 실천을 바꾼다 : 급진적 디스쿠르를 향해서

이 책에서 내가 도달한 결론은, 페미니스트에게 완전한 말하고 글쓰는 스타일은 존재하지 않으며, 존재할 수도 없었다는 사실이다.

더구나, 페미니스트가 보통 요구하고 있는 언어 변화에는 두드러진 결점이 있다. 페미니스트의 이상에 가깝다고 여겨지는 글쓰는 스타일은 역시 대단히 어려운 것으로, 엘리트 주의에 빠져들 염려가 있으며, 한편 개혁파가 제창하고 있는 비성차별적 언어도 그 중심에 성적 중립성이라는 정치적으로 위험한 환상을 품고 있다. 그러나, 비성차별적 언어가 보통의 성차별적 언어와 거의 다르지 않은 것이라 하더라도, 언어의 사용법을 바꿔야 한다는 요구는 사람들을 해방시킨다고 생각한다. 첫째로 현재의 규범적인 언어 사용에는 남성적 편견이 있다는 점에 반드시 주목케 할 수 있다. 더욱 중요한 것에는, 의미란 투명하고 고정된 것이라는 상식에 이의를 내세울 수도 있다. 이 사실의 정치적 중요성에 관해서는, 트레보 패트먼(Trevor Pateman)이 용하게 논의하고 있다. 패트먼에 의하면, 영국 사람들은 그가 <태만한 디스쿠르> (idle discourse)라 명명한 것을 사용하는 경향이 있다. 태만한 디스쿠르란, 의미를 잘 뒤바꾸고, 어렸을 무렵의 시몬느 드 보봐르처럼 단어의 정의를 불변하고도 지적 논쟁의 대상이 될 수 없는 것으로 다루는 것이다. 즉 태만한 디스쿠르란, 의미가 정지해서 미리 존재하고 있는, 메타언어적으로는 불모의 언어인 것이다.

태만한 디스쿠르는, 언어의 특질을 반영해서 존재하고 있는 것은 아니다. 디스쿠르 자체는 태만할 필요는 없다. 그 태만성은 사람들의 억압적 사회화의 희망 없는 상황에 의해서만 생겨나는 것이다.

> <태만한 디스쿠르는, 자신의 지위를 받아들이는, 힘없는 자의 언어이다. 이처럼 안정의 추구가 일상의 사고도 언어의 사용도 지배하고 있다는 것은, 사람들이 다른 만족은 얻을 수 없다고 깨달았기 때문이 아닌가, 나는 생각한다.>[7]

패트먼은 사람들이 언어에 대해서 하는 바를 다른 경험의 분야에서도 한다고 생각하는 듯하다. 타인이 설정한 정의를 아무런 생각

---

(7) Trevor Pateman, *Language, Truth and Politics* (Jean Stroud, 1980) p. 77.

없이 받아들인다는 것은, 더욱 일반적인 세계의 움직임에 대해서 의문을 던진다는 것도 단념해 버리는 일이다. 그러므로, 사람들을 언어 특히 의미나 정의의 존정적 상태에 대해서 생각하도록 조장하는 것은, 어떠한 것이든 정치적으로 진보적인 것이라 할 수 있다. 패트먼은 비성차별적 언어의 사용과 같은 외적 변화가 실제로 정치적 상황을 변화시키므로, 궁극적으로는 내적 견지에 영향을 끼쳐줄 수 있다고 지적한다. <외적 실천의 변화는 적어도 사회 관계의 한 측면의 재구도화의 구성 요소가 된다. …… 모든 행위는 사회적 제도를 계속 유지케 하거나 혹은 전복시키거나 하는 변화를 가져다주는 것이다.>[8] 남성 절대주의의 남자와, <She>라고 말할 수 있게 된 남자 사이에 도대체 어떠한 다름이 있다는 것인가 하고 냉소적으로 묻는 이론가가 있다는 것을 생각하면, 이 지적은 중요한 지적이라고 할 수 있다. 언어 변화의 중요성도, 그리고 다른 많은 개혁의 중요성도, 바로 <모든 행위는 사회적 제도를 계속 유지케 하거나 혹은 전복하거나 하는 변화를 가져다준다> 라는 점에 있다. 우리는 언제나 이 어느 쪽인가의 선택을 할 수 있는 것이다.

  패트먼이 지적하고 있는 또 하나는, 말하는 방식이나 글쓰는 방식을 바꾼다는 것은 자신의 세계와의 관계나 자신의 행동에 혹종의 책임을 지는 일이며, 그 자체, 크게 정치적 중요성을 지닌 행위라는 점이다. <왜냐하면 나는, 자신의 행동을 통해서 내가 언어를 지배하고 있다는 것을 보였기 때문이며, 언어가 필연적으로 나를 지배하고 있기나 한 것처럼 행동하는 것을 그만두었기 때문이다.>[9] 이것은 바로 쟝 베스케 엘시타인 (Jean Bethke Elshtain)이 대화를 <해방에의 노력이요, 더욱 좋은 사회 이해요 자기 이해로 향하는 움직임의 일부>라고 보았을 때에 의도하는 바인 것이다. 엘시타인은 다시 계속해서, <이성적 대화라는 기조는 ≪현존하는 권력≫과 ≪자기 자신 속의 결열≫에 대해서 눈을 뜨고, 진실을 부르짖으려 하는 정열이요, 해방된 미래를 향해서 열려진 창이다>[10]라

---

(8) Ibid., pp. 15-16.
(9) Ibid., p. 16.
(10) Bethke Elshtain, op. cit., p. 129.

고 말한다. 즉 급진적 디스쿠르란 태만한 디스쿠르의 정반대에 위치하고 있는 것이다. 급진적 디스쿠르는, 태만한 디스쿠르를 만들고 조장하고 나아가서는 권력 관계를 재생산하는 메타언어적 실천에 관해서 끊임없이 의문을 던지는 것이다. 나아가서, 급진적 디스코스는 의미의 고정성에 이의를 내세우고, 의식적인 의지 있는 행동에 의해서 언어 사용은 바꿀 수 있는 것이라고 강하게 주장한다.

아마 언어적 실천을 바꾼 결과 일어나는 가장 긍정적인 사건은, 우리는 언어에 지배되고 억압되지 않으면 안 된다고 하는 해로운 신념을 파괴하는 일일 것이다. 일단 이 난관을 뛰어넘으면, 자신을 가지고서 의견을 말하고, 남성 중심 사회에 대한 끊임없는 투쟁을 하는 가운데, 여자에게는 너무나도 빈번하게 부정되고, 여자에 상응하도록 사용되어 온 언어와 메타언어라는 자원을 사용하는 것을 배우기 시작하는 것이다.

참고 문헌

Ardener, Edwin, 'Belief and the Problem of Women,' in *Perceiving Women*, ed. S. Ardener (Dent, 1975).
Ardener, Shirley (ed.), *Perceiving Women* (Dent, 1975).
——, *Defining Females* (John Wiley, 1978).
Bales, R. F., 'How People Interact at Conferences', *Communication in Face to Face Interaction*, ed. Laver and Hutcheson (Penguin, 1972).
Barthes, Roland, *Mythologies* (Editions du Seuil, 1957).
Beauvoir, Simone de, *Memoirs of a Dutiful Daughter*, trans. Kirkup (Penguin, 1963).
——, *The Second Sex*, trans. Parshley (Vintage, 1974).
Bernstein, Basil, *Class, Codes and Control, vol. 1: Theoretical Studies Towards a Sociology of Language* (Routledge & Kegan Paul, 1970).
Black, Maria and Rosalind Coward, 'Linguistic, Social and Sexual Relations', *Screen Education*, 39, 1981.
Bodine, Ann, 'Androcentrism in Prescriptive Grammar', *Language in Society*, 4, 1975.
Carroll, J. B., *Language, Thought and Reality: Selected Writings of Benjamin Lee Whorf* (MIT Press, 1976).
Chomsky, Noam, review of Skinner's *Verbal Behavior*, *Language*, 35, 1959.
Cixous, Hélène, 'Sorties', trans. Liddle, *New French Feminisms*, ed. E. Marks and L. de Courtivron (Harvester Press, 1981).
Corbett, Anne, 'Cherchez la metaphor', *Guardian*, 18 Feb. 1983.
Coward, Rosalind and John Ellis, *Language and Materialism* (Routledge and Kegan Paul, 1977).
Coward, Rosalind, Sue Lipshitz and Elizabeth Cowie, 'Psychoanalysis and Patriarchal Structures', in *Papers on Patriarchy* (Women's Publishing Collective/PDC, 1978).
Crystal, David and Derek Davy, *Advanced Conversational English* (Longman, 1975).
Dalston Study Group, 'Was the Patriarchy Conference "Patriarchal"?', *Papers on Patriarchy* (Women's Publishing Collective/PDC, 1978).
Daly, Mary, *Gyn/Ecology: the Metaethics of Radical Feminism* (Women's Press, 1978).
Delphy, Christine, 'A Materialist Feminism is Possible', *Feminist Review*, 4, 1980.

―――, 'Women in Stratification Studies', in *Doing Feminist Research*, ed. Helen Roberts (Routledge & Kegan Paul, 1981).
Dubois, Betty Lou and Isobel Crouch, 'The Question of Tag-Questions in Women's Speech; They Don't Really Use More of Them, Do They?' *Language in Society*, 4, 1976.
―――, 'American minority women in sociolinguistic perspective', *IJSL* 1978.
Dworkin, Andrea, *Pornography: Men Possessing Women* (Women's Press, 1981).
Elgin, Suzette Haden, review of Kramarae, *Women and Men Speaking*, *Language*, 58, 1982.
Elshtain, Jean Bethke, 'Feminist Discourse and Its Discontents', *Feminist Theory: A Critique of Ideology*, ed. Keohane, Rosaldo and Gelpi (Harvester Press, 1982).
Friedan, Betty, *The Feminine Mystique* (Gollancz, 1963).
Gallop, Jane, 'Psychoanalysis in France', *Women and Literature*, vol. 7, no. 1, 1979.
Grice, H. P., 'Logic in Conversation', *Syntax and Semantics*, vol. III: *Speech Acts*, ed. Cole and Morgan (Academic Press, 1975).
Griffiths, Ian, 'Speech, Writing and Rewriting', unpublished paper, 1982.
Gugenheim, Camilla, 'Man Made Language?' *Aynazon*, 4, 1981.
Gumperz, John J. (ed.), *Discourse Strategies* (CUP, 1982).
―――, *Language and Social Identity* (CUP, 1982).
Hall, John, *The Sociology of Literature* (Longman, 1979).
Harris, Roy, *The Language Myth* (Duckworth, 1981).
Henton, Caroline, 'Sex Specific Phonetics', unpublished paper, 1983.
Irigaray, Luce, 'Women's Exile' (interview with Couze Venn), *Ideology and Consciousness*, 1, 1977.
―――, *Ce Sexe qui n'en est pan un* (Editions Minuit, 1977).
Jacobus, Mary, 'The Question of Language: Men of Maxims and the Mill on the Floss', *Critical Inquiry*, vol. 8, no. 2, 'Writing and difference', 1981.
Janssen-Jurreit, Marielouise, *Sexism: the Male Monopoly of History and Thought* (Pluto Press, 1982).
Jenkins, Mercilee and Cheris Kramarae, 'A Thief in the House: the Case of Women and Language', *Men's Studies Modified*, ed. Spender (Pergamon Press, 1981).
Jespersen, Otto, *Language: Its Nature, Development and Origin* (Allen & Unwin, 1922).
Jones, Deborah, 'Gossip: Notes on Women's Oral Culture', *WSIQ*, 3, 1980.
Kanfer, Stephen, 'Sispeak', *Time*, 23 Oct. 1972.
Kaplan, Cora, 'Language and Gender', *Papers on Patriarchy* (Women's Publishing Collective/PDC, 1978).

Keenan, Elinor O., 'Norm-Makers, Norm-Breakers: Uses of Speech by Women in a Malagasy Community', in *Explorations in the Ethnography of Speaking*, ed. Bauman and Sherzer (CUP, 1974).
Kramarae, Cheris, *Women and Men Speaking* (Newbury House, 1981).
Kristeva, Julia, 'Woman Can Never Be Defined' (interview with psych et po), trans. August, *New French Feminisms*, ed. E. Marks and I. de Courtivron (Harvester Press, 1981).
——, 'Women's time', trans. Jardine and Blake, *Feminist Theory: a Critique of Ideology* ed. Keohane, Rosaldo and Gelpi (Harvester Press, 1982).
Labov, William, *Sociolinguistic Patterns* (University of Pennsylvania Press, 1972).
Lacan, Jacques, *Le Seminaire XX: Encore* (Editions du Seuil, 1975).
Lakoff, Robin, *Language and Woman's Place* (Harper & Row, 1975).
Leonard, Diana, 'Male Feminists and Divided Women', *On the problem of Men*, ed. Friedman and Sarah (Women's Press, 1982).
Lorde, Audre, *The Cancer Journals* (Spinsters Ink, 1980).
Lyons, John, *Introduction to Theoretical Linguistics* (CUP, 1968).
——, (ed.), *New Horizons in Linguistics* (Penguin, 1970).
MacCabe, Colin, 'The Discursive and the Ideological in Film', *Screen*, 19 Apr. 1978.
Maltz, Daniel and Ruth Borker, 'A Cultural Approach to Male/Female Miscommunication', in *Language and Social Identity*, ed. J. Gumperz (CUP, 1982).
Mandelbaum, D., *Selected Writings of Edward Sapir* (University of California Press, 1949).
Marks, Elaine and Isabelle de Courtivron (eds), *New French Feminisms* (Harvester Press, 1981).
Miller, Casey and Kate Swift, *Words and Women: New Language in New Times* (Penguin, 1976).
——, *The Handbook of Non-Sexist Writing* (Women's Press, 1980).
Mitchell, Juliet and Jacqueline Rose (eds), *Feminine Sexuality: Lacan and the École Freudienne* (Macmillan Press, 1982)
Moi, Toril, 'Who's Afraid of Virginia Woolf?, Feminist readings of Woolf,' (unpubl. 1982).
——, 'Femininity, Language, Revolution: Julia Kristeva and Anglo-American Feminist Linguistics' (unpublished lecture, 1983). (This paper will form part of Toril Moi's forthcoming book in the New Accents series published by Methuen on Feminist Criticism.)
O'Faolain, Julia and Lauro Martines, *Not in God's Image* (Fontana, 1974).
Ong, Walter J, *Orality and Literacy: The Technologizing of the Word* (Methuen, 1982).
Orwell, George, 'Politics and the English Language,' *Collected Essays* (Secker & Warburg, 1961).

Oxenham, John, *Literacy: Writing, Reading & Social Organisation* (Routledge & Kegan Paul, 1980).
Pateman, Trevor, *Language, Truth and Politics: Towards a Radical Theory for Communication*, 2nd edn (Jean Stroud, 1980).
Pellowe, John, G. Nixon, B. Strang and V. McNeany, 'A Dynamic Modelling of Lingusitic Variation: the Urban (Tyneside) Linguistic Survey', *Lingua*, 30, 1972.
Rich, Adrienne, *On Lies, Secrets and Silence: Selected Prose 1966-78* (Virago, 1980).
Saussure, Ferdinand de, *Course in General Linguistics*, trans. Baskin (Fontana, 1974).
Scherer, Klaus and Howard Giles (eds), *Social Markers in Speech* (CUP, 1979).
Schulz, Muriel, 'The Semantic Derogation of Women', *Language and Sex: Difference and Dominance*, ed. Thorne and Henley (Newbury House, 1975).
Scruton, Roger, 'How Newspeak Leaves Us Naked', *The Times*, 1 Feb 1983.
Smith, Dorothy, 'A Peculiar Eclipsing| Women's Exclusion from Men's Culture', *WSIQ* 1, 1978.
Smith, Philip M., 'Sex Markers in Speech', *Social Markers in Speech*, ed. Scherer and Giles (CUP, 1979) ch. 6.
Spender, Dale, *Man Made Language* (Routledge & Kegan Paul, 1980).
Swift, Jonathan, 'A Proposal for Correcting the English Tongue', *Prose Works of Jonathan Swift*, Vol. IV, ed. H. Davis (Blackwell, 1957).
Trudgill, Peter, 'Sex, Covert Prestige and Linguistic Change in the Urban British English of Norwich', *Language in Society*, 1, 1972.
Zimmerman, Don and Candace West, 'Sex Roles, Interruptions and Silences in Conversation', in *Language and Sex: Difference and Dominance*, ed. Thorne and Henley (Newbury House, 1975).

역자 후기

이 책은 Deborah Cameron, *Feminism & Linguistic Theory*, London ; St. Martin's Press, New York, 1985를 번역한 것이다.

우선 저자 Deborah Cameron에 관해서 간단하게 소개하면, 그녀는 1958년 스코틀랜드에서 출생, 옥스퍼드 대학 등에서 언어학을 전공, 석사학위를 취득한 후, 1983년에 런던의 로햄프턴 고등교육기관에서 영어 교수로 일하면서 현재에 이르고 있는 젊은 여류 언어학자이자 페미니스트이다.

그녀는 지금까지 수많은 저서·논문·서평 등을 발표했다. 그 중에서도, 옥스퍼드 대학 재학 중에 착수하기 시작한 ≪페미니즘과 언어 이론≫이 1985년에 출판된 후, T. J. Taylor와의 공저로 *Analysing Conversation*, Oxford : Pergamon Press, 1987 ; E. Fraser와의 공저로 *The Lust of Kill*, Cambridge : Polity Pres, 1987 ; J. Coater와의 편찬으로 *Women in Their Speech Communities*, London : Longman, 1988 등을 잇대어 내놓고 있다.

최근 우리 나라에서도 페미니즘에 관해서 많은 논의들이 왕성하게 이루어지고 있으며, 따라서 특히 언어와 여성 문제에도 주목하는 분들이 부쩍 많아졌다. 한마디로 줄여 말한다면, 언어에 관한 고찰이 페미니즘 이론의 유력한 기반이 될 수 있을 뿐더러, 언어학도 페미니스트의 실천에서 언어라는 연구의 대상에 관해서 유익한 통찰을 얻을 수 있다는 확신이 있기 때문일 것이다.

그러나 저자도 지적하고 있는 바와 마찬가지로, 페미니즘만 하더라도 다양한 이론들이 뒤엉키면서 저마다 나름대로의 방법으로 접근하려는 것이 현상이어서, 페미니즘과 언어라는 매우 중요한 문제도 막상 어디서부터 손을 대야 좋을지 종잡기 힘든 것이 지금의 상황이다. 이 책 ≪페미니즘과 언어 이론≫의 의의는, 이런 여러 이론들을 언어학의 일반 원리라는 같은 장에 올려 놓고서, 알기 쉽게 그 핵심점을 해설하는 데 있다. 이 책이 전공하는 분들 이외에도, 일반적으로 페미니즘에 관련이 있는 분들이 일상적인 언어에 대해서 안고 있는 의문에 관해서 한번 생각해 볼 단서를 제공해 줄 것으로 믿어 의심치 않는다. 권말의 <용어 해설>을 이용하면 전문가가 아니더라도 일반적으로 이해할 수 있는 길잡이가 일부 될 것으로 생각된다. 직역을 피하고 되도록 알기 쉽게 바꿔 옮긴 대목들도 많은 것은 이 까닭이다.

　이 책의 번역에 있어, 처음에는 대학원 학생들과의 공부를 위해서 착상했던 것이다 (특히 김미진 님 [대학원 학생]과의 공동 작업으로 진행되었던 것임을 밝혀 둔다). 원고 작성에 협조해 준 여러분들에게 감사한다. 사실 이 번역서는 많은 여성 연구자들의 관심과 협조의 여세로 이루어진 것이다. 끝으로 한국문화사의 김진수 사장님의 뜻에 감사한다.

1995년 1월

이　기　우

용어 해설

경험주의 (empiricism)
  과학을 가리키고, 실험이나 관찰에 의해서 가설을 검증하는 방법론, 이론을 지시하기 위해서 증거를 이용하는 것이 특징이다. 철학에서는 생득적인 사고라는 것은 존재하지 않으며, 모든 지식은 경험에서 파생한다는 신념을 가리킨다.

공시적 (synchronic)
  역사적이 아닌 것.

규범(문법)주의 (prescriptivism)
  문법에서 가치 판단이나 올바름의 개념을 사용하는 일.

구조주의 (structuralism)
  체계는 차이의 집합이라는 소쉬르의 법칙에 입각한 방법론. 언어학에서는 Bloomfield, Hockett 같은 미국에서의 운동을 가르치고, 일반적으로는 프랑스의 이론가 Levi-Strausse, Barthes등을 가리킨다.

기호 (sign)
  소쉬르에 따른 언어 단위. 시니피앙 (형식)과 시니피에 (개념)가 불가분으로 결합한 것으로, 그 의미는 그 자체 자의적언 기호의 실질이 아니라 다른 기호와의 대비에서 파생한다.

기호학 (semiology)
  소쉬르의 법칙에 바탕을 둔 기호의 과학. 특히 <주체의 이론> 즉 라캉의 영향을 받은 이론에 사용되는데, 구조주의자나 포스트구조주의자의 영화·문학비 평등에도 사용된다.

끼여넣기 (embedding)

전통 문법에서 종속절이라 일컬어지는 것을 사용해서 복문을 만드는 일. (이를테면 that fish *I bought yesterday* was off)의 언더라인을 친 부분이 끼여들어가 있다.

디스쿠르 (discourse)
언어학에서는 <문장보다 위 레벨>의 언어 즉 회화의 주고 받음을 가리킴. 기호학에서는 관계붙여져 있는 집합을 가리킴. (디스쿠르를 언어학은 통사적으로 규정하고, 기호학은 범열적 현상으로 보고 있다.)

랑그 (langue)
소쉬르의 용어. 개개의 언어 행위 (파롤 parole)를 가능케 하는 언어 체계.

메타언어학적 (metalinguistic)
언어의 주변 혹은 언어를 넘은 레벨의 현상. 언어학에 관한 거의 대부분의 저작에서는 특정 언어의 집합 [즉 <명사>나 <의미> 같은 전문가나 아마추어가 언어에 관해서 말할 때 사용하는 말]의 의미로 사용되지만, 이 책에서는 그보다도 넓은 의미로 사용하고 있다. 저자는 문법이나 사전 같이 언어에 기생하고 있는 실천이나 제도에도 이 용어를 사용한다.

문법 (grammar)
언어학자의 실천, 언어학자가 만든 모델, 음과 의미 중간의 언어 레벨, 즉 형식=형태론과 통사론. 언어의 올바른 사용법의 규칙 (규범문법).

문체 (style)
상황적 특징, 특히 회화의 참가자에 승인되어 있는 상황의 공식성과 결부된 언어의 종류.

문체론 (stylistics)
문체와 언어 사용역, 특히 문학에서의 언어의 연구.

문헌학, 역사 언어학 (philology)
언어적 텍스트의 역사적 연구.

민간 언어학 (folklinguistics)

언어학자가 아닌 사람이 언어에 관해서 믿고 있는 바를 가리키는 데 언어학자가 사용하는 용어.

방법론 (methodology)
과학적 조사의 법칙과 기술. 근래에 점점 <방법> (method)과 같은 뜻이 되고 있으나, 이 말은 과학적 또는 의사 과학적 영역에서 사용된다.

방언 (dialect)
특정 지역이나 사회의 집단과 결부되어 있는 어휘적 문법적·음성적 특징의 집합.

방언학 (dialectology)
글자 그대로는 방언 연구를 가리키지만, 보통은 촌락의 언어 변종의 역사적 분석을 가리키고, 사회 언어학이라 일컬어지는 수도 많다. <도시 방언학>과 대비해서 사용된다.

변형 문법 (transformational grammar)
촘스키의 언어 이론. 이 명칭은 이 모델의 중심이었던 새로운 종류의 규칙 (<변형>)에서 붙은 것이다. 변형 문법은 그 형식주의·심리주의·보편성에의 관여에 의해서 다른 이론과 구별된다.

버내큘러, 토박이 말 (vernacular)
역사적으로는 모국어를 가리킨다. (래틴 어와 같이, 문화나 학문을 배우는 수단이 되지만, 모국어를 습득한 뒤에 배우지 않으면 안 되는 학문적 언어와 대비해서 사용된다.) 사회 언어학에서는 위신있는 규범에서 가장 떨어진 문체이며, 화자의 말하는 방식에 대한 자의식이 최소한의 편안한 상태에서만 사용되기 때문에, 언어학자에게는 이론적으로 가장 관심이 높은 것이다.

보편성 (universal)
언어학에서는 모든 언어에 공통되는 특징이나 경향을 가리킨다.

본질주의 (essentialism)
연구 대상에는 설명할 필요가 없는 혹종의 기본적 특징이 갖춰져 있다고 하는 신념. 그러한 특질들은 그 자체로서 다른 특질의 설명이 된다고 여겨지고 있다. 예로서는, 인간의 행동의 설명으로서 드는 <인간의 특질>이 있다. 기호학의 거의 대부분에 보이는 특징의 하나는, 모든 본질주의적 진술에 용서없이 반대하고 있는 점이다.

불확정성 (indeterminacy)
　엄밀히 말할 수 없는 성질.

비표준적 언어 (non-standard)
　위신이 결여되어 있거나, 공식으로 승인되어 있지 않은 종류의 언어. 전형적인 비표준적 언어에는 글로 쓰는 언어가 없고, 널리 보급되어 있지 않고, 사회에서 가장 교육이 낮은 가장 가난한 성원이 말한다.

사전 편찬 (lexicography)
　사전을 만드는 일.

사회적 지표 (social marker)
　특정의 인구 통계적·환경적 변황과 결부된 언어 특징.

상대론 (relativity)
　다른 문화는 현실을 다른 방식으로 분류하고 (따라서 누가 현실을 해석하느냐에 따라서 실제로 현실도 달라지게 된다)라는 생각. 언어적 상대론은 서피어와 (특히) 워프에 관련된 이론. (언어적 결정론의 항 참조).

사회 생물학 (sociobiology)
　<이기적 유전자 이론, selfish gene theory>라고도 일컫는다. 인간의 행동이나 인간의 사회 구조에 생물학적 설명을 준다.

생물학주의 (biologism)
　사물을 모두 생물학적 요인으로 환원해서 설명하려는 경향. 이를테면 해부학적 성은 숙명이라 하는 주장.

성분 분석 (componential analysis)
　단어의 의미를 분석하는 어프로치. 말은 [생물] [인간]등 수많은 <가장 기본적인> 의미 특징에 대해서 플러스나 마이너스의 가치를 부여한다.

성층화 (stratification)

특정의 통계적 패턴. 사회학에서는 샘플을 사회 경제적 계급에 의해서 분류하고, 각 집단이 사용하는 스테레오타입적 언어 특징을 양화함으로써 만들어낸다.

소외 (alienation)
페미니스트의 언어 이론에서는, 적절한 틀이나 어휘가 존재하지 않기 때문에 자기 자신의 경험을 표현할 수 없음을 가리킨다. 마르크스주의 용어이기도 하다.

숨은 위신 (covert prestige)
비표준적 방언의 속성에 대해서 어떤 집단이 부여한 가치. 남자가 여자보다 표준적 규범에서 일탈하는 것에 대한 설명으로서 Trudgill이 제창했다.

스테레오타입 (stereotype)
언어학에서는, 어떤 집단의 말하는 방식에 대한 민간 언어학적 특성 부여를 가리킨다.

실어증 (aphasia)
뇌의 좌측의 장애에 의해서 언어가 손상되거나 상실되는 일.

실증주의 (positivism)
19·20세기를 지배한 과학적 철학.

실체화 (reification)
개념을 사물과 같이 다루는 일.

야생 (feral)
인간 사회의 밖에서 성장한 어린이에게 사용된다.

어원학 (etymology)
말의 역사나 파생의 연구.

언어 능력 (competence)
촘스키의 용어로, 모국어 화자가 내재화하고 있는 문법 규칙에 관한 지식을 가리킨다. 화자가 그 지식을 사용하는 일, 즉 언어 운용 (performance)과 대립하는 개념.

언어 변이, 언어의 다양성 (variation)

언어적 데이터에 보이는 다양성.
언어 변종, 언어의 종류 (variety)
모든 종류의 언어 (즉 방언 · 문체 · 언어 사용역 등)을 가리키는 중립적인 용어.
언어 사용역 (register)
특정한 사용 영역에 알맞는 내용 · 매체 (말로 하는 언어 · 글로 쓰는 언어 · 휘파람 · 무엇인가를 두드리는 소리 등) · 문체 · 음조를 가진 언어적 변종.
언어 양식의 이행 (style shift)
상황의 공식성이 증가 또는 감소함에 따라서, 하나의 표현법에서 다른 표현법으로 바뀌는 일.
언어 운용 (performance)
언어 사용. 언어 능력의 항 참조.
언어적 결정론 (determinism)
언어학에서는, 언어가 궁극적으로 그 사용자의 물리적 · 지적 우주의 개념화를 결정한다는 생각. 서피어와 워프 그리고 최근에는 소쉬르와도 결부되어 있다.
언어 중심주의 (logocentrism)
(글로 쓰는) 언어의 우위를 가리킨다. 포스트구조주의의 Jacques Derrida가 보급시켰다.
언어 집단 (speech community)
일종의 이상화이다. 동일한 언어적 규범을 공유하고 있는 집단을 가리키는데, 실제로 그와 같은 집단을 추출하는 것은 거의 불가능하다.
연결 (conjoining)
언어학자의 용어로, and나 but 같은 등위접속사를 사용해서 복문을 만드는 일.
운율 특징 (prosody)
말로 하는 언어에서는 인터네이션 · 강세 · 리듬을 가리키고, 운문에서는 운율을 가리킨다.

유물론 (materialism)
마르크스주의와 결부된 철학. 사고나 초자연적 개념에 의한 설명을 거절한다.

유증·무증의 이론 (marking theory)
언어 요소가 계층이 잡혀진 짝 (pairs)이나 집합을 형성하고, 그 안의 하나가 다른 것보다도 중립적이라는 (그 때문에 빈번히 일어나는) 이론.

음성학 (phonetics)
언어음의 연구.

음운론 (phonology)
음성 체계 즉 언어음이 언어 속에서 의미를 짊어지는 기능을 하는 방법의 연구.

의미론 (semantics)
의미의 연구.

이상화 (idealization)
삶의 데이터 (보통 그 일부를 무시하고, 나머지를 선택적으로 다룬다)를 다루기 쉽게 규칙적으로 하기 위해서 개량하는 일. 언어학에서의 이상화는 보통 언어외적 문맥과 <중요하지 않은> 다양성을 배제하는 것을 가리킨다.

인구 통계적 변항 (demographic variable)
상황의 종류나 공식성이 아니라, 집단 안에서 다르게 나타나는 것. [즉 화자의 연령·계급·인종·성과 같은 사회적 범주에 따라서 다르다.]

인터네이션 (intonation)
음성 언어에서 음의 고저의 대비를 사용하는 일. 문법적 및 감정적 정보를 준다.

적응 (accommodation)
화자가 자신의 말하는 방식을 자신과 말하고 있는 사람의 말하는 방식에 비슷하게 하는 무의식의 과정.
정보 이론 (information theory)
  메시지 전달 · 효율 · 정보 처리의 연구.
젠더, 문법적 성 (gender)
  문법에서는 형용사나 대명사의 일치를 필요로 하는 명사의 속성을 가리킨다. 페미니스트 이론에서는, 사회적으로 구축된 남성성 · 여성성을 지칭하고, <성> (sex)이라 일컫는 생물학적 남성성 · 여성성과 대립시킨다.
지시물 (referent)
  단어가 현실 세계에서 가리키는 것.
코드 변환 (code switching)
  회화의 참가자나 상황에 따라서, 어떤 언어 또는 언어의 종류로부터 다른 언어 또는 언어의 종류로 바꾸는 일.
코퍼스 (corpus)
  언어학자가 연구의 대상으로 삼는 유한한 음성 언어의 데이터. 일반 언어학자는 <촘스키의 혁명> 이래로 코퍼스의 분석은 그만두고 말았으나, 사회 언어학자 · 디스쿠르 분석자 · 음운론자 · 심리 언어학자는 지금도 <자연스런> (내밀하게 녹음한> 코퍼스, 또는 (그보다도 많이 이용되는 것은) 실험실이나 다른 개량된 상황 하에서 고의로 이끌어낸 코퍼스 중 어느 것인가를 이용하고 있다.
타락 (pejoration)
  무엇인가 (이를테면 하나의 단어)가 부정적 함의를 가지게 되는 과정을 가리키는 말.
탈구축 (deconstruction)
  텍스트 내의 어순이나 결함을 분명히 하는 목적을 가진 포스트 구조주의와 결부된 읽음의 방식.
통사 관계 (syntagmatic)
  서로 결합할 수 있는 요소의 관계. 관련된 요소가 같은 문맥 속에서 서로 교체할 수 있는 범열적 (paradigmatic) 또는 연합적 (associa-

tive) 관계와 대립해서 사용된다.
통시적 (diachronic)
　역사적.
통사론 (syntax)
　문장 구조의 연구.
포스트 구조주의 (poststructuralism)
　데리다에 의해서 발전한 철학·비평으로, 레비-스트로스, 바르트와 같은 구조주의 이론가 뒤에 일어났으므로 이렇게 불리워진다. 포스트구조주의에 의해서 제창되어 있는 <기술>은 탈구축 (decon-struction)이다.
표준어 (standard)
　그 나라에서 공적으로 승인되고, 가장 위신이 있는 종류의 언어.
피험자 (informant)
　코퍼스를 만들거나 실험에 참가하는 사람을 가리키는 언어학의 용어.
행동주의 (behaviourism)
　심리학에서의 하나의 어프로치. 무의식이나 심리 상태가 아니라, 관찰할 수 있는 행동만을 연구한다. 행위를 <자극과 반응>으로 설명하고 (즉 특정 행위는 특정 자극에 대한 반응이라고 생각한다), 조건이 붙은 기술 (즉 동물에 보수나 징벌을 주고서 어떠한 행위를 할 수 있도록 훈련하는 일)을 낳았다. 행동주의는 후기 미국 구조주의 언어학자 사이에 널리 채용되어 있었으나, 언어학자 촘스키를 필두로 반론이 전개되었다.
형식주의 (formalism)
　진술이 표현되는 방법에 관한 선입관. 흔히 표준적 표시법이나 용어를 규정한다.
형태론 (morphology)
　단어의 내부 구조.
후음 (guttural)

음성기관 후부에서 만들어지는 소리. 언어학자는 이미 이 용어를 쓰지 않는다. 현재로는 당초의 기술적 의미를 상실하고, 독일인이나 스코틀랜드 인의 탄광 광부들에 대한 민간 언어학적 모욕을 가리킨다.

색 인

< ㄱ >

갤럽, 제인 (Gallap, Jane) 96
거세 컴플렉스 (castration complex) 189, 190, 204
검퍼즈, 존 (Gumperz, John) 231
구겐하임, 카밀라 (Gugenheim, Camilla) 18
구조주의 273 (용어 해설)
    기호학과의 관계에서의 —— 36-37
    미국 —— 34
    방법론으로서의 —— 37
    기호학의 항 참조.
굴욕어 (insults)
그라이스, H.P. (Grice, H.P.) 68
그리피스, 이안 (Griffiths, Ian) 153
규범문법주의 (prescriptivism) 28, 104-110, 117, 132, 216, 273 (용어 해설)
그림, 야코브 (Grimm, Jakob) 101
글로 쓰는 언어, 서사 언어 (writing)
    —— 와 신체 259-260
    —— 와 음성언어 256-257
    읽고 쓰는 능력의 항 참조.
기호학 (semiology) 16, 25, 34-40, 181-207, 273 (용어 해설)
    기호학의 페미니스트 언어 연구에 대한 공헌 47

< ㄴ >

남성성 (masculinity)
　　　비표준적 발음과 —— 80-83
　　　디스코스와 —— 111
남성 중심 사회 (partriarchy) 13, 124, 169, 266
　　　—— 에 관한 회의 212

< ㄷ >

달스턴 연구 그룹 (Dalston Study Group) 213, 236, 247
데일리, 메어리 (Daly, Mary) 11, 18, 128, 257
델피, 크리스티느 (Delphy, Christine)
　　　급진적 페미니즘에서 183
　　　성층적 연구에서 84
　　　정신 분석에서 203
듀브와, 베티 (Dubois, Betty Lou) 61, 90, 107, 108
드워킨, 안드리아 (Dworkin, Andrea) 125
디스쿠르 (discourse) 111-112, 139, 234-237, 266

< ㄹ >

라브프, 윌리엄 (Labov, William) 57, 74, 81, 85, 245
라이온즈, 존 (Lyons, John) 104, 158
라캉 (Lacan, Jacques) 39, 41-42, 149, 188-196, 204
　　　이리가라이의 라캉 비판 198-201
　　　정신 분석의 항 참조.
랑그와 파롤 (langue / parole) 30, 31, 44, 156, 274 (용어 해설)
레너드, 다이애너 (Leonard, Diana) 206

레이코프, 로빈 (Lakoff, Robin) 61, 86, 90, 91, 261
로드, 오드리 (Lorde, Audre) 211, 231
로즈, 자클리느 (Rose, Jacqueline) 192
루소, J.-J. (Rousseau, J.-J.) 240-241
리치, 아드리엔느 (Rich, Adrienne) 129

< ㅁ >

마다가스갈 어 (Malagasy) 82, 83, 239
마르크스, 칼 (Marx, Karl) 181
마르크스, 엘콰인 (Marks, Elqine) 27, 161, 212
미디어 (media)
    —— 에서 사용되는 비성차별적 언어
    —— 에서의 여자의 묘사
    —— 에서의 페미니스트 어휘의 타락
먹케이브, 콜린 (McCabe, Colin) 235
메타언어적 실천 (metalinguistic practice)
    민간 언어학, 디스쿠르의 항 참조.
모이, 토릴 (Moi, Toril) 186, 197
몰츠, 다니엘 (Maltz, Daniel) 233, 258
문법 (Grammae) 82, 91, 106, 118, 277 (용어 해설)
문법의 이데올로기적 기능
    규범 —— 28-29, 110, 112-113
    변형 —— 46, 275 (용어 해설)
    언어과학 이전 28
    언어학에서의 —— 28, 34
문화 인류학 (anthropology)
    언어학과 —— 42-43
    페미니스트 이론과 —— 48

286 색인

　　　　지배와 침묵의 이론의 항 참조.
민간 언어학 58, 274 (용어 해설)
　　　　── 의 경험적 관찰 62-75
　　　　성차에 관한 신념 58-75, 240
　　　　페미니즘과 ── 60-61, 74
밀러, 캐시 (Miller, Casey) 12, 120, 121, 134, 137, 139, 215

< ㅂ >

바르트, 롤랑 (Barthes, Roland) 37, 235
버내큘러 (vernacular) 토박이 말 항 참조.
번슈타인, 바실 (Bernstein, Basill) 65, 244, 245
베일즈, R.F. (Bales, R.F.) 72
보봐르, 시몬느 (Beauvoir, Simone de) 96, 216, 217, 220, 264
보커, 루스 (Borker, Ruth) 233, 258
블룸필드, 레너드 (Bloomfield, Leonard) 271
블랙, 마리아 (Black, Maria) 183-185, 206, 235
비성차별적 언어 (non-sexist language) 15, 135-140, 142, 264
　　　　── 라는 신화 136
　　　　── 에의 대안 14--143

< ㅅ >

사전 (dictionaries) 130, 132
사회 언어학 (sociolinguistics) 19, 25, 43-45
　　　　페미니스트의 ── 비판 75-86
　　　　페미니스트의 ── 응용 47
　　　　설명에 관해서 77-83
　　　　방법론에 관해서 83-86

    이론적 기반에 관해서 75-78
    언어학의 항 참조.
사회적 지표 (social marker) 76-77, 276 (용어 해설)
    성차와의 관계에서 79
상징 질서 (symbolic order) 187 192-196
    —— 에서의 여자의 주변성 192, 197-198
    —— 의 팔러스 중심주의 188-192, 191, 194
    여성/남성 주체의 —— 에의 다른 참가 188-190, 196-197
서피어=워프의 가설 (Sapir-Whorf hypothesis) 43, 154-158, 171, 175-176
서피어, 에드워드 (Sapir, Edward) 45, 54, 154-155
    서피어=워프의 가설의 항 참조.
성 구실 (gender role) 56, 70, 86, 258
성별화된 주체 (gendered subject) 47, 98-101, 181-207
성분 분석 (componential analysis) 98-101, 277 (용어 해설)
성차 (sex-difference) 19-20, 53-91
    —— 에서의 사회 언어학적 발견 80
    —— 의 가치 판단 87-91
    —— 의 민간 언어학적 표시 57-75
    —— 의 설명 78-86
    —— 의 일반적 연구 53-54
    —— 의 정의 56-58
성차별적 언어 (sexist language) 18-19, 117-118, 147-148
    억압의 원인으로서 —— 121
    억압의 증후로서 —— 119
    언어 개혁의 항 참조.
성층화 (stratification) 75, 84
세러, 클라우스 (Scherer, Klaus)
섹슈얼리티, 성 (sexuality) 186-187

언어와 성 198, 199, 200-202
소쉬르, 페르디낭 드 (Saussure, Ferdinand de)
—— 소쉬르의 기호학 31, 34, 181
—— 의 비평 200, 204, 207, 230
—— 의 언어학 26, 27, 31-33, 96
라캉과 —— 40, 152-154, 189-192
언어 결정론 147, 152, 155
소외 (alienation) 18, 149-150, 220-225, 277 (용어 해설)
슐츠, 뮤리엘 (Schulz, Muriel) 123
숨은 위신 (covert prestige) 81-83, 277 (용어 해설)
스미스, 도로시 (Smith, Dorothy) 172
스미스, 필립 (Smith, Philip) 12, 88, 238, 258
스위프트, 조너던 (Swift, Jonathan) 58, 87
스테레오타입 (streotype) 75, 277 (용어 해설)
민간 언어학, 여자의 언어의 항 참조.
스펜더, 데일 (Spender, Dale) 169, 206, 236, 242, 252
『남자가 만든 언어』의 이론 14, 16, 99, 149, 169-177, 212, 242
레이코프의 가설에 관하여 91
성분 분석에 관하여 99
워프의 영향 45, 176
스위프트, 케이트 (Swift, Kate) 12, 117, 120, 121, 134, 137, 139, 215
스크루턴, 로져 (Scruton, Roger) 139, 160, 161
식수스, 엘레느 (Cixous, Héléne) 95, 101, 176, 181, 194, 259

< ㅇ >

아드너, 셜리 (Ardener, Shirley) 149, 162, 166, 181, 206, 258
아드너, 에드윈 (Ardener, Edwin) 149, 162, 165, 206, 258
알튜세르, 루이 (Althusser, Louis) 183

언어 (language) 148, 258, 262-263
  —— 와 신체 101, 223
  —— 와 여자의 억압 148, 258, 262-263
  —— 와 여자의 불리한 입장 263-264
  —— 와 혁명 196-201
  —— 와 현실 19-20, 147-176, 255, 260, 262
  사회적 자원으로서의 —— 117-143
  무기로서의 —— 11, 158-162
  비성차별적 언어, 성차별적 언어, 여자의 언어의 항 참조.
언어 개혁 (linguistic reform)
  —— 의 바람직함 119-121
  —— 의 장해 126, 131-134
  언어학자의 태도 106, 107, 127
  페미니스트의 전략 122-130
  화자의 태도 139
언어적 결정론 150-154, 278 (용어 해설)
  —— 에 대한 반론 153-154, 158-159, 223, 260-262
  라캉에서의 ——
  서피어=워프의 가설에서의 —— 154-157
  소쉬르에서의 —— 152-153
  스펜더에서의 —— 169-171, 174
  워프와 소쉬르의 차이 154-157
  지배와 침묵의 이론에서의 164
  페미니스트 이론의 공리로서의 —— 149-150, 206
  서피어=워프의 가설의 항 참조.
언어 사용역 (register) 227, 229-230, 234, 235-236, 278 (용어 해설)
  디스쿠르의 항 참조.
언어의 보편성 (linguistic universal) 41-42, 45, 108, 157, 275 (용어 해설)

언어적 상대론 (linguistic relativity) 42-43, 276 (용어 해설)
    서피어=워프의 항 참조.
언어학 (linguistics)
    —— 의 과학적 입장 28, 36
    —— 에 엿보이는 성차별 13, 53, 113
    문화 인류학과 —— 42-43
    심리학과 ——40-42
    정신 분석학과 —— 39-40, 185-190, 191-201
    사회 언어학의 항 참조.
엘진, 수젯 헤이덴 (Elgin, Suzette Haden) 254
엘리스, 존 (Ellis, John) 25, 182, 187, 193
엘시타인, 쟝 베스케 (Elshtain, Jean Bathke) 251, 265
여성성
    —— 의 정신 분석적 이론 193, 194
    디스쿠르와 —— 111
    보수주의와 —— 82
    [여성 문제] (*Questions feministes*) 202
    위신있는 발언과 —— 81
여자에 대한 폭력 (violence against women) 14, 122-126, 183-184
    —— 로서의 언어 123, 125
여자의 언어 (women's language)
    —— 에 대한 제한 ; 공적 장소에서 165-166, 170, 226-227
    남성중심 사회에서 200-201
    ——의 스테레오타입 58, 59
    ——의 언어 변화에 대한 영향 80-81
    진정한 의미에서 여자의 것이 아닌 언어 205, 212
예스페르센, 옷토 (Jespersen, Otto) 54, 57, 59, 65, 79, 239, 246
오그젠헴, 존 (Oxenham, John) 228, 229
옹, 월터 (Ong, Walter J.) 228, 229

오웰, 조지 (Orwell, George) 11, 108, 148, 160
워프, 벤쟈민 (Whorf, Benjamin, Lee) 45, 48, 147, 154-158, 167
        서피어=워프의 가설의 항 참조.
웨스트, 캔더스 (West, Candace)
위신 (prestige) 81, 83
        숨은 —— 81, 82
        여성성과 —— 82
유증 · 무증의 이론 (marked / unmarked ; marking theory) 106-110, 283 (용어 해설)
의미 변화 (semantic change) 131-137
        여자의 타락 —— 122-124
        의미적 불균등 —— 124
의식 고양 (conciousness-raising) 17
의지 전달 (telemention) 217-218
이름 붙이기 (naming) 17, 129
이리가라이, 뤼스 (Irigaray, Luce) 16, 96, 181, 192, 196, 198-201, 206, 256
이항 대립 (binary oppositions) 96, 97-102, 257, 259
읽기 쓰기 능력 (literacy) 226
        읽기 쓰기 능력의 항 참조.

< ㅈ >

쟈코부스, 메어리 (Jacobus, Mary) 202
쟌센=쥬레, 마릴루이즈 (Janssen-Jurreit, Marielouise) 95, 104, 105
정신 분석 (psychoanalysis)
        사회화와 —— 203
        언어와 —— 39-40, 192-196, 204-205
        페미니스트와 —— 35, 185-186

프로이트, 이리가라이, 크리스테바, 라캉의 항 참조.
젠킨즈, 머실리 (Jenkins, Mercilee) 54, 78
젠더 (언어 규범으로서의) (gender) 102-113, 134, 280 (용어 해설)
    독일어에서 103, 105
    반츠어에서 103
    영어에서 103, ˋ106-110
    콩카니 어에서 105
    프랑스 어에서 106, 108, 110
    프랑스 어 통성 (通性) 110
주체 (subject)
    —— 의 발달 187, 186-187
    —— 의 탈중심화 185, 149-150, 158-162
지배 (control)
    —— 자로서의 남자 164-165, 172-175, 206, 223-224
    —— 의 한계 224, 241-242
    메타언어적 실천과 —— 224-241
    전체주의와 —— 159, 160
지배자와 무언자의 이론 (dominant / muted theory) 164-169
    —— 에서의 결정론 164
    —— 의 발전 167-169

< ㅊ >

촘스키, 놈 (Chomsky, Noam) 40-42, 157
총칭적 대명사 (generic pronoun) 106-110, 131, 134-136
치머만, 돈 (Zimmerman, Don) 167
침묵 (silence) 17, 158

< ㅋ >

카리브 (Carib) 79
카워드, 로절린 (Coward, Rosalind) 25, 111, 183-185, 193, 206, 235
캐플란, 코라 (Caplan, Cora) 16, 227, 238
코라 (chora) 196, 197, 199
쿠르티브롱, 이자벨 (Courtivron, Iasabelle de) 25, 161, 212
크라마레, 세리스 (Kramarae, Cheris) 54, 71, 78, 86, 162, 167-169
크로스토크 (crosstalk) 232
　　　여자와 남자 사이의 —— 233
크라우치, 이자벨 (Crouch, Isabel) 61, 90, 107, 109
크리스테바, 줄리아 (Kristeva, Julia) 11, 37, 196-198, 257, 259, 256

< ㅌ >

탈구축 (deconstruction) 220, 278
토박이 말 (vernacular) 85-86, 273
통합적 언어학 (integrational linguistics) 219-220
트러길, 피터 (Trudgill, Peter) 82, 83

< ㅍ >

패트먼,트레보 (Pateman, Trevor) 225, 264-265
페미니즘 (feminism)
　　　—— 의 급진적 경향 183-184
　　　미국과 영국 —— 36
　　　정신 분석과 —— 35, 85-86, 190-191, 196
　　　프랑스 —— 35
페쇠, 미셸 (Pécheux, Michel) 235

펠로우, 존 (Pellowe, John) 76
포르노그라피 (pornography) 125
푸코, 미셸 (Foucault, Michel) 183, 235
프로이트, 지그문트 (Freud, Sigmund) 35, 181-183, 185-187, 189-190, 203
　　정신 분석의 항 참조.
프리던, 베티 (Friedan, Betty) 17

< ㅎ >
해리스, 로이 (Harris, Roy) 213, 218, 219
헨턴, 캐롤라인 (Henton, Caroline) 87
호키트, 찰즈 (Hockett, Charles) 275
홀, 존 (Hall, John) 137
흑인 영어 (Black English) 76-77, 78, 85, 126, 213, 243-245, 246-247, 262-263

WAVAW (Woman Against Violence Against Women) 1981 회의. 14

◇ 옮긴이 약력

· 전북 익산 출생
· 연세대학교 졸업, 전북대학교 교수 역임
· 역서로 <시학과 문화기호론>, <디컨스트럭션>
　　　<시학서설>, <민족음악학>, <서사론 사전>
　　　<인지의미론> 등 다수.

페미니즘과 언어 이론

지은이 데보라 카메론
옮긴이 이　기　우
펴낸이 김　진　수
펴낸곳 **한국문화사**

초판 1쇄 인쇄일 / 1995년 1월 10일
초판 1쇄 발행일 / 1995년 1월 20일
　 2쇄 발행일 / 1997년 10월 30일

주소 / 서울 성동구 성수1가2동 13-156
전화 / 464-7708　499-0846
팩스 / 499-0846
등록번호 / 제2-1276

* 잘못된 책은 바꾸어 드립니다.

값 10,000원

ISSN 89-7735-068-9